外商在中國設立工廠
海關、外匯、
出口退稅實務

富蘭德林事業群◎著

導讀

　　「海關、外匯、出口退稅」問題在中國與一般的法律財稅問題不同，一來是因為這三大領域屬於行政體系範圍，每年主管機關頒布的新規定數量，要遠超過必須通過立法程序的法律財稅規定，其次是「海關、外匯、出口退稅」是一門非常強調實務與地域性的專業範疇，再加上中國的律師、會計師執業考試與正規大學教育中，都未將這三大領域納入指定範圍，造成目前中國律師和會計師對這三大領域的問題比企業還陌生，也造成在中國投資的外商發生「海關、外匯、出口退稅」問題時無人可諮詢的窘境。

　　本書特別從十多年輔導外商法律財稅的實務經驗，萃取出167個最常見的「海關、外匯、出口退稅」問題，透過本書實務且寬廣的角度解讀之後，相信能為外商日後面臨相關問題找出有效對策。

　　本書延續之前系列叢書的編排方式，讀者可以先將要查詢的「海關、外匯、出口退稅」問題透過富蘭德林官網www.mychinabusiness.com，以關鍵字進行全文檢索，能很快找到與關鍵字有關的專欄及所對應的章節片段。

富蘭德林事業群總經理

劉芳榮

（附件）

讀者服務　www.myChinabusiness.com

本書的讀者，可以在富蘭德林官網www.mychinabusiness.com進行關鍵字檢索，很快就能判斷出所要尋找主題位於哪些章節段落。另外也可登錄您的Email，即可收到最新法規條文更新後的內容解析。

一、網站首頁

進入富蘭德林官網後，請點選右上方「讀者服務」選項。

二、讀者服務頁面

進入「讀者服務」頁面後，即可使用：
- 關鍵字查詢
- 查詢本書內容更新
- 訂閱最新法規條文更新內容

《外商在中國設立工廠海關、外匯、出口退稅實務》
- 關鍵字查詢：⬚　[搜尋]
- 查詢本書內容更新
- 訂閱最新法規條文更新內容

三、關鍵字與內容更新查詢

1. 輸入關鍵字之後，即可搜尋出所要尋找主題位於哪些章節段落與頁碼。
2. 點選「查詢本書內容更新」，即出現更新內容列表。

序號	篇名	頁碼
1	加工貿易合同如何在經貿部門備案 (更新內容)	15
2	出口加工區進出貨物管理規定 (更新內容)	85
3	不同海關特殊監管區域功能差異分析 (更新內容)	134
4	通過特殊監管區域進口的付匯重點 (更新內容)	169

四、訂閱最新法規條文更新內容

點選「訂閱最新法規條文更新內容」，登錄您的Email，即可收到最新法規條文更新後的內容解析。

請輸入您的Email：⬚　[訂閱]

| 第一篇 |

海關篇

【1】海關基本概念介紹

海關是大陸進出境監督管理機關，實行垂直管理體制，對出入境進行監管、徵稅、查私、統計，承擔通關監管、保稅監管、稅收徵管、海關稽查、智慧財產權海關保護、打擊走私、進出口統計等主要職責。以下介紹一些海關的基本概念。

一、保稅加工貿易

保稅加工貿易是指擬用於製造、加工的貨物，在海關監管下暫緩繳納進口稅，企業進口全部或者部分原輔材料、零部件、元器件、包裝物料，經加工或者裝配後，將製成品複出口的經營活動，主要包括來料加工、進料加工等方式。

1. 來料加工

指進口料件由境外企業提供，經營企業不需要付匯進口，按照境外企業的要求進行加工或者裝配，只收取加工費，製成品由境外企業銷售的貿易方式。

2. 進料加工

指經營企業為加工出口商品而付匯進口料件，製成品由企業負責外銷出口的加工貿易方式。

3. 深加工結轉

指加工貿易企業將保稅進口料件加工的產品，轉至另一加工貿易企業進一步加工後複出口，可採用來料加工或進料加工的方式。

二、進出口徵稅

納稅義務人進出口貨物時，應當依法向海關辦理申報手續，按照規定提交有關單證。海關根據進出口貨物的稅則號列、完稅價格、原產地，適用不同的稅率和匯率進行徵稅。

海關按照「關稅條例」的規定，以從價、從量或者國家規定的其他方式，對進出口貨物徵收關稅，並按照適用的稅種、稅目、稅率和

計算公式，對進口貨物計徵進口環節海關代徵稅。

　　除另有規定外，關稅和進口環節海關代徵稅按照下述計算公式進行徵收：

　　1. 從價計徵關稅的計算公式為：

　　應納稅額＝完稅價格×關稅稅率

　　2. 從量計徵關稅的計算公式為：

　　應納稅額＝貨物數量×單位關稅稅額

　　3. 從價計徵進口環節消費稅的計算公式為：應納稅額＝〔（完稅價格＋實徵關稅稅額）÷（1－消費稅稅率）〕×消費稅稅率

　　4. 從量計徵進口環節消費稅的計算公式為：應納稅額＝貨物數量×單位消費稅稅額

　　5. 計徵進口環節增值稅的計算公式為：應納稅額＝（完稅價格＋實徵關稅稅額＋實徵消費稅稅額）×增值稅稅率

　　上述完稅價格並非完全是報關單上列明的價格，而是海關根據有關規定對進出口貨物進行審定或估定後，通過估價確定的價格。

三、報關單

　　進出口貨物報關單是指進出口貨物收發貨人或其代理人，按照海關規定的格式要求，對進出口貨物的實際情況做出書面申明，以此要求海關對其貨物按適用的海關制度，辦理通關手續的法律文書。

　　進口貨物報關單一式五聯：海關作業聯、海關留存聯、企業留存聯、海關核銷聯、進口付匯證明聯。

　　出口貨物報關單一式六聯：海關作業聯、海關留存聯、企業留存聯、海關核銷聯、出口收匯證明聯、出口退稅證明聯。

四、海關H2000系統

　　海關H2000通關系統是以數據庫為核心，存放通關管理業務的管理參數資訊、進出口企業資訊、物流資訊、關稅資訊、統計資訊等電子數據，實現全國海關資訊共用和報關數據處理的大型資訊化通關業

務管理軟體系統。報關企業可通過H2000通關系統，錄入報關單、加工貿易手冊、艙單、汽車載貨清單等報關資料，向海關申報。

五、單耗

是加工貿易企業在正常生產條件下，加工生產單位出口成品所耗用的進口保稅料件的數量，包括淨耗和工藝損耗。淨耗是指加工生產中，物化（在P.30有詳細解釋）在單位出口成品中的加工貿易進口保稅料件的數量。工藝損耗是指因加工生產工藝要求，在生產過程中除淨耗外所必須耗用，且不能完全物化在成品中的加工貿易進口保稅料件的數量。

六、保稅料件

保稅進口料件是加工貿易企業在進行加工貿易經營活動時，從國外進口的免繳關稅增值稅的料件。該料件受國家海關監管，須按規定生產成成品後複出口，同時進行報核。如因合理原因不能按計畫複出口而須內銷的，需要在當地主管海關進行補稅手續，方可內銷。

七、特殊監管區域

主要是指出口加工區、保稅區、保稅物流園區、綜合保稅區、保稅港區和保稅物流中心。

【2】加工貿易企業涉及的海關部門介紹

加工貿易企業涉及的海關部門，主要有通關業務處、加工貿易監管處、稽查處等，其具體職能包括：

一、通關業務處

1. 現場審單

申請時限：電子報關數據發送成功，並經海關電子審單10日內。

申請條件：

（1）進口貨物的收貨人或其代理人應自申報進境之日起14日內

向海關申報，逾期申報的，由海關按規定徵收滯報金。

（2）出口貨物的發貨人除海關特許者，應當在貨物運抵海關監管區裝貨的24小時之前，向海關申報。

2. 海關徵稅

海關現場審核報關單證後，根據「中華人民共和國關稅條例」和「中華人民共和國海關進出口稅則」規定的稅率，分別對進出口貨物徵稅。

3. 保證金的審核、收取

企業向海關提交「保證金、保證函申請表」，由通關科審核，並實行三級審批。

4. 出口退稅聯簽發

（1）審查出口貨物的貿易方式並簽發憑據。

（2）企業遺失出口退稅報關單要求補簽者，須提供當地主管稅務機關（縣級以上）出具的該批貨物尚未辦理退稅證明，經海關查核該批貨物確已出口，才能給予補簽退稅報關單，並在補簽的「出口退稅報關單」上簽註「補辦」字樣。

5. 進口付匯聯和出口收匯聯簽發

進出口貨物辦結海關手續後，企業憑海關退回的報關單底單，向海關申請辦理報關單證明聯簽發手續

6. 申請辦理報關單修改、撤銷、進口貨物直接退運、貨物暫時進出境等事項。

二、加工貿易監管處

1. 加工貿易合同備案。

經辦人初審→科、關長覆核審批→開設台帳→登記銀行回執→核發手冊。

2. 合同變更和展期。

經辦人初審→科、關長覆核審批→開設台帳變更聯繫單→登記銀行回執→手冊變更。

3. 合同核銷

合同執行完畢後一個月內，企業向海關申請核銷→預錄入→海關審核→簽發「台帳核銷聯繫單」→中國銀行銷帳→海關核銷結案→列印結案通知書。

4. 加工貿易企業放棄加工貿易貨物審批。

5. 加工貿易保稅貨物深加工結轉審批。

6. 加工貿易剩餘料件結轉審批。

企業申請→海關審核（必要時須下廠核查）→海關出具餘料結轉聯繫單交予企業→企業辦理結轉報關手續。

7. 加工貿易貨物外發加工審批。

企業申請→經辦人初審→科、關長覆核審批→簽發「加工貿易貨物外發加工申請審批表」。

8. 對保稅加工企業進行核查，下廠催核，下廠核銷，首次備案驗廠，對轄區企業進行巡查，減免稅設備後續核查。

9. 海關派員駐廠監管的保稅工廠資格審批。

10. 保稅倉庫審批。

11.保稅倉庫貨物管理。

填寫「保稅倉庫貨物入（出）審批表」→海關審批→簽發「保稅倉庫貨物入（出）庫單」→貨主憑單辦理報關手續。

12. 減免稅審批備案。

13. 加工貿易手冊延期。

企業填寫「合同延期申請表」→預錄入「延期申請」→海關審核→簽發「銀行保證金台帳變更聯繫單」→企業將「銀行保證金台帳變更聯繫單」送交銀行→企業將銀行回執交海關→核發延期後的「登記手冊」。

14. 加工貿易手冊核銷。

企業報核預錄入→企業向海關遞交報核單證→海關簽收報核單證→審核核銷結案（必要時須下廠核查）→簽發「保證金台帳核銷聯繫單」→企業簽收「保證金台帳核銷聯繫單」並送交銀行→企業將銀行回執送交海關→海關簽發「核銷結案通知單」。

15. 加工貿易內銷徵稅。

企業申請→海關審核（必要時須下廠核查）→海關出具「加工貿易貨物內銷徵稅聯繫單」→企業辦理報關補稅手續。

16. 加工貿易單耗上報、單耗變更業務。

17. 處置放棄保稅貨物、受災保稅貨物。

三、稽查處

1. 負責企業首次辦理加工貿易手冊驗廠、一般貿易貨物稅後稽查、加工貿易貨物核銷後稽查、減免稅貨物審批後稽查。

2. 負責「中國電子口岸」登錄用戶資格及權限的審批。

企業到「中國電子口岸」數據中心辦理登錄申請和數據錄入手續，稽查處進行審批。

【3】海關如何進行企業分類

根據大陸海關總署頒布「中華人民共和國海關企業分類管理辦法」（海關總署第197號令）的規定，將做為進出口收發貨人的企業進行了分類，設置為AA、A、B、C、D五個管理類別，並對企業的管理類別予以公開，自2011年1月1日起施行。不同分類企業的評定標準、管理措施規定如下。

一、企業分類評定的標準

1. AA類

（1）已適用A類管理1年以上。

（2）上一年度進出口報關差錯率3%以下。

（3）通過海關稽查驗證，符合海關管理、企業經營管理和貿易安全的要求。

2. A類

（1）已適用B類管理1年以上。

（2）連續1年無走私、違反海關監管規定的行為，未因進出口侵犯智慧財產權貨物而被海關行政處罰，無拖欠應納稅款、應繳罰沒款項，在商務、人民銀行、工商、稅務等行政管理部門無不良紀錄。

（3）上一年度進出口總值50萬美元以上，報關差錯率5%以下。

3. B類

（1）首次註冊登記且管理類別未發生調整者。

（2）不符合AA（A）類管理類別適用條件者。

（3）未發生C類、D類行為。

實務中，一般企業會被暫定為B類。

4. C類

（1）有走私行為者。

（2）1年內有3次以上違反海關監管規定行為，且違規次數超過上一年度報關單及進出境備案清單總票數1‰者，或因違反海關監管規定被處罰款累計總額人民幣100萬元以上，或有2次因進出口侵犯智慧財產權貨物而被海關行政處罰者。

（3）拖欠應納稅款、應繳罰沒款項人民幣50萬元以下者。

5. D類

（1）有走私罪者。

（2）1年內有2次以上走私行為，或有3次以上因進出口侵犯智慧財產權貨物而被海關行政處罰者。

（3）拖欠應納稅款、應繳罰沒款項超過人民幣50萬元者。

二、管理措施

　　海關總署按照守法便利原則，對不同類別的企業執行相應不同的管理措施，其中AA類和A類企業適用相應的通關便利措施，B類企業適用常規管理措施，C類和D類企業適用嚴密監管措施。

　　1. AA類企業

（1）進出口貨物報關單電子數據經海關接受申報後，企業可以憑「進（出）口貨物擔保驗放清單」先行辦理擔保驗放手續。

（2）適用較低查驗率。

（3）對從事加工貿易的企業，不實行銀行保證金台帳制度。

（4）海關指派專人負責協調，解決企業辦理海關事務的眾多疑難問題。

　　2. A類企業

（1）實施「屬地申報，口岸驗放」等便捷監管模式。

（2）對不便在通關現場實施查驗的進出境貨物，海關優先派員到企業實施查驗。

（3）對從事加工貿易的企業，實行銀行保證金台帳空轉，符合下列條件之一的不實行銀行保證金台帳制度：

　　A. 實行海關派員駐廠監管，或與主管海關實行電腦聯網管理保稅工廠者。

　　B. 從事飛機、船舶、汽車等特殊行業加工貿易者。

　　C. 企業年進出口額3,000萬美元（自營生產型企業1,000萬美元）及以上，或年加工貿易出口額1,000萬美元及以上者。

（4）對加工貿易企業一般不下廠核查。

（5）優先辦理各種海關業務。

3. B類企業執行常規管理措施。

4. C類和D類企業執行嚴密監管措施。

（1）對進出口貨物的價格、歸類、原產地、稅率、匯率等稅收要素，實行重點審核。

（2）對進出口貨物實施重點查驗，D類逐票開箱查驗。

（3）對從事加工貿易的企業，實行銀行保證金台帳實轉，D類不再辦理加工貿易貨物備案。

（4）對加工貿易貨物提高日常核查率，核銷時實施下廠核查。

（5）對進口的海關監管貨物，實施實地核查。

（6）D類不得再接受經營企業委託開展加工貿易業務。

雖然海關對不同分類企業適用不同的查驗率、銀行保證金台帳等政策，但對於高等級類別的企業可以簡化通關手續、加快通關速度、降低通關成本。企業的海關分類並不是一成不變的，根據海關總署第197號令的規定，在符合一定條件下可向海關申請升級。

【4】何種企業可以進行加工貿易

根據「加工貿易審批管理暫行辦法」（外經貿管發[1999]314號）、「中華人民共和國海關對加工貿易貨物監管辦法」（海關總署令113號）等有關法律法規的規定，經營企業是否有權辦理加工貿易業務，須向商務部門申請審批並取得由商務部門簽發的同意開展加工貿易的有效批准文件，因此商務部門是審批並決定企業能否從事加工貿易業務的大陸政府職能部門。海關則負責對已經取得「加工貿易業務批准證」的經營單位從事的加工貿易進行監督管理。

一、加工貿易定義

指經營企業進口全部或者部分原輔材料、零部件、元器件、包裝物料，經加工或者裝配後，將製成品複出口的經營活動。

二、何種企業可申請加工貿易資格

1. 貿易企業

貿易企業不具備生產能力，但取得進出口經營權、對外簽訂加工貿易進出口合同的各類進出口企業和外商投資企業，可以委託加工廠從事加工貿易，此時須在委託加工廠所在地辦理加工貿易手冊。

2. 生產企業

可自行或接受經營企業委託，負責對進口料件進行加工或者裝配，且具有法人資格的生產企業。

3. 個體工商戶

由經營者設立的雖不具有法人資格，但實行相對獨立核算並已經辦理工商營業執照的工廠。現在大陸對企業申請進出口權的政策已開放，並無註冊資金及年出口額的限制（但實務中有些地區仍有最低註冊資本的要求），只要企業有營業執照即可申請，個體工商戶也可申請進出口權。由於個體工商戶經營規模較小，故在實務中個體工商戶較少從事加工貿易。

三、加工貿易業務資格的申請條件

1. 加工貿易經營企業必須是具有進出口經營權的各類進出口企業和外商投資企業，以及經批准獲得來料加工經營許可的對外加工裝配服務公司。

2. 加工貿易加工企業必須是具有法人資格的生產企業，以及由經營企業設立，雖不具有法人資格，但實行相對獨立核算並已經辦理工商營業執照的工廠。

3. 加工貿易項目須屬於大陸允許或鼓勵的商品經營範圍。

四、加工貿易業務資格的審批

（一）加工貿易企業經營狀況及生產能力證明

1.提供的資料

（1）工商營業執照。

（2）外商投資企業批准證書。

（3）上年度審計報告。

（4）有進出口經營權的企業提供進出口資格證書。

（5）無進出口經營權的企業提供組織機構代碼證。

（6）填妥的「加工貿易企業經營狀況及生產能力證明表」。

2. 外經貿主管部門在企業實地驗廠合格後，頒發「加工貿易企業經營狀況及生產能力證明」。

3. 「加工貿易企業經營狀況及生產能力證明」有效期為 1 年，須及時續期。

（二）加工貿易業務批准證

1. 提供的資料

（1）加工貿易業務批准證申請表。

（2）加工貿易進口料件申請備案清單。

（3）出口成品備案清單。

（4）出口製成品及對應進口料件消耗備案清單。

（5）加工貿易進出口合同一式兩份。

（6）外商投資企業批准證書有效影本。

（7）工商營業執照副本有效影本。

（8）最近一期的驗資報告。

（9）企業所屬行政區外經貿部門出具的加工貿易經營狀況及生產能力證明。

2. 商務主管部門合同審批領取「加工貿易業務批准證」後，到國稅備案在海關辦理合同登記，領取手冊及辦理銀行保證金台帳手續後，就可進行加工貿易。

【5】海關下廠驗核的關注重點

海關下廠驗核，指海關受理企業申辦海關手續時，為核實企業申報資料及提供單證、資料等有關情況的真實性，指派專人下廠驗核。

一、驗核的種類

海關驗廠可以分為首次驗核和生產經營中的驗核。

1. 首次驗核

企業開展首次加工貿易前，必須由海關進行查驗。在海關首次驗核中，企業需要準備好的資料包括：外商投資企業批准證書、企業法人營業執照、組織機構代碼證、海關註冊登記證明書、企業資產清單、生產能力證明、工藝流程、加工貿易業務批准證、進口料件申請備案清單、出口成品申請備案清單、成品對應料件單耗情況表、來料加工合同（如有此貿易方式）、房產證等。除上述資料外，企業還應對保稅、非保稅貨物，分別存儲、領用、生產、銷售。

海關確定企業具備開展加工貿易的能力，審批後發放「加工貿易手冊」，企業才能正式開展加工貿易業務。

2. 生產經營中的驗核

加工貿易企業在生產經營過程中出現以下情況時，海關會實施下廠驗核：

（1）企業申報單耗超過國家或關區單耗標準。

（2）企業停止加工貿易業務半年以上，重新申請辦理合同備案等業務。

（3）進口設備後超過半年未辦理加工貿易生產合同。

（4）企業進出口總體不平衡及合同間存在串換料件行為。

（5）海關總署職能部門下達下廠驗核指令。

二、驗核方法

海關對企業下廠查驗，其內容總體來說可以分為兩部分。

1. 對企業管理的查驗

海關加工貿易企業管理的核查，主要有以下內容：

（1）保稅加工企業的廠房、倉庫和主要生產設備，以及法定代表人、主要負責人等企業基本情況，與備案資料是否相符。

（2）保稅加工企業帳冊設置是否符合規範、齊全。

（3）保稅加工企業出現分立、合併或者破產等情形者，是否依照規定辦理海關手續。

（4）保稅加工企業開展深加工結轉、外發加工業務者，是否符合海關對深加工結轉或者外發加工條件和生產能力的有關規定。

2. 對保稅貨物的查驗

海關對保稅加工貨物開展的核查，主要有以下內容：

（1）保稅加工企業申報的進口料件和出口成品的商品名稱、商品編碼、規格型號、價格、原產地、數量等情況。

（2）保稅加工企業申報的單耗與實際單耗是否存在差異。

（3）保稅加工企業申報的內銷保稅貨物的商品名稱、商品編碼、規格型號、價格、數量等情況。

（4）保稅加工企業申報的深加工結轉以及外發加工貨物的商品名稱、商品編碼、規格型號、數量等情況。

（5）保稅加工企業申請放棄的保稅貨物的商品名稱、商品編碼、規格型號、數量等情況。

（6）保稅加工企業申報的受災保稅貨物的商品名稱、商品編碼、規格型號、數量、破損程度以及價值認定等情況。

（7）保稅材料是否用於非保稅產品生產、銷售等情況。

加工貿易企業應對保稅貨物和非保稅貨物統一記帳、分別核算。並按照「中華人民共和國會計法」及有關法律、行政法規的規定，設

置符合規範的財務帳簿、報表，記錄保稅企業的財務狀況和有關保稅貨物的進出口、存儲、轉移、銷售、使用和損耗等情況，如實填寫有關單證、帳冊，憑合法、有效的憑證記帳和核算。被核查人應當在保稅貨物海關監管期限以及其後 3 年內，保存上述資料。

　　海關驗廠時，財務（會計、出納）及生管、倉管人員應在加工地址處以備海關人員諮詢，並及時提供海關須調閱的帳冊、單證（財務總帳、明細及固定資產、倉庫帳冊，及各類生產、倉庫單據等）。

【6】加工貿易合同如何在經貿部門備案

　　加工貿易合同在經貿部門備案，實質就是辦理「加工貿易業務批准證」的過程，「加工貿易業務批准證」是海關等部門據以辦理加工貿易銀行保證金台帳相關手續的有效證明文件，辦理條件及流程如下。

一、辦理條件

　　1. 辦理加工貿易業務核准手續的企業，須具有獨立法人資格和加工生產能力。

　　2. 加工貿易項目須屬於大陸允許或鼓勵的商品經營範圍。

　　3. 進口料件加工成品須複出口。

二、需要準備的資料

　　1. 企業出具的書面申請報告及加蓋企業公章的「加工貿易業務申請表」。

　　2. 企業進出口經營權批准文件（或外商投資企業批准證書）和營業執照影本。

　　3. 企業註冊地縣級以上外經貿主管部門出具的「加工貿易加工企業生產能力證明」正本，如果委託加工，則提供加工企業的「加工貿易加工企業生產能力證明」以及其營業執照影本、委託加工協議正本。

　　4. 企業對外簽訂的合同正本。

　　對於外資企業來說，除準備上述文件外，還須同時提供外經貿主管部門批准的，能說明生產經營範圍和規模的合同、章程，以及能確認已建成投產、投資方資金已如期到位、聯合年檢合格的證明文件。

三、申請簽發「加工貿易業務批准證」的程序

　　1. 加工貿易企業向外經貿主管部門出具書面申請，填寫「加工貿易業務證申請表」，加蓋經營企業公章，並隨附有關的必備資料。

　　2. 外經貿主管部門審核「加工貿易業務批准證申請表」的相關資料是否真實，各項單證是否齊全。

　　3. 外經貿主管部門審核「加工貿易業務批准證申請表」的資料真實和各項單證齊全者，且確實具有加工複出口能力的經營企業，由外經貿主管部門審核簽發「加工貿易業務批准證」，並加蓋加工貿易業務審批專用章。

四、其他注意事項

　　1. 企業須按「加工貿易業務批准證」規定的期限加工、返銷製成品並辦理核銷手續。如因客觀原因確須延長製成品返銷期限，須在規定的製成品返銷期限內報原審批機關批准，海關憑批件辦理延期手續。延期一般不超過兩次，每次延長期限一般不超過 6 個月。

　　2. 企業須按「加工貿易業務批准證」規定的內容加工出口，如因客觀原因確須變更部分項目內容，須在「加工貿易業務批准證」規定的期限內報原審批機關批准，海關憑批件辦理變更手續。

　　3. 辦理「加工貿易業務批准證」需要提供對外簽訂的合同，在實務中一般是提供框架性的合約，而不是具體執行的合約。

【7】加工貿易手冊的定義及作用

加工貿易手冊，是海關為了實現對加工貿易企業保稅貨物全過程管理，加工貿易企業為了原材料保稅進口、深加工結轉及複出口，而在海關辦理的加工貿易進出口合同的登記備案（變更）、貨物進出口報關申報及核銷所用的記錄帳簿。目前，海關對於加工貿易企業保稅貨物的監管有兩種方式：一是加工貿易手冊監管，二是電子帳冊聯網監管。

一、加工貿易手冊

1. 申請加工貿易手冊

加工貿易企業須憑加工貿易業務批准證、加工貿易加工企業生產能力證明、加工貿易合同、加工合同備案申請表、進口料件備案申請表、加工出口成品備案表、單耗備案申請表、經預錄入的企業加工合同備案呈報表、產品生產工藝流程、為確定單耗和損耗率所需的資料等，向海關進行加工貿易合同備案。企業採購保稅料件時，通過進口報關單，在所屬加工貿易手冊上進行進口材料登記。企業加工完畢複出口時，通過出口報關單在所屬加工貿易手冊上進行出口成品登記。

海關對於加工貿易手冊管控的計算公式為：手冊餘料＝進口原料－出口成品按備案單耗折算原料。由於進口原料數量、出口成品數量、成品單耗皆已向海關登記、備案，故海關通過加工貿易手冊可以達到監管保稅貨物的目的。

2. 加工貿易手冊分類

（1）出料加工手冊：境內企業以出料加工貿易方式出口材料，經境外企業進行加工後複進口而辦理的手冊。

（2）來料加工手冊：境內企業以來料加工貿易方式進口材料，經加工後產品複出口而辦理的手冊。

（3）進料加工手冊：境內企業以進料加工貿易方式進口材料，

經加工後產品複出口而辦理的手冊。

3. 加工貿易分冊

因經營需要，企業可在海關核發的加工貿易手冊基礎上，申請並經主管海關批准，將總冊的部分內容重新登記備案，由海關核發該部分內容的加工貿易手冊。分冊含基本情況表、進口料件情況或出口成品情況（或兩者兼有），並可分為異地報關分冊（指備案地海關與口岸海關不使用同一台電腦主機）和深加工結轉分冊。異地報關分冊用於異地報關進出口，深加工結轉分冊用於異地深加工結轉出口和本地深加工結轉進口。若總冊在本地口岸無法周轉，可由企業申請並經主管海關關長批准，海關可核發深加工結轉進口分冊，其他情況海關一律不核發深加工結轉進口分冊。

二、電子帳冊

電子帳冊俗稱E帳冊，是海關為聯網企業建立的電子底帳；實施電子帳冊管理的聯網企業，只設立一個電子帳冊。海關根據聯網企業的生產情況和海關的監管需要，確定核銷週期，按照核銷週期對實行電子帳冊管理的聯網企業進行核銷管理。該系統的運用實現了海關監管與企業實際生產的資料同步。

三、加工貿易手冊監管和電子帳冊聯網監管的主要區別

1. 加工貿易手冊監管

（1）企業簽多少加工貿易合同，就需要建立多少個手冊。合同執行完畢後，對應的手冊才會被撤銷。

（2）對於一般企業只能採用加工貿易手冊，加工貿易手冊使用期限通常為1年，經海關批准可適當延期。

（3）加工貿易手冊從形式上，可以分為傳統紙本手冊和電子化手冊。電子化手冊系統就是把原有的紙本單證轉變為電子資料，企業通過網路向海關申報，海關通過電子資料審核的一種監管模式。其目標就是把原有的加工貿易手冊備

案、通關和核銷等業務環節採用電子資料，並通過與其他
部委的聯網，逐步取消相關紙本單證作業，實現電子化手
冊的監管，最終達到「電子申報、網上備案、無紙通關、
無紙報核」。

2. 電子帳冊聯網監管

（1）企業不管簽訂多少合同，只建立一個帳冊，所有進出口及
核銷全在該帳冊體現，當企業不再進行加工貿易，帳冊才
會被撤銷。

（2）對大型企業、信譽度較高、進出口量較大、效益較好的企
業，才可使用電子帳冊。

【8】加工貿易企業如何辦理加工貿易手冊

大陸為有效管控加工貿易保稅材料，規定所有免稅進口的材料都
應辦理「加工貿易手冊」，申請辦理手冊的企業需要具有企業法人資
格，辦理程序涉及主管商務的政府機關、海關、銀行、稅務等部門。

一、主要程序

企業與外商訂立合同後，根據進出口合同的內容填寫「加工貿
易業務批准證申請表」，並加蓋企業公章，連同出口合同、加工貿易
密匙盤（即電子安全認證證書，也稱網路金鑰），向註冊地外經貿委
辦理加工貿易合同的登記備案，由外經貿委審批機關錄入有關資料，
審核合格後發給「加工貿易業務批准證」。因企業出口涉及增值稅退
稅，企業還應向稅務機關辦理加工貿易免稅證明。

以上辦理完畢後，企業填寫「保稅合同備案申請表」，向註冊地
海關申請預錄入，同時攜帶「加工貿易批准證」、進出口合同正本、
加工企業生產能力證明影本、空白手冊、合同報批單，向海關申請報
批，海關審核合格後發給「銀行保證金台帳聯繫單」。

　　企業憑海關簽發的「銀行保證金台帳聯繫單」向設立台帳的銀行辦理保證金台帳手續。目前中國銀行是大陸唯一辦理加工貿易進口料件保證金台帳業務的銀行，根據加工貿易項目或商品的類別不同，保證金台帳分為「不納入台帳制度」、「空轉」、「實轉」。企業取得銀行相關單據後，送交海關，並取回編碼的手冊。

　　企業根據國外供應商提供的發票、裝箱單、產地證明、進口報關單、提貨單等相關資料，向進口口岸海關辦理報關手續，審核合格後，海關在手冊登記實際進口料件情況。值得注意的是，外商投資企業進口的料件，除因特殊原因並經海關核准外，在履行有關出口合同的前提下，應當從料件進口之日起1年內加工成成品出口。

　　綜上所述，企業在辦理加工貿易手冊手續時，應首先向外經貿委辦理加工貿易合同審批，其次向海關辦理加工貿易合同登記備案，然後向中國銀行辦理保證金台帳，最後向海關辦理進口料件報關。

二、分冊辦理

　　在實務中還會涉及「加工貿易手冊」分冊的辦理。所謂「加工貿易分冊」是指在海關核發的「加工貿易手冊」（總冊）基礎上，因企業報關需要，由企業申請並經主管海關批准，將總冊的部分內容重新登記備案，由海關核發該部分內容的「加工貿易手冊」（分冊）。

　　分冊含基本情況表、進口料件情況或出口成品情況（或兩者兼有）。分冊備案進出口數量不要求「進出口平衡」。

　　辦理加工貿易分冊需要準備好「加工貿易分冊申請表」、「加工貿易分冊呈報表」、「分冊審批表」、海關核發的總冊、已填寫基本情況的空白分冊，以及海關需要的其他單證。

　　企業在辦理分冊時，需要注意以下事項：

1. 「加工貿易分冊呈報表」的手冊編號應與總冊手冊編號相同。
2. 分冊的有效期在總冊的有效期之內。
3. 分冊只能有一個口岸，異地報關分冊的口岸必須在總冊審批口

岸範圍之內。

4. 分冊的進出口商品項必須在總冊審批的商品項範圍內。

5. 分冊經營單位、加工生產單位、商品序號、品名、規格型號、計量單位、單價、幣制等，必須與總冊對應項一致。

6. 分冊進出口商品數量，須在總冊備案的對應商品數量範圍內。

【9】保稅手冊如何做到帳、實、物相符

很多加工貿易企業既不瞭解自身保稅貨物帳實差異，也找不到造成差異的根本原因以及改善之道，從而造成企業的稅收風險和損失。

一、帳實差異原因分析

1. 部門間協調不足。

加工貿易手冊餘料帳一般由關務人員負責，關務人員既可隸屬採購、業務部門，也可設置獨立部門。實物由倉庫人員負責，倉庫部門可隸屬資材、管理部門，也可設置獨立部門。

由於加工貿易手冊餘料帳、保稅貨物實物分屬不同部門負責，若部門間協調不足，容易造成各自為政，例如倉庫部門的出貨數量與出口報關單數量存在差異，或實際單耗與手冊備案單耗存在差異等。

2. 材料單耗未及時更新，導致手冊帳與其他帳不一致。

備案單耗是企業在進行加工貿易備案時，根據合同、生產計畫或經驗，進行單耗資料的備案，反映備案料件和成品數量關係的合理性，便於海關控制保稅料件進口的合理數量；它具有一定的計畫性。材料單耗計算不準確，會導致三套帳不一致。造成單耗不準確的原因主要如下：

（1）多報材料單耗：在不能準確核定材料單耗的情況下，企業多會選擇多報材料單耗，因為這樣不會產生保稅材料手冊有餘料而實際材料已耗盡，可以暫時使企業少繳稅，減少

資金壓力。如此會導致手冊帳的材料餘額少於實際倉庫帳
及財務帳。

（2）少報材料單耗：與上述情況相反，此舉會導致手冊帳的材
料餘額大於實際倉庫帳及財務帳。

（3）邊角料沒有繳稅：有些企業的加工邊角料未補交關稅，直
接對外進行銷售。因邊角料實際耗用量也是構成保稅料件
的實耗量，若沒有繳稅銷售，會導致手冊帳保稅料件餘料
高於倉庫帳及財務帳。

（4）發現單耗不確實，未及時向海關申請調整：企業在發現實
際單耗與海關備案單耗不符時，不主動向海關報請調整單
耗，任由手冊帳與保稅倉庫帳、帳務單不符。

3. 保稅、非保稅材料串料。

串料指保稅、非保稅材料的串用，由於串料會使倉庫帳中保稅料
件的實際耗用與加工貿易手冊餘料不符，導致保稅貨物帳實差異。

4. 對生產耗用的計算口徑不一致。

海關計算保稅料件的耗用量，為在正常加工條件下加工單位成品
所耗用的料件量，包括淨耗和工藝損耗。但在實際生產中還存在因突
發停電、停水、停氣或者其他人為原因，以及因丟失、破損、不可抗
力等原因，造成保稅料件、半成品、成品的損耗等情況。

二、如何做到保稅貨物帳實相符

1. 加強部門間溝通協調，各部門間要及時進行對帳，一旦發現三
套帳不一致，要立即分析，找出原因，早做對策，防範在先，避免在
會計期末或海關盤點時無法提出合理的解釋。

2. 企業要加強單耗管控。海關對保稅材料管理採取「如實申報，
據實核銷」基本原則，對單耗標準執行剛性原則，即加工貿易企業必
須如實申報本企業生產成品的實際單耗，海關則根據企業申報或海關
核定的單耗進行核銷，對於已制定單耗標準的成品，如企業申報的單

耗不在單耗標準內，海關一律按單耗標準上限或下限核銷；超出部分，企業按從境內購買或進口徵稅處理。所以企業在發現實際單耗與申報單耗不相符時，應及時與海關進行溝通，在企業實際單耗與海關核定單耗不衝突的情況下，可以向海關申請調整單耗，使三帳平衡。

3. 對於串料現象，企業應加強內控管理，要求保稅與非保稅材料分倉儲放，耗用時應根據保稅與非保稅工單分別耗料，從根本上解決串料的問題。

三、帳實不一致的風險

手冊餘料多於實物，海關一般會將差額部分認定為內銷，而補徵關稅、增值稅。

手冊餘料少於實物，則比較複雜。單耗錯誤、串料、走私、虛報出口，都會造成手冊餘料少於實物。海關會根據具體的情形，採取修改單耗、罰款、追究刑事責任等措施。

【10】加工貿易手冊核銷操作流程

加工貿易核銷，是指加工貿易企業加工複出口或者辦理內銷等海關手續後，憑規定單證向海關申請解除監管，海關經審核屬實且符合有關法律、行政法規、規章的規定，予以辦理解除監管手續的行為。其辦理的條件及流程如下。

一、申請核銷的條件

1. 具有法人資格的加工貿易經營企業。

2. 加工貿易合同項下的進口料件已加工複出口。

3. 合同履約後的餘料、邊角料、成品、殘次品、副產品已核算清楚，向海關如實申報。

4. 合同履約後的餘料、邊角料、成品、殘次品、副產品等，已辦理內銷徵稅、退運、放棄或餘料結轉等手續。

二、申請核銷應提交的文件

1. 合同核銷申請表。

2. 加工貿易登記手冊（包括分冊、續冊）。

3. 齊全、有效的進出口報關單（進出口報關單票數和相關內容，應當與登記手冊進出口登記欄的進出口紀錄一致）。

4. 核銷核算表。

5. 合同履約後的餘料、邊角料、成品、殘次品、副產品等已辦過內銷徵稅、放棄、銷毀等手續，應提供稅單影本等資料和證明文件。

6. 備案後因故中止執行、未發生進出口而申請撤銷的合同，須提供商務主管部門的批件。

7. 遺失進出口報關單的合同，須提交報關單留存聯、補發聯，或加蓋原報關地海關印章的報關單影本。

8. 遺失「登記手冊」的合同，須提供遺失情況的書面說明。必要時須提供手冊遺失證明。

9. 其他海關需要的資料，如排料圖、線路圖、配方表等。

三、辦理程序

1. 企業向海關遞交核銷所需要的各項文件，並注意以下問題：

（1）核銷應在加工貿易手冊項下最後一批成品出口，或者加工貿易手冊到期之日起30日內提出。

（2）加工貿易合同因故提前終止者，應當自合同終止之日起30日內申請核銷。

2. 海關審核資料，進行核銷。海關核銷結案的時限，一般為自受理報核之日起20個工作日內，審核無誤後核發「加工貿易合同結案通知書」、「保證金台帳核銷聯繫單」。

海關採取的核銷方式一般來說有兩種，一種是單證核銷，另一種是下廠核銷。

單證核銷是指海關核銷人員經過風險分析，對風險值較低或無風

險，企業管理類別和管理水平較高，報核單證齊全、有效，各項資料符合有關標準或與海關掌握情況相吻合，無走私或違規嫌疑，則可以在海關辦公場所審核企業報核資料，辦結核銷結案手續。必要時則通過電話聯繫、約見面談或攜帶實物來海關處置等方式，解決疑問和完結核銷手續。

企業管理符合規範、信用良好、未發生走私違規情事、報核單證齊全、進出平衡、消耗定額合理、未涉及重點敏感商品的合同，海關一般予以單證核銷。

下廠核銷是指海關核銷人員經過風險分析，對風險值較高，企業類別和管理水平較低，報核資料不符合有關標準或與海關掌握情況不相吻合，有走私或違規嫌疑，有重要問題需要核實，而對加工企業實地採取查帳、查庫、查實物等手段的核銷方式。

企業所進料件國內外價差大、涉及重點敏感商品、進出口價值倒掛、進出口重量差異較大、單耗偏高、料件久進不出、先出後進、企業信用情況較差及其他管理風險較大的合同，海關一般會下廠核銷。

3. 企業將「保證金台帳核銷聯繫單」交至銀行，銀行確認無誤後加蓋公章，並將回執交還企業。

4. 企業將銀行回執送交海關。

四、電子手冊核銷

目前海關正推廣電子手冊，企業如果使用電子手冊，則免去向海關報送紙本資料，直接通過電子口岸資料中心向主管海關傳送報核表頭、報關單、進口料件、出口成品、單損耗等五方面報核資料。

海關對企業報核的電子手冊進行資料核算，核對企業報核的料件、成品進出口資料與海關底帳資料是否相同，核實企業申報的成品單耗與實際耗用量是否相符，企業內銷徵稅情況與實際內銷情況是否一致，對審核無誤的電子手冊進行結案，並列印結案通知書交付企業。

【11】加工貿易手冊如何處置餘料

加工貿易的剩餘保稅料件屬海關監管貨物，必須經過海關的批准方可處置。企業處置剩餘保稅料件的方式，主要有：退運、內銷、放棄、結轉。

一、退運

加工貿易企業退運剩餘的保稅料件，需要準備好進口報關單、出口報關單、退運情況說明、報檢委託書、相關貨物明細、退運協議，以及相關包裝說明，經海關批准後方可辦理退運。

需要注意的是，保稅料件的餘料需要退運出境的，不得經過海關特殊監管區域進出境或者存儲。

二、內銷

加工貿易企業內銷剩餘保稅料件，需要報請主管海關核准，並補徵進口環節的關稅、增值稅以及緩稅利息後，方可內銷。對於剩餘料件金額占該加工貿易合同項下實際進口料件總額3%以上，或者總值在人民幣1萬元以上，還需要報請商務主管部門批准。

補徵進口環節的關稅，其稅率為向海關申報轉為內銷之日的稅率，而完稅價格按以下原則確定：

1. 進料加工進口料件申請內銷，以原進口價格為基礎，審查確定完稅價格。

2. 來料加工進口料件申請內銷，按接收內銷申報的同時或大約同時進口的、與料件相同或類似的貨物進口成交價格為基礎，審查確定完稅價格。

三、放棄

加工貿易企業申請放棄加工貿易貨物，除按需要提交相關的單證、資料外，還須提供評估機構出具的擬放棄加工貿易貨物的價值證明，最終由海關進行變賣或銷毀。

　　企業放棄加工貿易貨物，不須補徵進口環節的關稅、增值稅。海關變賣放棄的加工貿易貨物所得價款，扣除變賣過程費用後，餘款上繳國庫。

四、餘料結轉

　　加工貿易手冊餘料結轉，是指加工貿易企業將剩餘保稅料件結轉到另一個加工貿易合同使用。加工貿易手冊餘料結轉前提條件，必須符合同一經營單位、同一加工廠、同樣進口料件、同一加工貿易方式等「四個相同」。若符合「四個相同」，經海關核定單耗後，企業方可辦理該手冊核銷及其剩餘料件結轉手續。

　　1. 一般來說加工貿易手冊餘料結轉，主要有以下情形：

　　（1）加工貿易合同執行完畢後，因改進工藝、降低單耗而產生的餘料。

　　（2）海關審核時發現單耗差異過大，修正單耗後產生的餘料。

　　（3）加工貿易合同未執行完畢或因故終止。

　　（4）企業走私違規，海關處理後准予其進口料件轉入同一企業其他加工貿易合同。

　　2. 企業申請辦理餘料結轉，應向海關提供以下資料：

　　（1）已填妥的「加工貿易剩餘料件結轉聯繫單」。

　　（2）餘料轉出手冊和餘料轉入手冊。

　　（3）對應手冊的進出口報關單。

　　（4）如果是來料加工餘料結轉，還應提供商務部門出具該合同餘料結轉報告書。

　　3. 加工貿易手冊餘料的審批時限，為自出具「受理通知書」起20個工作日內，具體流程如下：

　　（1）申請人向海關遞交資料，海關受理後進行初審。

　　（2）海關根據規定審核企業提供的資料。

　　（3）海關審核同意後，核發簽註意見的「加工貿易剩餘料件結

　　轉聯繫單」，交經營企業辦理報關手續。

　　4. 企業向海關遞交資料後，海關按三級審批辦法進行審核，必要時會實地查看實物。辦理手冊結轉需要注意的事項如下：

（1）轉出手冊對應料件必須具有相同的品名、規格型號及計量單位，且轉入料件總數必須在轉入手冊計畫進口總量內。

（2）餘料結轉必須在手冊有效期內申請（含經批准延長的期限），即手冊核銷前申請。

（3）同一經營單位申請將剩餘料件結轉到另一加工廠，應當經主管海關同意，並繳納相當於結轉保稅料件應繳稅款金額的風險擔保金；對已實行台帳實轉的合同，台帳實轉金額不低於結轉保稅料件應繳稅款金額者，經主管海關同意，可以免予繳納風險擔保金。

【12】合併分立過程中涉及保稅材料的海關實務分析

　　合併，是指一家或多家企業，將其全部資產和負債轉讓給另一家現存或新設企業，被合併企業股東換取合併企業的股權或非股權支付，實現兩個或兩個以上企業的依法合併。

　　分立，是指一家企業將部分或全部資產，分離轉讓給現存或新設企業，被分立企業股東換取分立企業的股權或非股權支付，實現企業的依法分立。企業合併、分立過程中涉及保稅材料，均須根據海關的相關規定處理。

一、合併、分立過程中的海關規定

　　根據「海關總署關於外商投資企業合併與分立所涉及海關管理的有關事項的公告」：

　　1. 外商投資企業合併或分立後，存續或新設的公司應憑有關部門的批文，向海關辦理變更或者重新註冊登記。

2. 外商投資企業在合併或分立前進口，未達海關監管年限的特定減免稅貨物以及未核銷結案的進口保稅貨物，在外商投資企業合併或分立後，由承接該貨物的存續或新設公司承擔海關監管的全部法定義務，或者將監管設備結轉到另外一家有免稅設備額度的企業。

二、合併、分立過程中保稅材料處理的分析

在此過程中，最重要的就是加工貿易手冊的變更處理。海關對加工貿易貨物的監管，主要針對加工貿易手冊上備案保稅料件的監管，而加工貿易企業手冊對應的是獨立法人企業，由於企業合併、分立會涉及主體變更，所以要根據法人變更後的不同情況，來確定加工貿易手冊的不同處理方式。一般來說，老企業已辦理備案的手冊應正常完成核銷，而新企業應辦理新合同備案和加工貿易手冊的申請。

三、不同的合併、分立情況下加工貿易手冊的處理

1. 合併過程中的變更處理

（1）A公司與B公司合併，A公司做為主體，合併後由於法人主體改為A公司，A公司的加工貿易手冊可以繼續沿用，B公司的加工貿易手冊就要辦理註銷。在合併手續的辦理期間內，B公司的加工貿易手冊可以暫時性存在，如有需要，經海關審批，B公司可將剩餘保稅料件結轉到A公司的手冊上。

（2）A公司與B公司合併，新設立C公司做為主體，合併後由於法人主體改為C公司，C公司應申請辦理新的加工貿易手冊，A公司和B公司的加工貿易手冊就要辦理註銷。在合併手續的辦理期間內，A公司和B公司的加工貿易手冊可以暫時性存在。

2. 分立過程中的變更處理

（1）A公司分立為A、B二家公司，分立後A、B二家公司分別是獨立的法人主體，A公司的加工貿易手冊可以繼續沿用，B

公司應申請辦理新的加工貿易手冊。

（2）A公司分立為B、C二家公司，分立後B、C二家公司分別是
獨立的法人主體，A公司的加工貿易手冊應辦理核銷，B、
C二家公司應申請辦理新的加工貿易手冊。

四、實務操作應關注的重點事項

1. 合併或分立之前，手冊上進口的保稅貨物尚未核銷結案的，應
按規定繼續辦理複出口手續或者辦理退運手續，以便完成手冊核銷。
並自加工貿易手冊項下最後一批成品出口，或者加工貿易手冊到期之
日起30日內，向海關報核；對外簽訂的合同因故提前終止的，應當自
合同終止之日起30日內，向海關報核。

2. 合併或分立手冊變更後，原手冊的剩餘保稅原材料結轉到新手
冊，須經海關審核批准，至於保稅半成品、保稅成品，建議在合併、
分立之前，先完成出口手續或內銷手續。

3. 加工貿易的剩餘保稅料件屬海關監管貨物，須經海關批准方可
處置。企業處置剩餘保稅料件，可採用退運、內銷、結轉等方式。

【13】何謂加工貿易單耗？

單耗用於反映加工貿易企業與海關在申報及核定進口料件、加工
成品之間的定量關係，對加工貿易企業的稅收和進出口管理有較大影
響。以下對單耗定義及實務操作進行簡單說明。

一、單耗的含義

根據「中華人民共和國海關加工貿易單耗管理辦法」（中華人民
共和國海關總署令第155號）中的釋義，單耗是指加工貿易企業在正
常加工條件下，加工單位成品所耗用的料件量。

加工貿易單耗包括淨耗和工藝損耗。淨耗是指在加工生產過程
中，通過物理變化或者化學反應，存在於或者轉化到單位出口成品

中，即「物化」在成品中的進口保稅料件的數量。工藝損耗是指因加工生產工藝要求，在生產過程中除淨耗外所必須耗用，且不能完全物化在單位出口成品中的進口保稅料件的數量。要提醒的是，並不是所有的保稅料件都有工藝損耗，如常見的電子元件，並不存在物理變化或化學反應等，其在手冊上的進口數量與出口數量必須一致。

單耗的計算方式如下：

單耗＝淨耗÷（1－工藝損耗率）

其中工藝損耗率指工藝損耗占所耗用料件的百分比。

以成衣為例，成衣的布料重量為淨耗，布料的裁邊為工藝損耗；但不良服裝所耗用的布料及裁邊，皆不屬於單耗。

需要注意的是，裝配型企業對保稅料件只是進行單純的組裝，則其工藝損耗率為0，即單耗＝淨耗。

二、單耗標準的含義

單耗標準，是指供通用或者重複使用的加工貿易單位成品耗料量的準則。單耗標準均設定最高上限值，部分單耗標準設有最低下限值。單耗標準適用於海關特殊監管區域、保稅監管場所外的加工貿易企業，由海關會同相關部門制定並以海關公告形式對外發布。

單耗標準又分為國家單耗標準和關區單耗標準：

1. 國家單耗標準由海關總署會同有關部門制定。

2. 關區單耗標準由海關總署下各直屬海關會同有關部門制定，僅適用於該關區。

需要注意的是，適用於某項商品的國家單耗標準頒布執行後，之前如有適用於該項商品的關區單耗標準即行廢止，以國家單耗標準為準。尚未公布單耗標準的商品，加工貿易企業應當如實向海關申報單耗，海關按照加工貿易企業的實際單耗對保稅料件進行核銷。

三、單耗作業要點

1. 單耗的備案與申報

（1）加工貿易企業應當在加工貿易備案環節向海關進行單耗備案。備案生產成品時須提供「企業投料明細表」，即加工單位成品所耗用的料件量，包括總投料量、淨耗量、損耗量、總耗量、所計算出的損耗率。

（2）加工貿易企業應當在成品出口、深加工結轉或者內銷前，如實向海關申報單耗。如確有正當理由無法按期申報，應當留存成品樣品以及相關單證，並在成品出口、深加工結轉或者內銷前提出書面申請，經主管海關批准後，可以在報核前申報單耗。

2. 單耗的審核與核定

單耗審核是指海關依據單耗管理辦法，審查核實加工貿易企業申報的單耗是否符合有關規定、是否與加工實際相符。

（1）海關對加工貿易企業申報的單耗進行審核，符合規定的，接受加工貿易企業的申報。

（2）海關如對申報的單耗有疑問，會下發「中華人民共和國海關加工貿易單耗質疑通知書」，要求企業以書面形式提供有關資料。

（3）加工貿易企業如未提供資料或提供的資料不能滿足要求，海關應當對單耗進行核定。

（4）加工貿易企業如對單耗核定結果有異議，可以向做出單耗核定海關的上一級海關提出書面複核申請，上一級海關應當自收到複核申請後45日內，做出複核決定。

3. 單耗與納稅

海關特殊監管區域、保稅監管場所外的加工貿易企業，其申報的單耗在單耗標準內的，海關按照申報的單耗對保稅料件進行核銷；申報的單耗超出單耗標準的，海關按照單耗標準的最高上限值或者最低下限值，對保稅料件進行核銷。若海關核准的單耗高於實際單耗，企

業應在第一批貨物出口前向海關更改單耗；如海關核准的單耗低於實際單耗，則會出現手冊餘料數量大於實際庫存保稅材料數量，企業須對申報單耗高於單耗標準（或海關核定單耗）的差額進行補稅。

【14】加工貿易企業如何進行單耗管理？

加工貿易單耗的管理如下。

一、單耗備案

備案單耗是指加工貿易企業在進行加工貿易備案時，根據合同、生產計畫或經驗，進行單耗資料的備案。加工貿易企業應當在進行上述備案單耗同時，明確執行申報單耗的環節，並且在手冊或電子帳冊的相應欄目中註明。

一般按照往年的經驗，預估本年的單耗而予以備案。而對於保稅料件品種、成品型號均較多的電子業，可通過調閱以往的BOM表，核對各保稅料件的用料明細，來進行單耗備案。若企業第一次對某項商品進行加工，沒有經驗可循，也可按照同行業標準或者相關理論預估單耗，以此做為備案。但需要注意的是，通常每個海關都設有關區單耗標準，企業備案的單耗不得超過關區單耗標準。

二、實際單耗的管理

單耗直接關係到企業補繳關稅、增值稅的多寡，並影響企業的利潤。一般可以根據以下幾點，來進行實際單耗的管理。

1. 單耗管理應遵循之原則

（1）收集各個產品所對應的完整產品結構、設計圖紙、工藝流程等相關資料，建立本企業各種加工成品的單耗資料庫及管理制度，以備海關後續核查。

（2）依據具體的方法及步驟，結合產品的用量表，核算出產品的實際單耗。

（3）隨時關注單耗標準的發布，確認本企業產品在單耗標準內，所申報的淨耗、損耗不得超過單耗標準。

（4）當企業產品的原料材質、結構或者用量發生變化，致使產品實際單耗與海關核准的手冊單耗產生差異，則企業應對手冊保稅料件平衡表重新試算平衡，並及時向海關申請辦理單耗變更手續。

2. 如何計算實際單耗

企業應當按貨物的海關編碼、計量單位，建立完整、準確的歸併關係，制定正確的用料結構表（物料清單），以便進行物料追溯。

根據「中華人民共和國海關加工貿易單耗管理辦法」（中華人民共和國海關總署令第155號）中的釋義，加工貿易企業單耗的計算方式如下：

單耗＝淨耗÷（1－工藝損耗÷耗用料件數）

根據「關於發布加工貿易單耗管理辦法有關問題」（海關總署公告[2007]23號）中的規定，在計算單耗或工藝損耗率時，同一料件有保稅和非保稅的，非保稅料件所產生的損耗計入工藝損耗。

3. 如何控制實際單耗

由於企業加工產品種類各式各樣，控制實際單耗的具體方法也是根據具體產品制定，但一般來說可從以下幾點進行實際單耗的控制。

（1）保證進口原物料的質量。進口的原料質量將直接影響產品的不良品率，在相同的工藝流程中，原料質量越好則良品率越高。因此加工企業應對原料質量嚴格把關，尤其加工產品為化學藥劑或是化學原料的企業，應當儘量減少原料中雜質的含量。

（2）每月或每季定期盤點庫存保稅料件，與手冊中尚未核銷的剩餘料件進行對比，掌握兩者之間的差異形成原因，並及時處理。

（3）對企業實際生產單耗進行定期統計，與海關備案單耗進行對比，如因企業生產配方等發生變化，應當及時向海關申請辦理單耗變更手續。

（4）加強現場管理，規範員工操作。對於需要手工操作的加工企業，應當加強生產員工的熟練度訓練，儘量安排熟練員工進行手工操作，同時在現場安排單耗員進行現場管理，及時發現並改正員工不符規範的操作。根據加工企業自身工藝流程特點，製作進口原物料流程控制圖，並制定相應的控制措施與操作規範，避免產生人為因素的損耗。

（5）及時回收可利用的餘料。對於原料為粉塵性質的加工企業，應當及時回收生產過程中散落的餘料。將原料放入機器設備時，應當注意減少原料飛揚，生產時關上門窗，除及時回收散落在地面上的原料外，對於容器、設備中的殘料也應當及時回收。

【15】加工貿易企業保證金制度的相關規定及分析

加工貿易企業保證金制度，為經營加工貿易單位憑海關核准的手續，按合同備案料件金額，向指定銀行申請設立加工貿易進口料件保證金台帳，加工成品在規定期限內全部出口，經海關核銷後，由銀行核銷保證金台帳。

保證金制度按照不同企業、不同貿易商品，分為「空轉」及「實轉」。「空轉」是指加工貿易企業在辦理銀行保證金台帳時，只開立空頭帳戶，無須存入保證金。「實轉」是指加工貿易企業在辦理銀行保證金台帳時，要將與進口料件稅款（進口關稅及進口環節增值稅）等值的保證金，存入海關在中國銀行設立的指定帳戶。根據「關於加工貿易企業以多種形式繳納稅款保證金實施辦法」（國經貿貿易

[1999]1271號）的相關規定，企業開展加工貿易業務因故無法向海關繳納稅款保證金者，可憑中國銀行出具的以海關為受益人的稅款保付函，辦理海關備案手續。提供擔保的金額，包括稅款及利息兩部分。

應實行空轉還是實轉，須根據不同企業及不同貿易商品予以區分。大陸海關對加工貿易的商品分為禁止類、限制類和允許類，對從事加工貿易的企業，則分成A、B、C、D四類。

不同企業實行何種保證金制度情況如下面表格。

企業類別	貿易商品類別	保證金制度
A類	限制類	實行「空轉」。
	允許類	實行「空轉」。
B類	限制類	東部企業部分商品實行「半實轉」，部分商品實行「空轉」(註)；中西部企業實行「空轉」
	允許類	實行「空轉」。
C類	限制類	實行「實轉」。
C類	允許類	實行「實轉」。
D類	不允許開展加工貿易，所以不存在開設保證金帳戶問題。	

註：根據「商務部、海關總署公告[2007]44號」及「商務部、海關總署公告[2008]97號」規定，東部B類企業出口的商品屬於44號公告所列限制出口類目錄1,853個海關編碼商品範圍，以及進口的商品屬於限制進口類目錄輕紡類272個海關編碼商品範圍內，實行「空轉」；如進口的商品屬於44號公告所列限制進口類目錄中的122個海關編碼商品範圍內，實行「半實轉」。
「半實轉」應繳納台帳保證金＝全部限制類進口商品應繳進口關稅和進口環節增值稅之和×50%。

除此之外，根據「中華人民共和國海關對加工貿易貨物監管辦法」規定，以下兩類企業也會被海關要求提供相當於應繳稅款金額的保證金或者銀行保函。

1. 海關認為加工貿易企業存在較高監管風險的，主要包括：

（1）涉走私、違規，已被海關立案調查、偵查，案件未審結者。

（2）因為管理混亂被海關要求整改，在整改期內者。

（3）租賃廠房或者設備。

（4）首次開展加工貿易業務。

（5）加工貿易手冊申請兩次或者兩次以上延期者。

（6）辦理加工貿易異地備案者。

（7）企業辦理加工貿易貨物備案手續時，提交的單證與事實不符且貨物已進口者。

2. 申請開展外發加工業務的經營企業，主要包括：

（1）外發加工業務跨關區者。

（2）全部工序外發加工者。

（3）外發加工後的貨物不運回而直接出口者。

（4）申請外發加工的貨物未涉案，但經營企業或者承攬企業涉嫌走私、違規，已被海關立案調查、偵查且未審結者。

　　加工貿易企業如在規定的期限內加工出口並辦完核銷手續，中國銀行憑海關開具的台帳核銷通知單，辦理保證金退還手續，並按活期存款利率計付利息。在合同規定的加工期限內未能出口或經批准轉內銷的，海關會及時通知中國銀行將保證金及利息轉為稅款和緩稅利息。

【16】海關對保稅貨物的監管要求

　　保稅貨物，指經海關批准未辦理納稅手續而進境，在境內儲存、加工、裝配後複運出境的貨物。海關對保稅貨物的實際監管作業，由五個程序組成。

一、保稅貨物合同的登記備案（保稅儲存貨物免辦）

　　本環節是在前期管理階段進行。經營企業向加工企業所在地主管海關辦理加工貿易貨物備案手續，如實申報貿易方式、單耗、進出口口岸，以及進口料件和出口成品的商品名稱、商品編號、規格型號、

價格和原產地等。海關的主要任務是審核貨物的成交合同和經營單位信用狀況，確認貿易性質，對企業和貨物進行風險等級確定，核發「登記手冊」。

二、貨物進口監管

本環節主要任務是受理保稅儲存貨物和保稅加工所需料件的進口報關，經查驗和簽印放行，允許進口收貨人將貨物提離海關監管現場，運抵保稅倉庫或保稅加工企業。

三、核查貨物儲存和加工狀況

本環節主要任務是定期或不定期核查保稅業務是否符合海關監管規定，並視情況到保稅加工企業進一步核查帳冊、盤點貨物等，以監控保稅貨物在境內合法正常的儲存加工。

1. 海關對保稅加工企業開展核查時，可核查以下內容：

（1）企業如須變更加工貿易貨物存放場所，應當經海關批准。

（2）保稅加工企業帳冊設置是否符合規範、齊全，是否存在保稅材料、非保稅材料之間的串料。

（3）保稅加工企業出現分立、合併或者破產等情形，是否依照規定辦理海關手續。

（4）保稅加工企業開展深加工結轉、外發加工業務，是否符合海關對深加工結轉或者外發加工條件和生產能力的有關規定。

2. 海關對保稅加工貨物開展核查時，可核查以下內容是否與實際情況相符：

（1）保稅加工企業申報的進口料件和出口成品的商品名稱、商品編碼、規格型號、價格、原產地、數量等情況。

（2）保稅加工企業申報的單耗與生產實際單耗是否存在差異。

（3）保稅加工企業申報的內銷保稅貨物的商品名稱、商品編碼、規格型號、價格、數量等情況。

（4）保稅加工企業申報的深加工結轉以及外發加工貨物的商品
　　名稱、商品編碼、規格型號、數量等情況。企業如須進行
　　外發加工業務，須經主管部門批准並按照相關規定辦理有
　　關手續。

（5）保稅加工企業申請放棄的保稅貨物的商品名稱、商品編
　　碼、規格型號、數量等情況。

（6）保稅加工企業申報的受災保稅貨物的商品名稱、商品編
　　碼、規格型號、數量、破損程度以及價值認定等情況。

　　根據規定，加工貿易企業應當將保稅貨物與非保稅貨物分開管
理。若保稅貨物屬於化工原料，由大型儲液槽存放，但企業因無實際
條件設置兩個儲液槽，而採用物流設施一體化管理方式者，須經主管
海關在審核企業內部ERP系統，確認其能夠通過聯網監管系統，將加
工貿易貨物與非加工貿易貨物資訊流予以確實區分，方可認定其符合
「分開管理」的監管條件。企業應當確保保稅貨物與資訊的一致性。

四、根據貨物實際去向辦理海關手續

　　本環節主要任務是根據保稅貨物經儲存、或加工複運、或返銷
出口、或轉為內銷、或結轉二次保稅等去向，查核企業是否分別辦理
相應的海關手續。保稅材料經加工後產生的邊角料的處理是否經過批
准，也是海關對保稅貨物去向監管的重點。

五、貨物的核銷結案

　　本環節的任務是根據保稅貨物進口儲存、出庫及實際去向的有關
資料，針對貨物進與出的平衡程度，核對、查實保稅貨物的進、出比
例和消耗。海關除了核銷手冊外，必要時可以下廠核查。對於違反海
關監管規定的行為，嚴格按照「中華人民共和國海關行政處罰實施條
例」（國務院令420號）進行處罰。

【17】加工貿易禁止類、限制類商品的管理規定分析

　　大陸政府為了優化加工貿易產品結構，引導加工貿易向高技術、高附加價值方向發展，按商品將加工貿易分為禁止類、限制類和允許類進行管理。

一、禁止類

　　目前，根據大陸商務部、海關總署公告[2009]37號及[2010]62號，已經有1,800多項高耗能、高污染和大量消耗國內資源的商品編碼，被列入加工貿易禁止類目錄，禁止以加工貿易的方式進出口相關商品，包括來料加工和進料加工兩種方式。由於出口加工區等海關特殊監管區域完全實行保稅監管，區內企業只能開展加工貿易業務，因此規定允許區內在2007年4月5日之前設立的企業可繼續開展禁止類加工貿易業務，2007年4月5日之後設立的企業則不允許開展禁止類業務。列入加工貿易禁止進出口但沒有列入大陸政府禁止進出口的商品，企業仍可按一般貿易方式開展進出口業務。

　　此外，對以下情況，同樣按照加工貿易禁止類進行管理：

　　1. 為種植、養殖等出口產品而進口種子、種苗、種畜、化肥、飼料、添加劑、抗生素等。

　　2. 生產出口仿真槍支。

　　3. 禁止開展進口料件屬於國家禁止進口商品的加工貿易（如含淫穢內容的廢舊書刊，含有害物、放射性物質的工業垃圾等）。

　　需要提醒的是，對於列入加工貿易禁止類進口商品目錄的，凡用於深加工結轉轉入，或從具有保稅加工功能的海關特殊監管區域內經實質性加工後進入區外的商品，不按加工貿易禁止類進口商品管理。對於列入加工貿易禁止類出口商品目錄的，凡用於深加工結轉轉出，或進入具有保稅加工功能的海關特殊監管區域內加工生產的商品，不按加工貿易禁止類出口商品管理。前述商品未經實質性加工者，不得

直接出境。

二、限制類

　　根據大陸商務部、海關總署發布[2007]44號公告要求，對開展限制類商品加工貿易業務的部分企業實行銀行保證金台帳管理，即東部B類企業部分商品實行「半實轉」，C類企業實行「實轉」。

　　進口和出口兩種限制類方式的保證金計算基數和相關稅率不同：

　　1. 如果進口料件屬於限制進口類商品，保證金的計算方法是按進口料件本身的金額做為基數，按照相應的進口關稅和進口環節增值稅計徵台帳保證金（假定為「實轉」，下同）。

　　應繳納台帳保證金＝全部限制類進口商品應繳進口關稅和進口環節增值稅之和

　　2. 如果製成品屬於限制出口類商品，則分為二種情況：

　　一是企業出口製成品全部是限制類，以其對應的全部進口料件總額做為基數，按照綜合稅率計徵台帳保證金。

　　二是出口製成品清單中既有限制類又有非限制類商品，以限制類商品出口額占出口商品備案總額的比例和進口料件的總額為基數，按照綜合稅率計徵保證金。

　　綜合稅率是由進口關稅和進口環節增值稅稅率綜合計算所得，目前按22%計徵。

　　應繳納台帳保證金＝保稅進口料件備案總金額×（限制類商品出口備案金額÷加工貿易出口商品備案總金額）×綜合稅率

　　其中以深加工結轉方式轉出的限制類製成品的備案金額，不計入「限制類商品出口備案金額」，「加工貿易出口商品備案總金額」是指全部製成品的備案金額。

　　3. 當進口料件為限制類進口商品，且製成品為出口限制類商品時，只按進口限制類商品計徵台帳保證金。

　　需要注意的是，深加工結轉業務以及出口加工區和保稅區不實行

限制類管理。因此，企業在申報加工貿易合同時，對涉及限制類商品的深加工結轉業務，務必標明深加工結轉標誌，避免在合同審批與備案時按直接進出口方式計徵台帳保證金。同時加工貿易企業可以用現金、保付保函等多種形式繳納台帳保證金。

【18】海關監管貨物能否抵押貸款

海關監管貨物，是指企業進口但尚未辦理清關手續，或根據海關規定的加工貿易保稅進口貨物、暫時進口或特定減免稅進口的貨物，包括保稅設備和保稅料件。對海關監管貨物，經海關批准，在特定條件下可以向金融機構抵押貸款。

一、尚未清關的貨物

進境貨物尚未辦理海關進口手續，或出口貨物雖已辦理海關出口手續但尚未裝運出口，仍存放於海關監管場所的進出口貨物，由於相關手續尚未辦理完畢，企業無法取得對貨物的控制權，故無法向銀行辦理抵押貸款。

二、加工貿易保稅進口貨物、特定減免稅進口貨物

根據規定，加工貿易保稅進口貨物、特定減免稅進口貨物未經海關同意，不得抵押、質押、留置。因此，企業需要將加工貿易保稅進口貨物、特定減免稅進口貨物抵押給金融機構貸款時，須先向海關申請，經海關批准同意後，方可向金融機構申請抵押貸款。申請時須準備如下資料：

1. 減免稅貨物貸款抵押申請表。

2. 提供下列形式之一的擔保：

（1）與貨物應繳稅款等值的保證金。

（2）境內金融機構提供的相當於貨物應繳稅款的保函。

（3）減免稅申請人、境內金融機構共同向海關提交「進口減免

稅貨物貸款抵押承諾保證書」，書面承諾當減免稅申請人抵押貸款無法清償需要以抵押物抵償時，抵押人或者抵押權人先補繳海關稅款，或者從抵押物的折（變）價款中優先償付海關稅款。

如將監管貨物抵押給境外金融機構，則須提供第（1）或第（3）項擔保。

3. 境內金融機構營業執照或者金融許可證等證明資料（影本須加蓋該金融機構有效印章）。

4. 擬抵押貨物相關的「進口貨物報關單」、「進出口貨物徵免稅證明」、「進出口貨物徵免稅備案登記表」。

5. 海關認為需要提供的其他資料。

經審核同意後，海關出具「中華人民共和國海關准予進口減免稅貨物貸款抵押通知」，企業憑此通知及其他資料向金融機構申請貸款抵押。企業在與金融機構正式簽訂抵押、貸款合同之日起30日內，須將抵押、貸款合同正本或者影本交海關備案。

三、須注意的問題

1. 抵押僅限於金融機構

根據規定，企業不得以海關監管貨物向金融機構以外的公民、法人或者其他組織辦理貸款抵押。

2. 質押

由於質押時出質人須將貨物交予質權人，由質權人進行保管，一般情況下海關不會允許。但如果質押保稅倉庫倉單，則經海關同意後可以操作。

3. 未經海關批准抵押監管貨物的風險

根據「中華人民共和國海關行政處罰實施條例」（國務院令420號）「第十八條：有下列行為之一的，處貨物價值5%以上30%以下罰款，有違法所得的，沒收違法所得：（一）未經海關許可，擅自將海

關監管貨物開拆、提取、交付、發運、調換、改裝、抵押、質押、留置、轉讓、更換標記、移作他用或者進行其他處置的；……」

海關在實施行政處罰外，還會責令有關當事人改正錯誤，並按照海關監管規定，繼續履行對海關監管貨物的特定義務。

實務中還應注意，對於保稅貨物抵押貸款，銀行更傾向於以保稅設備抵押，對於保稅料件辦理抵押貸款，銀行一般不予接受。

【19】保稅貨物與非保稅貨物如何管理

保稅貨物是指海關批准未辦理納稅手續即可進境，在境內儲存、加工、裝配後複運出境的貨物。保稅貨物在進口時未繳納關稅和進口環節增值稅，這部分稅金並不是無須繳納，必須在境內經過儲存、加工、裝配後複運出關境才能確實免除。一旦保稅貨物未複運出境，則必須補繳納進口稅金，故海關需要對保稅貨物進行監管。

一、實物管理

1. 存放管理保稅貨物（包括原材料、邊角料、成品、殘次品、副產品等）應單獨設置保稅倉庫，所有的保稅貨物都應存放在保稅倉庫，並且與非保稅貨物分別存放。

如果部分企業因為場地限制，無法設立專門的保稅倉庫，那麼至少應將保稅貨物單獨存放。可以在倉庫中劃出一塊區域專門用於存放保稅貨物，非保稅貨物則不得在該區域存放，並用醒目的標識標明。若保稅貨物為化工原料，由大型儲液槽存放，但企業無實際條件設置兩個儲液槽，而採用物流設施一體化管理方式的，須經主管海關審核企業內部ERP系統，確認其能夠通過聯網監管系統區分保稅貨物與非保稅貨物資訊流後，方可認定其符合「分開管理」的監管條件。企業應當確保保稅貨物與資訊的一致性。

2. 人員管理。保稅貨物的存放管理無論有無專門的倉庫存放，均

應有專門倉管人員負責保稅貨物的收發及錄入；倉管人員應定期對保稅貨物進行盤點，對盤點差異及時查明原因並做出相應處理。

二、生產管理

1. 工單及領料管理

同一貨物的生產，如果既有保稅生產又有非保稅生產，那麼對於保稅貨物的生產，其工單應與非保稅貨物的工單分別開具。保稅貨物生產可領用保稅材料、非保稅材料，非保稅貨物生產只能領用非保稅原料，兩者不得混領。如果加工企業因加工工藝需要，必須使用非保稅料件時，應當事先向海關如實申報使用非保稅料件的比例、品種、規格、型號、數量。

如果企業因加工出口產品急需，經海關核准，保稅料件與非保稅料件之間可以進行串換。但是料件串換的範圍應為同一經營企業。經營企業料件串換必須滿足以下條件：

（1）保稅料件和保稅料件之間以及保稅料件和進口非保稅料件之間的串換，必須符合同品種、同規格、同數量、不牟利的條件。

（2）保稅料件和國產料件（不含深加工結轉料件）之間的串換，必須符合同品種、同規格、同數量、關稅稅率為零，且商品不涉及進出口許可證件管理的條件。

（3）經營企業因保稅料件與非保稅料件之間發生串換，串換下來同等數量的保稅料件，經主管海關批准，由企業自行處置。

需要注意的是，來料加工保稅進口料件不得串換，應專料專用。

2. 車間生產管理

從嚴格角度來說，企業對於保稅貨物的生產線應與非保稅貨物的生產線區分，但如果企業由於條件限制而無法區分，那麼在同一生產線上同一時段只能生產保稅貨物的生產工單或是非保稅貨物的生產工單，也就是說，在任一時點，都不應出現保稅貨物及非保稅貨物同時

在同一生產線上進行生產的情況。對於存放在現場倉庫的半成品,也應區分保稅及非保稅。

三、帳務及ERP管理

1. 料號管理

保稅貨物的料號應和非保稅貨物的料號加以區分,同一品種的貨物如果有保稅與非保稅,也應在料號上有所區分,例如可在料號編碼中設置一位元保稅碼。

企業對保稅貨物及非保稅貨物應在一個帳套中核算,但保稅貨物的帳務處理應與非保稅貨物的帳務處理區分,不應混在一起進行。

2. 由於保稅貨物與非保稅貨物應分開存放,在ERP系統的設置上,可設置保稅倉及非保稅倉,以區分保稅貨物與非保稅貨物的存放倉位。對於未在料號上對保稅貨物及非保稅貨物加以區分的,可在倉位上加以區分。

3. 期末,關務與財務應對保稅原料的手冊數量進行核對。未核銷的手冊餘料數量=庫存保稅原料結存數量+在產品領用保稅原料數量+庫存半成品領用保稅原料數量+庫存產成品領用保稅原料數量+已出貨未報關產成品領用保稅原料數量+委外加工領用保稅原料數量+庫存邊角料折算保稅原料數量。

【20】保稅料件與非保稅料件相互串用的風險

加工貿易企業在實際生產中,若出現保稅料件與非保稅料件相互串用的情況,則存在一定的海關風險。

一、串料的表現形式

串料主要有以下幾種情況:

1. 加工貿易企業保稅料件生產的實際損耗高於企業備案損耗,為了使手冊順利核銷又不補稅,用非保稅料件代替超過損耗部分的保稅

料件進行生產並出口。

2. 加工貿易企業的同一種產品既有保稅料件生產又有非保稅料件生產。由於非保稅料件生產所需用材料短缺，為了及時完成生產任務，先用相同品種的保稅料件進行生產用於內銷，之後再於國內採購或進口非保稅料件代替保稅料件進行保稅生產用於出口。

3. 加工貿易企業對於保稅料件及非保稅料件的存儲管理、生產管理不加規範，造成保稅料件與非保稅料件之間的串用成為常態。

由於保稅料件價格不含關稅，所以保稅料件與非保稅料件的串用會造成國家稅收上的損失。

二、保稅料件管理規定

對於保稅料件與非保稅料件的相互串用，根據「中華人民共和國海關對加工貿易貨物監管辦法」（海關總署令168號）及「關於加工貿易監管中有關問題的公告」（[2005] 9 號）規定，如果企業因加工出口產品急需，經海關核准，保稅料件與非保稅料件之間可以進行串換。但是料件串換的範圍應為同一經營企業、同一加工企業的保稅料件和保稅料件之間以及保稅料件和非保稅料件之間。

經營企業料件串換必須滿足以下條件：

1. 保稅料件和保稅料件之間以及保稅料件和進口非保稅料件之間的串換，必須符合同品種、同規格、同數量、不牟利的條件。

2. 保稅料件和國產料件（不含深加工結轉料件）之間的串換，必須符合同品種、同規格、同數量、關稅稅率為零，且商品不涉及進出口許可證件管理的條件。

經營企業因保稅料件與非保稅料件之間發生串換，串換下來同等數量的保稅料件，經主管海關批准，由企業自行處置。

需要注意的是，來料加工保稅進口料件不得串換，應專料專用。

可見，保稅料件與非保稅料件之間的串用要求非常嚴格。對於來料加工企業，保稅料件與非保稅料件的串用是絕對不允許的；對於進

料加工企業，保稅料件與非保稅料件的串用必須經過海關的批准。

像前面第一條所述情況 1.中，保稅料件與非保稅料件的串用，很顯然是存在牟利的情況，故即使提出申請，海關也不會批准。而情況 2.所述的保稅料件與非保稅料件的串用，則還須根據實際情況來判斷是否滿足海關要求的上述條件，以分辨海關是否批准保稅料件與非保稅料件之間的串用。而對於 3.所述的情況是絕對不允許的，加工貿易企業對於保稅料件的倉儲及生產應該獨立管理、獨立核算。

三、發生串料的海關風險

對於未經海關批准的保稅料件與非保稅料件之間的串用，一旦被海關發現，海關將根據「中華人民共和國海關法」（主席令35號）以及「中華人民共和國海關行政處罰實施條例」（國務院令420號）的規定，未經海關許可，擅自將海關監管貨物開拆、提取、交付、發運、調換、改裝、抵押、質押、留置、轉讓、更換標記、移作他用或者進行其他處置的，處貨物價值5%以上30%以下罰款，有違法所得的，沒收違法所得。

四、如何降低串料風險

1. 建立保稅料件存放專屬區域，加強保稅料件的盤點核對。
2. 規範保稅料件的領用、生產、保稅產品存儲等管理制度。
3. 建立加工貿易手冊餘料帳、倉庫帳、財務帳、保稅貨物實物核對制度。

【21】國內採購料件替代保稅料件應注意的事項

加工貿易企業在加工貿易過程中會遇到這樣的情況：企業已經辦理了加工貿易手冊，但手冊中原本應進口的保稅料件由於各種原因而不進口，改為國內採購。這種情況下，企業該如何處理，會產生什麼樣的影響？

一、海關是否會禁止

根據「中華人民共和國海關對加工貿易貨物監管辦法」的規定，經營企業因加工工藝需要，必須使用非保稅料件的，應當事先向海關如實申報使用非保稅料件的比例、品種、規格、型號、數量。因此對於此類情況，海關並不會禁止，因為更改的這部分料件實際上並未進口，實質上是對於備案手冊的內容有所更改，不會造成保稅料件與非保稅料件串料等類似問題。

二、企業該如何操作

1. 如果是手冊中所有保稅料件均不進口，全改為國內採購，就相當於原先是來料加工或者進料加工，而現在全部變成一般貿易出口，這種情況下企業應該向主管海關申請撤銷加工貿易手冊。

2. 如果是手冊中的某一種或幾種料件不進口，改為國內採購，那麼加工貿易性質仍然沒有改變，此時企業應向主管海關申請辦理加工貿易手冊變更手續，刪除該一項或幾項進口料件，並將之改為國內購買料件申報。

3. 如果是針對手冊中某一種料件的部分數量不進口，改為國內採購（比如：手冊上A料件原先備案進口100噸，現在只進口40噸，其餘60噸改為國內採購），這種情況下企業應向主管海關申請辦理加工貿易手冊變更手續，變更非保稅料件比例。

以上幾種情況的手續，均應在企業產成品出口前辦理完畢。

三、企業在手冊核銷時應注意事項

1. 在系統導出資料中，將由國內採購料件替代保稅料件引起的「本期庫存」負數項和「申報庫存」中的負數項變成0，並將其資料全部當國內購料，在國內購料欄中填入相應的數量。

2. 須提供國內採購料件的增值稅發票。

四、對企業出口退稅的影響

1. 如果企業做的是來料加工或國內結轉，因為這兩種是免稅不退稅，國內採購料件取得的進項稅，須按一定比例轉出，故增大了企業的成本（不考慮出口退稅率高低對出口退稅因素的影響）。

2. 如果企業做的是進料加工，對企業的出口退稅影響如下：

當期免抵退稅不得免徵和抵扣稅額（即進項轉出部分）＝出口貨物離岸價×外匯人民幣牌價×（出口貨物徵稅率－出口貨物退稅率）－免抵退稅不得免徵和抵扣稅額抵減額

免抵退稅不得免徵和抵扣稅額抵減額＝免稅購進原材料價格×（出口貨物徵稅率－出口貨物退稅率）

（1）出口貨物退稅率為17%

免抵退稅不得免徵和抵扣稅額抵減額為零，國內採購料件不影響進項轉出，因此對企業的成本沒有影響。同時因國內採購料件增加了進項稅額，故會增加企業的出口退稅額。

（2）出口貨物退稅率小於17%

一方面由於免稅購進原材料的減少，致使免抵退稅不得免徵和抵扣稅額抵減額變小，從而使得進項轉出部分變大；另一方面，由於國內採購料件增加了企業的進項稅額，故對於當期應納稅額的影響＝國內採購料件進項稅額－被替代保稅料件進口價×徵退稅率之差，也會影響企業的出口退稅額。

【22】企業加工貿易放棄貨物如何操作

　　企業從事加工貿易生產過程中常發生貨物放棄情況，企業辦理加工貿易的貨物放棄事項時應關注：

一、企業可放棄貨物的要求

　　企業的加工貿易貨物已無價值，或雖有價值但退運運費成本過高、選擇內銷補繳稅金遠高於內銷售價等不利情況時，企業可考慮放棄保稅貨物，以減少企業損失。

　　一般情況下，企業可申請放棄的貨物包括進口保稅料件、製成品或半成品、邊角料、副產品等，海關相關部門均可按規定受理。但下列貨物按規定企業不得向所屬海關申請放棄，主要包括：

　　1. 屬於國家禁止或限制進口的貨物。

　　2. 屬於對環境造成污染的貨物。

　　3. 法律法規不予放棄的其他情形。

二、操作流程

　　按規定，經營企業放棄加工貿易貨物，經海關批准，按照海關對放棄進口貨物的管理規定辦理，海關憑接受放棄的有關單證核銷。具體操作流程如下。

　　1. 經營企業申請放棄加工貿易貨物時，應向海關提交下列單證：

　　（1）經營企業申請放棄加工貿易貨物的書面資料。

　　（2）經營企業擬放棄加工貿易貨物的清單。

　　（3）經政府價格主管部門認定資格的價格評估機構出具的關於擬放棄的加工貿易貨物的價值證明。

　　（4）海關需要收取的其他單證和資料。

　　來料加工企業放棄加工貿易貨物，還須向海關提供保稅料件所有人的放棄說明。

　　2. 經海關加工貿易管理部門審核同意企業放棄申請後，企業分別

按海關不同的審核結果進行處理。

（1）主管海關核定企業放棄的貨物有使用價值的，由主管海關
　　　依照相關規定變賣處理，企業應當在海關做出准予放棄之
　　　日起15日內，將加工貿易放棄貨物全部運至海關指定的倉
　　　庫，並與該指定倉庫的經營者辦理放棄貨物的交接入庫手
　　　續。所有權轉移前發生的運輸費用由企業承擔。

（2）主管海關核定企業放棄的貨物無使用價值的，經主管海關
　　　批准，企業可自行處理。

（3）主管海關按規定要求企業將放棄的貨物進行銷毀處理的，
　　　企業應當在實施銷毀 3 個工作日前，向主管海關報送銷毀
　　　方案，並自海關做出准予放棄之日起15日內，完成全部放
　　　棄貨物的銷毀工作。所產生的運輸和銷毀費用由企業承
　　　擔。

　　　如經海關批准，企業可自行銷毀放棄，此種情況應當向主管海關
提供放棄貨物的銷毀清單、銷毀報告，及銷毀過程的全程錄影光碟；
對於原進口料件或成品需要銷毀的，應當在海關認可的銷毀機構實施
銷毀，並提供銷毀機構出具的接收單據和處置證明等銷毀證明資料。

　　　3. 企業完成加工貿易放棄貨物交接入庫，經海關批准自行處理或
者銷毀後 5 個工作日內，憑相關證明資料辦理加工貿易放棄貨物的進
口報關手續。

　　　4. 企業憑加工貿易放棄貨物的報關單及其他有關單證，向海關辦
理放棄貨物的報核手續。

三、企業應注意事項

　　　1. 若企業提出放棄有關保稅貨物，海關按規定受理，憑企業申請
放棄的有關資料辦理核銷手續。放棄的貨物若屬於有使用價值的，由
海關提取依法變賣處理。對逾期不辦理相關手續的企業，海關通知商
務主管部門，商務主管部門則對該企業開展新的加工貿易業務不予審

批，海關不予備案。

2. 企業在放棄貨物時，若金額較大且需要會計師事務所或稅務師事務所等仲介機構出具資產損失鑑證報告時，企業應通知會計師或稅務師等專業人員進行放棄貨物盤點及取得相關資料，為後續的企業資產損失鑑證報告提供相關證據。

3. 企業放棄貨物後，按規定辦理進口報關手續時，填寫報關單應注意以下事項：

（1）企業放棄半成品、殘次品、副產品時，應按單耗關係折成料件，按「料件放棄」報關。並應在報關單備註欄註明「半成品」、「殘次品」、「副產品」相關字樣。

（2）企業放棄進口料件、半成品、殘次品、副產品時，按照或折成原進口料件價格申報；放棄成品的，按照合同備案價格申報。

（3）加工貿易放棄貨物通過銷毀處理的，企業應在報關單備註欄註明「銷毀」字樣；經海關批准由企業自行處理的，應在報關單備註欄註明「自行處理」字樣。

【23】加工貿易貨物內銷管理規定

企業辦理加工貿易貨物內銷時，由於監管區域、貨物種類不同，須辦理審批手續和流程等也不同。加工貿易貨物內銷管理規定如下。

一、不同貨物內銷審批手續不同

1. 加工貿易貨物、副產品

企業須向商務部門申請辦理內銷審批手續，並取得「加工貿易保稅進口料件內銷批准證」（以下簡稱批准證）。企業取得批准證後，向主管海關提交相關申請資料，一般包括批准證正本、原進口報關單或備案清單影本等相關資料。海關認為必要時，還應提供與內銷價格

有關的資料，如進口料件屬於國家對進口有限制性規定的，企業還應當向海關提交進口許可證件。

主管海關審核通過後，簽發「加工貿易貨物內銷徵稅聯繫單」，並批註相關意見。

2. 邊角料

企業辦理加工貿易邊角料內銷手續時，商務部門免予審批，直接報主管海關核准並辦理內銷有關手續。

3. 殘次品、剩餘料件及用剩餘料件生產的製成品

上述貨物金額占該加工貿易合同項下實際進口料件總額3%以上，或者總值在人民幣 1 萬元以上的，按加工貿易貨物內銷流程辦理；否則按邊角料內銷手續辦理。

二、內銷完稅價格的確定

根據「中華人民共和國海關審定進出口貨物完稅價格辦法」（海關總署令148號）的規定，企業內銷加工貿易料件、邊角料等貨物時，應以完稅價格為基礎向海關補繳關稅、增值稅。不同區域加工貿易貨物完稅價格的確定如下。

1. 一般加工貿易進口料件或者其製成品

（1）進料加工進口料件或其製成品（包括殘次品）內銷時，海關以料件原進口價為基礎，確定完稅價格。料件原進口價不能確定的，海關以接受內銷申報時間或大約同時間進口相同或者類似貨物的進口價為基礎，確定完稅價格。

（2）來料加工進口料件或其製成品（包括殘次品）內銷時，海關以接受內銷申報時間或大約同時間進口相同或者類似貨物的進口價為基礎，確定完稅價格。

（3）加工過程中產生的邊角料或副產品內銷時，海關以審查確定的內銷價格，確定完稅價格。

2. 出口加工區內的加工企業內銷製成品（包括殘次品）、邊角料

或者副產品

 （1）內銷製成品（包括殘次品）時，海關按接受內銷申報時間
或大約同時間進口相同或者類似貨物的進口價，確定完稅
價格。

 （2）內銷加工過程中產生的邊角料或者副產品時，海關以審查
確定的內銷價格，確定完稅價格。

 （3）按上述方法仍不能確定內銷價格的，由海關按照合理的方
法確定。

 3. 保稅區內的加工企業內銷的進口料件或製成品（包括殘次品）

 （1）如內銷的進料加工製成品含境內採購料件，海關以製成品
中所含進口購入料件原進口價為基礎，確定完稅價格。料
件原進口價不能確定的，海關以接受內銷申報時間或大約
同時間進口相同或類似貨物的進口價為基礎，確定完稅價
格。

 （2）如內銷的來料加工製成品含境內採購料件，海關以接受內
銷申報時間或大約同時間進口的，與製成品中所含進口料
件相同或類似產品進口價為基礎，確定完稅價格。

 （3）邊角料或者副產品內銷時，海關以審查確定的內銷價格做
為完稅價格。

三、緩稅利息的計算

  企業內銷加工貿易貨物時，除應補繳關稅、增值稅外，還須按
規定繳納緩稅利息（邊角料除外）。緩稅利息利率依填發海關稅款繳
款書時，大陸人民銀行公布的活期存款利率，並按日徵收。計算公式
為：應徵緩稅利息＝應徵稅額×計息期限×緩稅利息率／360，計息
期限的起始日期，為內銷料件或製成品所對應的加工貿易合同項下首
批料件進口之日，終止日期為海關填發稅款繳款書之日。

四、違規內銷的法律風險

　　企業未經批准擅自內銷加工貿易保稅料件、製成品等，違反海關監管規定，一旦被海關部門查實，將面臨海關行政處罰。其風險為被海關追補稅款及緩稅利息，並處貨物等值以下50%以上，或者應繳稅款二倍以下一倍以上的罰款，及按日加收少徵或漏徵稅款萬分之五的滯納金。觸犯法律的，可能面臨刑事處罰。

【24】保稅料件非正常損失實務處理

　　保稅料件出現的非正常損失，一般由於運輸、災害、保管不善等情況而產生。企業的保稅料件發生非正常損失時，實務中按其損失原因、剩餘價值不同，處理方式有一定差異。現就不同情況分析如下。

一、非正常損失的原因

　　1. 主管海關對保稅料件損失核實、評估及取證後，按非正常損失的原因不同分為：

　　（1）因不可抗力因素造成的非正常損失。

　　（2）因其他原因造成的非正常損失。

　　2. 在此基礎上，主管海關再對保稅料件的價值進行評估，並按保稅材料是否滅失以及有無價值，分為以下兩種情況：

　　（1）保稅料件已滅失，或雖未滅失但已無價值、無法利用。

　　（2）保稅料件雖失去原使用價值，但可以再利用。

二、實務處理

　　1. 保稅料件已滅失，或雖未滅失但已無價值、無法利用。

　　（1）海關判定為不可抗力因素造成

　　在此種情況下，企業可依據主管海關的相關核實、評估結論及相關資料，到主管海關辦理免稅核銷。主管海關審核後，企業不再補繳稅金和緩稅利息。

（2）海關判定為其他因素造成

在此種情況下，企業辦理核銷手續時需要提交以下資料：

A. 商務主管部門的簽註意見。

B. 保險公司出具的保險賠款通知書，或者檢驗檢疫部門出具的有關檢驗檢疫證明文件。

C. 海關認可的其他有效證明文件。

主管海關審核上述文件後，按照規定向企業計徵稅款和緩稅利息，企業繳納後辦理核銷手續。

如滅失的保稅料件屬於實行關稅配額管理商品，無論是否由於不可抗力因素造成，海關均按照關稅配額稅率計徵稅款，同時企業需要提供有關進口配額許可證件。

2. 保稅料件雖失去原使用價值，但可以再利用

無論是否由不可抗力因素造成，一旦保稅料件尚存在價值，企業處置此類保稅料件均存在被計徵稅款和緩稅利息的可能性，企業可根據受損保稅料件的實際情況，選取以下幾種方式處置此類保稅料件：

（1）退運出境

如保稅料件供應商同意退運，且企業承擔的運費低於內銷的稅金及緩稅利息時，企業可考慮採用退運出境方式處理受損的保稅料件。

企業可向海關申請辦理退運手續，將保稅料件退運出境，不再繳納各項稅款以及緩稅利息。

（2）內銷

如企業無法退貨，或承擔的退運運費高於內銷時承擔的稅金及緩稅利息時，企業可考慮採用內銷方式處理受損的保稅料件。

此時，企業應在規定的核銷期內到主管海關報請核銷，並提供下列證明資料：

A. 商務主管部門的簽註意見。

B. 保險公司出具的保險賠款通知書，或者檢驗檢疫部門出具的有

關檢驗檢疫證明文件。

　　C. 海關認可的其他有效證明文件。

　　同時，受損保稅貨物對應的原進口料件，如屬於進口許可證件管理範圍內的，如因不可抗力因素造成的損失，可免於提交相關的許可證件；如因其他因素造成的損失，一般情況下須提交許可證件（邊角料以及處理金額較小時，不須提供）。

　　主管海關接到相關資料審核後，按規定辦理核銷，並按照審定的貨物損毀或滅失前的完稅價格，以貨物損毀或滅失之日適用的稅率、匯率計算關稅、進口環節海關代徵稅，向企業計徵稅款和緩稅利息。

　　（3）放棄

　　如企業無法退運且內銷須繳納的稅金和緩稅利息過高，或退運費用和內銷須繳納的稅金和緩稅利息過高，企業為避免更大的損失，可考慮申請放棄受損保稅料件，依規定辦理放棄貨物的申請以及相關的核銷手續。

三、注意事項

　　1. 企業發生保稅料件非正常損失情況時，應及時到主管海關報告，以便海關的取證和認定。

　　2. 企業受損的保稅料件如須內銷，應及時到商務部門辦理審批。

　　3. 企業發生的存貨損失應及時要求會計師到現場取證，為後續的資產損失稅前列支準備資料，以便到稅務機關辦理備案。

【25】加工貿易保稅貨物緩稅利息如何繳納

　　企業開展加工貿易時，生產中形成的保稅料件、製成品、加工貿易邊角料、剩餘料件、殘次品、副產品等保稅商品經批准內銷的，由主管海關憑主管部門准予內銷的有效批准文件，簽發「加工貿易貨物內銷徵稅聯繫單」及批註相關意見，並辦理通關手續。同時按「中華人民共和國海關對加工貿易貨物監管辦法」（海關總署195號令）規定，企業除依法繳納稅款外，還應繳納緩稅利息。以下就如何繳納緩稅利息進行分析。

　　目前，按大陸「海關總署關於加工貿易保稅貨物內銷緩稅利息徵收及退還」（海關總署[2009]14號公告）規定，緩稅利息計算公式為：應徵緩稅利息＝應徵稅額×計息期限×緩稅利息率／360，其中：

　　1. 緩稅利息率應根據填發海關稅款繳款書時，海關總署調整的最新緩稅利息率。

　　2. 應徵緩稅利息按日計算，計息期限按如下方式確認：

　　（1）加工貿易保稅料件、邊角料、剩餘料件、殘次品及製成品等經批准內銷的，緩稅利息計息期限的起始日期，為內銷料件或製成品所對應的加工貿易合同項下首批料件進口之日；加工貿易E類電子帳冊項下的料件或製成品內銷時，起始日期為內銷料件或製成品所對應電子帳冊的最近一次核銷之日（若無核銷日期，則為電子帳冊的首批料件進口之日）。上述貨物徵收緩稅利息的終止日期，為海關填發稅款繳款書的日期。

　　（2）企業未經批准擅自內銷保稅商品，違反海關監管規定的，緩稅利息計息期限的起始日期，為內銷料件或製成品所對應的加工貿易合同項下首批料件進口之日；若內銷涉及多

　　本合同，且內銷料件或製成品與合同無法一一對應的，則計息的起始日期為最近一本合同項下首批料件進口之日；若加工貿易E類電子帳冊項下的料件或製成品擅自內銷的，則計息的起始日期為內銷料件或製成品所對應電子帳冊的最近一次核銷之日（若沒有核銷日期，則為電子帳冊的首批料件進口之日）；按照上述方法仍無法確定計息的起始日期，則不再徵收緩稅利息。

　　違規內銷計息的終止日期，為保稅料件或製成品內銷之日。內銷之日無法確定的，終止日期為海關發現之日。

　　如企業實行保證金台帳實轉（包括稅款保付保函）管理的加工貿易手冊項下的保稅貨物，如果海關徵收的緩稅利息大於對應台帳保證金所形成的利息，應由相關銀行在海關稅款繳款書上簽註後退單，由海關重新開具兩份繳款書，一份將台帳保證金利息全額轉為緩稅利息，另一份將台帳保證金利息不足部分單開海關稅款繳款書，企業另行繳納。

　　如企業為實行保證金台帳空轉制度，以及不執行保證金台帳制度的特殊監管區企業，需要按海關出具的繳款書繳納稅金及緩稅利息。

　　需要注意的是，企業憑「加工貿易貨物內銷徵稅聯繫單」紙本或電子資料辦理通關手續。在填制內銷報關單時，企業須在備註欄註明「活期」字樣。海關審核相關內容並確認無誤後，按有關規定辦理內銷貨物審單、徵稅、放行等海關手續。

【26】進口材料報關業務流程

　　企業從境外進口材料，一般情況下，企業可選擇自行報關或委託報關。委託報關時，企業須委託有資格的報關行，並按要求提供資料，以便其代理報關，此情況下，企業需要向報關行支付較高的代理費用。自行報關時，企業需要到海關依法登記，取得進出口經營權資格，並聘用有報關資格的報關員，方可辦理進口報關業務；此情況下，企業承擔報關過程中產生的各類風險，但費用較低。由於委託報關流程較簡單，故本文主要介紹企業自行報關業務流程及注意要點。

一、自行報關流程

1. 申報報關

　　一般情況下，辦理進口材料的企業應當自運輸工具申報進境之日起14日內，向主管海關申報報關手續。

　　企業向主管海關辦理報關業務時，一般應提交以下資料：

（1）合同。

（2）發票。

（3）裝箱清單。

（4）載貨清單（艙單）。

（5）提（運）單。

（6）報關單等。

　　若進口材料屬於「商檢機構實施檢驗的進出口商品種類表」所列種類，必須向商檢機構申請商品檢驗，申報時須提供商檢部門出具的通關單。

2. 查驗

　　主管海關收到企業的申報後，對企業的申報資料進行審核。審核相符後，海關對需要進行查驗的進口貨物進行現場查驗，主要確定進出境貨物的品名、規格、成分、原產地等是否與貨物申報內容相符。

海關確定查驗之後,列印「查驗通知單」,並安排查驗計畫。查驗的時間自受理到得出查驗結果,一般不超過48小時。現場查驗時,海關人員與企業人員應都在場,海關人員可選擇進行徹底檢查、抽查或外形查驗等查驗方式,查驗結束之後,申報人應在查驗單據上簽字、確認。

3. 繳納稅金

主管海關對報關單、隨附單證及貨物查驗結果審核無誤後,由海關人員以材料的成交價格或以估定的價格,稅則歸類為基礎審查確定進口貨物的完稅價格和關稅稅率,計算企業應繳納的關稅等稅金,並簽發稅款專用繳款書,或按法律規定辦理減免稅手續。

一般情況下,企業憑海關簽發的專用繳款書,在15日之內到銀行繳納稅金,如企業未按期繳納,逾期則按規定每天徵收萬分之五的滯納金;如超過 3 個月仍未繳納相關稅金,主管海關經關長批准,可採取強制扣繳、變價抵繳等強制措施。

4. 放行

放行是口岸海關監管現場作業的最後一個環節。企業在依法繳納貨物稅金或辦理減免稅手續後,海關在有關單據上簽蓋放行章,海關的口岸監管行為結束。在這種情況下,放行即為結關。進口貨物可由收貨人憑以提取、發運。

5. 結關

海關放行後對仍須繼續實施管理的材料,海關在固定的期限內進行核查,對需要補證、補稅貨物做出處理,直至完全結束海關監管。該流程一般適用於特殊進口,如加工貿易進口材料、暫時進口貨物及特定減免稅進口貨物,須按合同規定的期限出口並核銷,或經批准後內銷補徵稅金,結束海關監管。

二、企業注意要點

企業保稅材料的進口報關業務流程,與一般貿易下的進口報關流

程基本一致，主要差異如下：

　　1. 企業辦理申報報關時，除提交一般貿易下須提供的資料以外，還需要向主管海關提交海關要求的加工貿易手冊（紙本或電子資料）及其他進出口有關單證。

　　2. 對需要繳納保證金的進口料件，主管海關對其資料審核無誤，且進口企業向海關指定銀行存入保證金後，主管海關辦理手續放行。

　　3. 深加工結轉方式下的接收方進口時，首先由貨物發出方到主管海關辦理出口報關手續，再由接收方到主管海關辦理進口報關手續。

【27】深加工結轉流程分析

　　目前企業加工貿易中採用深加工結轉方式開展業務較為普遍，以下就企業辦理深加工結轉流程及要求進行分析。

一、企業辦理深加工結轉的要求

　　按「中華人民共和國海關關於加工貿易保稅貨物跨關區深加工結轉的管理辦法」（海關總署令109號）規定，企業辦理深加工結轉須符合以下條件：

　　1. 轉出企業、轉入企業均已取得海關核發的加工貿易登記手冊。

　　2. 轉出企業、轉入企業已簽訂加工貿易結轉合同或協議。

　　3. 結轉合同或協議在加工貿易登記手冊的有效期內。

　　同時，申請辦理深加工結轉業務的企業如存在違反海關監管規定，處於整改期、逾期未報核手冊、未按規定填寫結轉貨物收發貨單、涉嫌走私等情況時，不能辦理深加工結轉業務。另外對於出口加工區的企業辦理深加工結轉業務，對於申請的轉出、轉入企業除不能存在上述情況外，還不能存在專營維修、設計開發等情況。

二、企業辦理深加工結轉方式以及流程

　　企業採用的深加工結轉按所處關區不同，分為同一關區深加工結

轉和跨關區深加工結轉兩種情況。

（一）跨關區如何辦理深加工結轉流程

1. 轉出企業到主管海關辦理轉出申請手續

轉出企業辦理深加工結轉業務時，須向主管海關相關部門申請，並提交以下資料：

（1）外經貿主管部門的深加工結轉批准文件（出口加工區企業需要提供出口加工區管委會的批復）。

（2）申請表。

（3）轉出企業、轉入企業已簽訂的加工貿易結轉合同或協議。

（4）加工貿易登記手冊。

（5）海關認為需要提交的其他證明文件和資料。

轉出地海關審核無誤後，對轉出企業提交的申請表上進行批准。

2. 轉入企業到轉入地主管海關辦理申請手續

轉入企業取得轉出地海關批准後的申請表，在表上填寫本企業的相關資料並加蓋企業印章，同時準備加工貿易登記手冊、購銷合同或協議等資料，到轉入地海關辦理有關手續。轉入企業需要關注的是，按規定，轉出地海關備案之日起20日內向轉入地海關辦理報備手續。

3. 轉出、轉入企業的貨物移轉

轉入地海關同意企業辦理報關手續後，轉出企業應按海關批准的貨物數量進行實際送貨，轉入企業收貨後應在「保稅貨物實際結轉情況登記表」上登記、簽章。

4. 結轉報關

轉出、轉入企業憑申請表和加工貿易登記手冊，可分批到轉入地主管海關辦理結轉送貨手續，並應當在90日內集中辦結該批貨物的報關手續。

轉入企業憑申請表、「保稅貨物實際結轉情況登記表」等單證，向轉入地海關辦理結轉進口報關手續，並在結轉進口報關後的第2個

工作日內，將報關情況通知轉出企業。

轉出企業自接到轉入企業通知之日起10日內，憑申請表、登記表等單證向轉出地海關辦理結轉出口報關手續。

5. 退換貨流程

如出現貨物質量瑕疵等情況需要進行退、換貨時，一般情況下，進行退貨者在未結轉報關時，轉入、轉出企業應當將實際退貨情況在「保稅貨物實際結轉情況登記表」中進行登記，同時註明「退貨」字樣，並加蓋企業結轉專用名章。一旦完成結轉報關，則不能再直接辦理退貨手續。

當企業因已完成結轉報關無法辦理退貨時，可考慮採用換貨的形式解決。進行換貨時，由於轉出方按產品出口報關，轉入方按產品進口報關，故轉入方進行換貨的流程可參考出口換貨的流程。

（二）同一關區深加工結轉流程

同一關區深加工結轉流程可參照上述流程辦理。主要不同點為：

1. 不同關區結轉時，需要先轉出方海關審批完，再寄給轉進方海關審批；同一關區時，只需要將「申請表」填寫完整，轉進轉出方在申請表上簽字蓋章，由轉出方交海關審批，在申請表轉出方蓋海關章即可。即審批一次即可，轉進方不用另行審批。

2. 不同關區結轉報關時，需要結轉貨物分批報關（送貨即報關）；同一關區結轉報關時則要求較為寬鬆，可採用「分批送貨、集中報關」方式，由主管海關確定報關時間，進行集中報關。

三、企業需要關注的事項

1. 未經實質性加工的保稅料件，不得進行深加工結轉業務。

2. 由於企業開展深加工結轉業務時，轉出、轉入企業的貨物移轉較為頻繁，按規定，手冊不能出現時間倒掛情況（即轉入企業出口數量大於轉入數量的時間），故企業應按實際情況控制結轉報關時間，以避免出現此類情況。

3. 在每個月內並不是每筆深加工結轉業務都要及時辦理報關業務，實務中次月初轉入、轉出企業對帳完畢後，按照上月累計數量進行進、出口報關。

4. 企業須在規定的時間內辦理結轉報關手續，否則存在被主管海關按「中華人民共和國海關法行政處罰實施細則」規定，被處以貨物價值2倍以下罰款的風險。

5. 結轉企業以外匯結算的，主管海關按照有關規定簽發報關單外匯核銷證明聯。

6. 結轉進出口報關的申報價格，為結轉貨物的實際成交價格。

【28】出口加工企業如何選擇出口報關方式

出口加工企業在取得進出口經營權後，經海關審核批准登記後，可以自行報關（以下簡稱自理報關），或委託海關准予註冊的專業報關企業，或承攬、承運企業貨物的代理報關企業（以下簡稱代理報關），辦理貨物出口報關手續。現就兩種報關的方式、不同點以及企業選擇時考慮的因素分析如下。

一、自理報關和代理報關的定義

1. 自理報關

自理報關為由企業自行辦理的報關業務，此種報關方式下，企業不僅須取得海關註冊登記，同時企業聘用的關務人員必須依法持有報關員資格證書。按「中華人民共和國海關法」規定，未依法經海關註冊登記的企業和未依法取得報關從業資格的人員，不得從事報關業務。且自理報關企業不得代理他人報關，或者超出進出口許可證件內核准進出口的貨物範圍進行報關作業。

企業選擇自理報關時，將負責完成從海關申報到出口放行的全部過程。

2. 代理報關

代理報關為由企業做為委託方，委託海關准予註冊登記的報關行辦理報關業務。代理報關業務按受託方是否以委託人名義辦理報關業務，分為直接代理報關業務和間接代理報關業務。在實務中，出口加工企業與報關行一般採用直接代理報關方式。

受託方以直接代理方式報關時，由受託方以委託方名義辦理報關業務。委託方須向受託方提供委託人簽署的授權委託書，同時遵守「海關法」的各項規定。

代理報關情況下，由受託方按相關管理規定報關，負責完成出口報關時從海關申報到出口放行的全部過程，出口加工企業按受託方要求需要提供相應的資料。

二、自理報關和代理報關的差異

1. 客戶對象不同

自理報關從事企業本身的報關業務，因而報關業務的客戶（服務對象）固定，報關員只從事本身企業的報關業務。

報關行則是面對廣大有報關需求的企業，服務客戶面廣且情況各不相同。

2. 業務範圍不同

自理報關業務只從事與本企業有關的報關業務，企業的業務範圍決定了企業報關員的報關業務範圍。受企業的業務限制，企業報關員一般只熟悉本企業的報關業務。

報關行由於面對的企業形式較多，能接觸較全面的報關業務。因此，報關行的執業經驗較為豐富。

3. 承受的風險不同

自理報關時，企業由於負責完成從海關申報到出口放行的全部過程，故承擔報關過程中所有的風險。

代理報關時，企業做為委託方，只負責提供相關的報關資料，而

在報關過程中產生的風險由報關行承擔。

三、企業如何選擇報關方式

實務中,企業難免會遇到選擇自理報關還是代理報關對企業有利的問題。企業應從進出口交易量、成本、風險等角度來考量。

1. 按法律規定,企業如選擇自理報關時,需要專門的人員辦理,故如企業規模較小時,可比較負擔的人員成本與選擇代理報關時的成本,然後選擇報關方式。

2. 由於報關業務專業性較強,如果企業聘用的報關人員在報關過程中出現差錯、紕漏,企業也將受到相應的行政處罰,甚至受到刑事處罰。故在實務中,如企業考慮相關規定對所經營產品的進出口管理較為嚴格時,為轉嫁風險,企業可選擇代理報關方式,否則可考慮自理報關。

3. 企業進出口業務量的大小,對報關方式的選擇也有一定的影響。如企業業務量較大時,選擇代理報關則會產生較高的代理成本,此時,選擇自理報關方式可降低企業的成本。

4. 由於報關行與海關接觸較為頻繁,比較瞭解海關的管理要求,在協調溝通方面較企業更有利,故選擇報關方式時也應考慮此因素。

總之,報關方式的選擇是一個綜合考慮的過程,企業要全面考慮自身的優、劣勢,以做出有利的選擇。

【29】如何更改報關單

　　企業在進出口貨物報關時，由於各種原因，造成報關單與實際進出口貨物情況不符，導致需要修改報關單。根據「中華人民共和國海關法」第二十六條規定，海關接受申報後，報關單證及其內容不得修改或者撤銷；確有正當理由的，經海關同意，方可修改或者撤銷。

一、可修改報關單涉及的事項

　　根據「中華人民共和國海關進出口貨物報關單修改和撤銷管理辦法」（海關總署[2005]143號令）的規定，對報關單進行修改僅限於下列事項：

　　1. 由於報關人員操作或者書寫失誤，造成所申報的報關單內容有誤，並且未發現有走私違規或者其他違法嫌疑的。

　　2. 出口貨物放行後，由於裝運、配載等原因，造成原申報貨物部分或者全部退關、變更運輸工具。

　　3. 進出口貨物在裝載、運輸、存儲過程中，因溢短裝、不可抗力的滅失、短損等原因，造成原申報資料與實際貨物不符。

　　4. 根據貿易慣例先行採用暫時價格成交，實際結算時按商檢品質認定或者國際市場實際價格，付款方式需要修改申報內容的。

　　5. 由於電腦、網路系統等方面的原因，導致電子資料申報錯誤。

　　其他特殊情況須修改或撤銷進出口貨物報關的，必須經海關核准同意。

二、報關單更改情形

　　報關單更改，分為進出口企業申請更改和海關通知更改。

　　（一）企業申請更改報關單

　　1. 進出口企業出現上述修改報關單情形的，應當向進出口海關提交「進出口貨物報關單修改／撤銷申請表」，並提交下列有關單證：

　　（1）證明進出口實際情況的合同、發票、裝箱單等相關單證。

（2）外匯管理、國稅、檢驗檢疫、銀行等有關部門所出具單證。

（3）應稅貨物的海關專用繳款書、用於辦理收付匯和出口退稅的進出口貨物報關單證明聯等海關出具的相關單證。

海關對上述資料進行審核後，決定是否予以修改，並在「進出口貨物報關單修改／撤銷申請表」上予以批註。

2. 若企業在進口貨物放行後，或出口貨物辦結海關手續後，提出修改報關單，或者修改報關單內容涉及商品編號、商品名稱及規格型號、幣制、單價、總價、原產國（地區）、最終目的國（地區）、貿易方式（監管方式）、成交方式之一的，海關啟動內部審查程序進行辦理，並根據情形分別做出處理：

（1）企業申請資料齊全的，由海關制發「進出口貨物報關單修改／撤銷申請受理決定書」，若申請資料存在錯誤且不能當場更正的，海關制發「進出口貨物報關單修改／撤銷申請告知書」。

（2）海關經審查決定准予修改報關單的，制發「准予修改／撤銷進出口貨物報關單決定書」；若經審查決定不予修改的，制發「不予修改／撤銷進出口貨物報關單決定書」。

進出口報關單的更改，除可以當場決定外，海關自受理申請之日起20日內審查完畢，做出「准予修改／撤銷進出口貨物報關單決定書」或者「不予修改／撤銷進出口貨物報關單決定書」，並完成相關操作。特殊情況下，海關審查時限可以延長10日。

（二）海關通知更改報關單

如果海關發現進出口貨物報關單需要進行修改，而進出口貨物收發貨人未提出申請，由海關通知企業進行報關單修改，企業填寫「進出口貨物報關單修改／撤銷確認書」，對報關單修改的內容進行確認，海關憑此完成對進出口貨物報關單的修改。

因修改報關單導致需要變更、補辦進出口許可證件的，企業應當

向海關補交相應的進出口許可證件。進出境備案清單的修改比照上述
辦法執行。而海關已經決定布控（指海關認為貨物異常，需要對企業
進出口全程監控）、查驗的，以及涉案的進出口貨物的報關單，在辦
結前不得修改或者撤銷。

　　由於報關單聯次較多且各有功用，凡某一聯次已被使用，例如出
口退稅聯已辦理退稅，此時將不允許更改報關單。若企業未及時更改
報關單導致報關內容與實際不符，視情節輕重按照「中華人民共和國
海關行政處罰實施條例」處理。

【30】外資企業出料加工貿易操作實務

　　一般加工貿易為境內企業進口料件並加工後複運出口的貿易方
式，而出料加工貿易則恰恰相反，是大陸境內企業出口料件，在境外
加工複運進口的貿易行為。出料加工的目的是為了借助國外先進加工
技術，提高產品的質量和檔次，因此只有在國內現有的技術手段無法
或難以達到產品質量要求時，才可開展出料加工業務。企業申請辦理
出料加工手續如下。

一、出料加工備案

　　根據規定，2004年5月之後，主管海關負責審批出料加工業務，
因此須開展出料加工的企業憑對外簽訂的加工合同，到主管海關辦理
出料加工合同的備案申請手續。海關審核出料加工是否屬於國內生產
技術無法達到產品要求而必須運至境外進行某項工序的加工，以決定
是否受理備案。受理備案的，應當核發「出料加工登記手冊」。

二、出料加工貨物出口報關

　　出料加工合同項下出口的貨物，出料加工企業應持主管海關核准
合同登記備案的有關證明資料，填寫「出口貨物報關單」向出境地海
關申報。出境地海關審核有關單證無誤後，驗放出口貨物，並在相關

的「出口貨物報關單」上加蓋海關印章，退還經營單位或代理人，做
為今後合同核銷的依據。

企業辦理出料加工，原則上不改變原出口貨物的物理形態，為加
強對出料加工貨物的監管，海關可對出口料件附加識別標記或取樣留
存，以確保出口料件加工後複運進口的檢查，對於改變出口貨物物理
形態的加工，均按一般貿易辦理出口、進口手續，按規定繳納進出口
環節增值稅和關稅。

另外，出口的料件如應徵收出口關稅，企業應繳納相當於出口稅
款的保證金。

三、出料加工貨物監管

出料加工貨物自出口之日起，在境外加工期限不得超過6個月，
加工後貨物應按期複運進口。如特殊情況須延長加工期限，應報經主
管海關核准，延期最長時間不得超過 3 個月。如果逾期不複運進境，
對原出口的料件應當辦理一般貿易出口手續。

出料加工不需要備案單損耗率，但所有加工過程出境的貨物均須
運回，包括剩餘料件、邊角料、殘次品。如果出境的貨物無法運回，
需要折算成原出口未加工的原材料，補辦一般貿易出口報關。

四、出料加工複運進口報關

出料加工貨物複運進口，企業應持委託加工合同及海關備案登記
資料，填寫「進口貨物報關單」向進境地海關申報，進境地海關審核
有關單證無誤後，按對複運進口的加工貨物增值徵收進口稅款，並在
「進口貨物報關單」上加蓋印章退還企業，做為今後合同核銷依據。

海關對複運進口貨物徵稅時，按下述不同情況處理。

1. 複運進口貨物不再加工出口的，海關對其加工增值部分，即以
加工後的貨物進境時的到岸價格，與原出境貨物或者相同、類似貨物
在進境時的到岸價格之間的差額，做為完稅價格。以複運進口的加工
貨物確定進口稅率，計徵進口關稅和進口環節增值稅、消費稅。

如上述定價方法無法實施時，可用出境貨物在境外加工支付的工繳費，加上運抵大陸關境輸入地點起卸前的包裝費、運費、保險費和其他勞務費用，做為完稅價格。

2. 出料加工項下加工成品複進口後須再加工出口，且符合進料加工條件的，經企業申請並海關核准，可按進料加工規定給予辦理保稅手續進口。

五、合同核銷結案

出料加工貨物在規定期限內複運進口後，企業應持下列單證到海關辦理合同核銷手續：

1. 出口料件和複運進口貨物的出口、進口報關單。

2. 企業填寫的「出料加工合同核銷申請表」。

主管海關對核銷單證審查，對合同執行情況正常的，予以核銷結案，並簽發結案通知書。

六、加工費付匯

出料加工費按照進口成品對應HS的稅率計徵，企業支付境外加工費時，須向銀行或外匯局提交加工貨物進口、出口報關單及關稅完稅證明，增值部分可准予辦理售（付）匯或核銷手續。

【31】臨時出境貨物如何報關

臨時出境貨物，是指經海關批准臨時出境，並且在規定的期限內複運進境的貨物。根據「中華人民共和國海關暫時進出境貨物管理辦法」（海關總署令[2007]157號）規定，臨時出境貨物僅限於：

1. 展示貨物，包括境外展覽會、交易會等類似活動中所的展示貨物。

2. 赴境外表演、比賽用品。

3. 境外影視、新聞製作及科學研究、教學、醫療活動所使用的儀

器設備。

4. 上述三項赴境外活動中使用的交通工具。

5. 樣品及出口貨物容器。

6. 境外自駕交通工具及用品。

7. 境外工程中使用到的設備、儀器、檢測等用品。

8. 慈善活動中使用的儀器、設備等用品。

上述八種臨時出境貨物中，與台資企業關係密切的主要是樣品、展示品及境外工程用設備的臨時出境。企業辦理上述貨物臨時出境步驟如下。

一、臨時出境申請

1. 臨時出境貨物必須事前申請，申請時填寫「貨物暫時進／出境申請書」、「備案資訊表」、暫時出境貨物清單、發票、合同或者協議以及其他相關單據。

2. 申請表上加蓋擔保單位公章及報關單位報關章，報主管海關審核批准。

3. 海關對臨時出境貨物申請進行審批，並制發「中華人民共和國海關貨物暫時進／出境申請批准決定書」或者「中華人民共和國海關貨物暫時進／出境申請不予批准決定書」。

二、臨時出境報關

1. 臨時出境貨物發貨人向海關遞交出口報關單，並提交貨物清單、「中華人民共和國海關貨物暫時進／出境申請批准決定書」和其他相關單證辦理報關手續。

2. 臨時出境貨物報關應填制一式三份報關單，其中一份留存，用於暫時出境貨物複運進境報關時使用，即在複運進口貨物報關單的關聯報關單欄目填報原出口報關單號。臨時出口貨物不必填報出口收匯核銷單編號。

3. 發貨人按照海關要求，向主管地海關提交相當於臨時出境貨物

稅款的保證金，或者海關依法認可的其他擔保。

　　4. 企業繳納保證金後，到海關稅費核銷單位辦理保證金核註手續，到放行單位辦理放行手續，將關封退交報關員。如須查驗貨物，到查驗單位辦理查驗手續。

　　臨時出境貨物原則上不實施進出口許可證件管理，但涉及易制毒化學品（指國家規定管制的可用於製造毒品的原料和化學助劑等）、消耗臭氧層物質者，仍須辦理進出口許可證件，同時對涉及動植物檢驗、藥品檢驗、食品衛生的暫時進出境貨物，海關憑出／入境貨物通關單驗放，除此之外，商檢條例對暫時進出境貨物不實施法定商檢。

三、臨時出境貨物延期複運進口

　　臨時出境貨物應當在出境之日起 6 個月內複運進境，因特殊情況需要延長期限的，發貨人應當在規定期限屆滿30日前，向主管海關提出延期申請，並提交「貨物暫時進／出境延期申請書」以及相關申請資料，經海關批准方可以延期。申請延期不超過 3 次，每次延長期限不超過 6 個月，延期屆滿應當複運進境或者辦理出口手續。

　　對未經海關批准擅自不複運進境的臨時出境貨物，海關將按照「中華人民共和國海關行政處罰實施條例」（國務院令[2004]420號）第十八條第七項：「未按照規定期限將暫時進出境貨物複運出境和複運進境的、擅自留在境內或境外的，處貨物價值5%以上30%以下的罰款，有違法所得的，沒收違法所得。」

四、臨時出境貨物結案

　　臨時出境貨物複運進口時，發貨人憑原出口關封、結案報關單、保證金繳款書以及隨附單據，辦理相應的保證金結案手續並退還保證金；如果臨時出境貨物境外留購的，應在貨物出境屆滿30日前，向海關申請補辦貨物出口正式手續。

【32】軟體如何報關及應注意事項

本文所稱的軟體，包括軟體技術的轉讓及許可、各類電腦軟體、資訊資料有關的服務貿易及隨設備出口等其他軟體。與其他進出口貨物相比，軟體在審批和登記、進出口方式等環節均有不同。

一、商務部門對軟體進出口的管理

軟體歸屬於技術進出口管理的範疇，根據「中華人民共和國技術進出口管理條例」（國務院令331號）的規定，技術進出口可分為禁止類、限制類和自由進出口類。國家對限制類進出口的技術實行許可證管理，對自由進出口類技術實行合同登記管理。軟體進出口也適用於該規定。

1. 限制類

屬於限制進出口的軟體，應當向商務主管部門申請頒發技術進出口許可證，未經許可，不得進出口。其中屬國家秘密技術的限制進出口技術，還須先辦理保密審查手續。

（1）向商務主管部門提出技術進／出口申請，以取得技術進／出口許可意向書（有效期為 3 年）。

（2）進行實質性談判並簽訂進／出口合約。

（3）向商務主管部門申請技術進／出口許可證。

（4）進行合同登記。

（5）限制類技術進／出口軟體合同，自技術進／出口許可證頒發之日起生效。

2. 自由進出口類

（1）對自由進出口的軟體實行網路線上登記管理，合同自依法成立時生效。

（2）技術進出口經營者，應在合同生效後60天內辦理合同登記手續。

註：經許可或者登記的技術進／出口合同，如其主要內容發生變更，應當重新辦
　　理許可或者登記手續；合同終止的，應當及時向商務主管部門備案。

二、進出口報關

　　軟體進出口的方式分為兩種，有物質介質的，按海關通關方式進
出口；無物質介質的，按網上傳輸的方式進出口。注意事項如下。

　　1. 通關方式出口

　　（1）出口報關手續時，應出示「軟體出口合同登記證書」、生
　　　　效的「軟體出口合同」和「出口收匯核銷單」。

　　（2）辦理收匯核銷的單證包括：「軟體出口合同登記證書」、
　　　　「軟體出口合同」、「出口報關單」、「出口收匯核銷專
　　　　用聯」、發票等。

　　2. 通關方式進口

　　軟體進口企業憑技術進口許可證或者技術進口合同登記證，辦理
外匯、銀行、稅務、海關等相關手續。

　　3. 網上傳輸方式進出口

　　海關監管對象應為運輸工具、貨物和物品，「無載體」軟體的進
出口不屬於海關業務範疇，無須報關。軟體出口企業收匯後可持「軟
體出口合同登記證書」和生效的「軟體出口合同」（正本）直接到銀
行辦理收匯手續。

三、軟體進出口關稅和增值稅

　　1. 稅率規定

　　目前軟體進口增值稅率多為13%；軟體出口的關稅稅率和進口的
優惠關稅稅率均為零，出口增值稅實行免稅不退稅。

　　2. 軟體進口海關完稅價格的規定

　　根據「中華人民共和國海關審定進出口貨物完稅價格辦法」第
三十七條的規定，進口載有專供資料處理設備用軟體的介質，具有下
列情形之一的，應當以介質本身的價值或者成本為基礎，審查確定完

稅價格：

> （1）介質本身的價值或者成本，與所載軟體的價值分列。
>
> （2）介質本身的價值或者成本，與所載軟體的價值雖未分列，但是納稅義務人能夠提供介質本身的價值或者成本的證明文件，或者所載軟體價值的證明文件。

四、違規處罰

「中華人民共和國技術進出口管理條例」對違反技術進出口管理的處罰規定如下。

1. 進口或者出口屬於禁止進出口的技術，或者未經許可擅自進口或者出口屬於限制進出口的技術，依照刑法關於走私罪、非法經營罪、洩露國家秘密罪或者其他罪的規定，依法追究刑事責任。

2. 偽造、變造或者買賣技術進出口許可證或者技術進出口合同登記證的，依照刑法關於非法經營罪或者偽造、變造、買賣國家機關公文、證件、印章罪的規定，依法追究刑事責任。

以上如不構成刑事處罰，則區別不同情況，按「中華人民共和國海關法」處罰，或由國務院商務主管部門給予警告，沒收違法所得，並處違法所得1倍以上的罰款；國務院外經貿主管部門可暫停甚至撤銷其對外貿易經營許可。

【33】樣品、展品如何報關及應注意事項

樣品、展覽品如何報關，是企業常遇到的問題。對展覽品須重點關注複運入境、出境的期限、耗用及毀損的管理，而貨樣的關注點在於有無商業價值及是否收、付匯。具體規定解析如下。

一、進出境展覽品

本文的展覽品是指在「中華人民共和國海關暫時進出境貨物管理辦法」（以下簡稱「辦法」）中定義的，在展覽會、交易會、會議及

類似活動中展示或者使用的貨物。包括展示的貨物、宣傳品、設置臨時展台所用的建材等。

1. 「辦法」對展覽品暫時進出關境的管理規定

（1）可以免於交驗許可證件（另有規定除外）。

（2）ATA單證冊項下暫時出境貨物：ATA單證冊（ATA Carnet）是國際通用的海關文件，它是世界海關組織為暫准進口貨物而專門創設的，由大陸國際商會向海關總署提供總擔保。非ATA單證冊項下暫時進出境貨物，收發貨人須向主管地海關提交相當於稅款的保證金，或者海關依法認可的其他擔保。

（3）除正常的損耗外，應按原狀複運出、入境，超出限量進口的部分應當徵稅。

（4）須在實物報關出入境前20天，向主管海關備案。

（5）在非展出期間，應當存放在海關指定的監管場所。

（6）對在境內展會期間供消耗、散發的用品，由海關根據展覽會的性質、參展商的規模、觀眾人數等情況核定，在合理的範圍內可免徵進口環節稅金。

（7）應當在進出境之日起 6 個月內複運出境或者進境。須延期的，應當在展期屆滿前，持原批准部門同意延期的批准文件，向備案地海關辦理有關手續。每次延期不超過 6 個月，且最多只能延期 3 次。國家重點工程、國家科研專案使用的暫時進出境貨物，以及參加展期在24個月以上展覽會的展覽品，在18個月延長期屆滿後仍需要延期的，由主管地直屬海關報海關總署審批。延長期滿後應當複運出、入境或辦理進、出口手續。

（8）轉入海關特殊監管區域和保稅監管場所的，不屬複運出境。

（9）因不可抗力，例如毀損，可憑相關部門證明辦理複運出、

入境手續；如已滅失或失去使用價值，可在海關核實後視
為已複運出、入境。對其他原因造成的毀損，應按貨物進
出口辦理海關手續。

（10）參展人應在進出境展覽品辦理完畢海關手續後30日內，向
備案地海關申請展覽會結案。

2. 舉例

某集團公司經有權部門批准組織一場大型展覽會，按以上規定
辦理了合法手續。主辦方由境外進口搭展台所用A建材 3 噸（限額
為 2 噸），B展覽品10件，供現場發放用的C展覽品1,000袋。展覽後A
建材未複運出境；B展覽品複運出境 3 件，其餘 7 件中 3 件在境內運
輸途中遭遇泥石流埋沒， 4 件遭人為損壞，已無使用價值；C展覽品
經海關核定的合理耗用量為200袋，企業實際複運出境500袋。

分析：應辦理進口手續並繳納進口稅金的展覽品包括：

（1）A建材 1 噸（超過合理限量進口的部分）。

（2）B展覽品 4 件（泥石流埋沒的 3 件為不可抗力滅失，可在海
關核實後視為已複運出境。人為損壞的 4 件須按貨物進口
補稅）。

（3）C展覽品300袋（經海關核定的合理耗用量為200袋，超出部
分應按貨物進口補稅）。

二、進出口貨樣

進出口貨樣指專供訂貨參考的進出口貨物樣品。「關於進出口貨
樣和廣告品監管有關事項」（海關總署公告[2010]33號）和「出口貨
物退（免）稅管理辦法（試行）」（國稅發[2005]51號）規定如下：

1. 進出口貨樣應向海關申報，由海關按規定審核驗放。

2. 國家對無商業價值的進出口貨樣，免徵進出口環節稅金；有商
業價值的貨樣，按貨物進出口的規定納稅。

3. 免費出口貨樣不能退稅，按規定收匯核銷並依法申報的出口貨

樣，方可辦理出口退稅（以人民幣結算的出口貨樣不須外匯核銷）。

【34】速件進口、出口貨物規定分析

進出境速件是指運營人以向客戶承諾的快速商業運作方式承攬、承運的進出境貨物、物品。

一、速件進出境的優劣分析

1. 優勢

（1）報關資料相對簡單。

（2）進出口速度較快。

2. 劣勢

（1）費用相對較高。

（2）貨物類速件如未取得海關開具的報關單等單據，則無法收付外匯，出口貨物也無法退稅。

3. 適用範圍

進出境速件主要分為文件類、個人物品類和貨物類三類。其中文件類主要指無商業價值、按規定免稅的的文件、單證、票據及資料；個人物品類主要是指進出境旅客分離運輸的行李物品、相互饋贈的禮品和其他個人物品，以上物品必須為自用且在合理的範圍內；貨物類主要適用於散貨和急件。

二、速件進出口報關須注意的問題

1. 只能通過取得進出境速件報關權的國際貨物運輸代理企業收發國際快件。

2. 未經海關許可、未辦結海關手續的進出境速件，不得移出海關監管場所，不得進行裝卸、開拆、重換包裝、更換標記、提取、派送和發運等作業。

3. 進出境速件通關，應當在經海關批准的專門監管場所內進行。

4. 進境速件自運輸工具申報進境之日起14日內，出境速件在運輸工具離境3小時之前，應當向海關申報。

5. 運營人應向海關傳輸或遞交進出境速件艙單或清單，海關確認無誤後接受申報；運營人須提前報關的，應當提前將進出境速件運輸和抵達情況書面通知海關，並向海關傳輸或遞交艙單或清單，海關確認無誤後接受預申報。

6. 海關查驗進出境速件時，運營人應派員到場，並負責進出境速件的搬移、開拆和重封包裝。海關認為必要時，可對進出境速件予以開驗、複驗或者提取貨樣。

7. 運營人應當按類別（指文件類、個人物品類、貨物類），分別向海關提交有關報關單證並辦理相應的報關、納稅手續。

（1）文件類應提交「中華人民共和國海關進出境快件KJ1報關單」、總運單（副本）等單證。

（2）個人物品類應提交「中華人民共和國海關進出境快件個人物品申報單」、每一進出境速件的分運單、進境速件收件人或出境速件發件人身分證件影本等單證。

（3）貨物類速件的進口，應按以下情形分別向海關提交單證：

A. 對關稅稅額在「中華人民共和國進出口關稅條例」規定的起徵數額以下的貨物，和海關規定准予免稅的貨樣、廣告品，應提交「中華人民共和國海關進出境快件KJ2報關單」、每一進境快件的分運單、發票等單證。

B. 對應予徵稅的貨樣、廣告品（實行許可證件管理的、須進口付匯的除外），應提交「中華人民共和國海關進出境快件KJ3報關單」、每一進境快件的分運單、發票等單證。

C. 其他貨物按照海關對進口貨物通關的規定辦理。

（4）貨物類速件出境報關：

A. 對貨樣、廣告品（實行許可證件管理的、應徵出口關稅的、須

出口收匯的、須出口退稅的除外），應提交「中華人民共和國海關進
出境快件KJ2報關單」、每一出境速件的分運單、發票等單證。

　　B. 其他貨物按照海關對出口貨物通關的規定辦理。

　　8. 運營人往往會將多家企業的同類貨物統一報關，以減少稅費和
報關程序。統一報關時，委託人無法取得單獨的報關單，無法收匯，
也無法申請出口退稅。因此，出口的速件如須辦理退稅，必須明確要
求運營人對委託人的貨物獨立報關，以取得報關單，進行收匯核銷，
並按規定流程申報退稅。

【35】如何確定進口貨物完稅價格

　　進口貨物完稅價格是計算關稅稅額的基礎，在關稅稅率既定的
情況下，完稅價格的高低直接影響關稅稅額的多少。「中華人民共和
國海關審定進出口貨物完稅價格辦法」（海關總署令[2006]148號）規
定，進口貨物的完稅價格由海關以貨物的成交價格為基礎審查確定。
成交價格法是審定完稅價格的一般方法，但也存在其他審定方法。

一、成交價格法

　　1. 成交價格是指賣方向大陸境內銷售貨物時，買方向賣方實付、
應付的，並按規定調整後的價款總額，應當包括貨物運抵大陸境內
（指關境，而非國境）輸入地點起卸前的運輸、保險及其他相關費
用。因此海關所指成交價，不同於發票或合同價格，它還包括由買方
支付的下列費用：

　　（1）由買方支付的容器、包裝材料及包裝勞務費。

　　（2）由買方為該貨物進口而提供給賣方的材料、工具、技術等
　　　　　形式的資產價值。

　　（3）由買方單獨支付與進口貨物相關的特許權使用費。

　　2. 海關選擇以成交價格做為完稅價格時，必須符合下列條件：

（1）買方對進口貨物的處置和使用不受限制；如果買方只能將
進口貨物用於展示或者免費贈送，或只能銷售給第三方或
指定方，則構成了限制。

（2）進口貨物價格不受既定條件或因素的影響，如：搭售行
為，以買方必須銷售給賣方東西為前提。

（3）賣方不應有因買方銷售、處置或者使用進口貨物而產生的
任何收益。

（4）買賣雙方之間沒有特殊關係，或雖有特殊關係，但不對成
交價格產生實質性影響。

二、其他方法

海關進行估價時，首先按實際成交價格為基礎，確定完稅價格，
但並不是所有進口貨物都有實際成交價格，例如以租賃、贈送方式進
口的貨物。在成交價格不能確定或成交價格不符規定時，海關可以按
下列方法估定進口貨物的完稅價格：

1. 採用相同貨物或類似貨物的成交價格方法。相同或類似的要素
包括產品、地點、時間、數量、運輸方式、距離和商業水平等，海關
在審定價格時需要考慮上述因素的調整。

2. 倒扣價格估價方法，是指相同或類似貨物在國內市場批發價
格，減去各項進口稅和各項進口後的運輸、儲存、營業費用及利潤後
的價格。

3. 計算價格估價方法，是以生產國生產成本為基礎，加出口至大
陸的運費、保險費，以及合理的利潤及費用。

4. 合理估價方法，實際上不是一種具體的估價方法，而是規定了
使用方法的範圍和原則。運用合理方法估價時，首先應當依次使用上
述估價方法。

三、特殊進口貨物完稅價格的審定

下述五種特殊進口貨物形式，往往在交易中沒有成交價格，因此

海關對其估價做了明確規定。

1. 進口保稅貨物內銷時，按原進口料件的價格，或以內銷時進口相同料件或成品的價格來確定。

2. 出境修理、加工複運進境貨物，在海關規定期限內，以境外修理費、加工費、料件費為基礎審定完稅價格，並包括複運回境的運保費；期限之外的，按照一般進口貨物的方法審定完稅價格。

3. 暫時進境貨物按一般進口貨物的審價方法，審定完稅價計算繳納保證金；暫時進境貨物留購時，以留購價格為完稅價格計算稅金。

4. 租賃進口貨物的，在租賃期間內以租金為完稅價格，租賃期滿留購時，按留購價格為完稅價格。

5. 保稅設備監管期內解除監管時，按下述公式確定完稅價格：

完稅價格＝原進口價格×[1－設備進口至解除監管時使用月數÷（監管年限×12）]

【36】出口加工區進出貨物管理規定

出口加工區是由海關監管的封閉區域，區內企業只能從事出口加工貿易。企業在進出口貨物前，應向主管海關申請建立電子帳冊。電子帳冊包括「加工貿易電子帳冊」和「企業設備電子帳冊」。通過電子帳冊辦理報關手續，並按下述規定對進、出加工區貨物進行管理。

一、加工區與境外進出貨物管理

加工企業與境外之間進、出的貨物實行「備案制」管理，由加工企業根據加工區管委會（即出口加工區管理委員會，負責出口加工區加工貿易業務管理工作）的批件，填寫進、出境貨物備案清單而無須填寫報關單，備案和報關合二為一，海關實行直通式或轉關運輸的監管模式。加工區企業進出貨物全額保稅，不實行加工貿易保證金台帳制度，適用電子帳冊管理，每6個月滾動核銷一次。由於大陸出口加

工區與口岸海關基本不屬於同一關區，因此本文以轉關運輸方式介紹出、入境貨物程序。

1. 貨物出境流程報關

加工區企業錄入備案清單，向出口加工區海關提交相應的單證辦理出口報關手續，並向加工區海關錄入轉關申報資料，持備案清單、「汽車載貨登記簿」，向加工區海關物流監控部門辦理出口轉關手續；審核同意後向口岸海關發送轉關電子資料，並對車輛進行加封。

貨物運抵出境地海關後，發貨人或代理人向出境地海關辦理轉關核銷手續，核銷「汽車載貨登記簿」並向加工區海關發送轉關核銷電子回執；貨物實際離境後，出境地海關核銷汽車載貨清單，並反饋出口加工區海關，出口加工區海關簽發備案清單證明聯。

2. 貨物進境報關流程

貨物到港後，加工企業先向口岸海關錄入轉關申報資料，持「進口轉關貨物申報單」、「汽車載貨登記簿」，向口岸海關物流監控部門辦理轉關手續，同意申請後，向出口加工區海關發送申報電子資料並對車輛加封。

貨物運抵加工區後，向加工區海關辦理轉關核銷手續，加工區海關物流監控部門核銷「汽車載貨登記簿」，並向口岸海關發送轉關核銷電子回執，同時錄入備案清單及相應的單證辦理進境報關手續；對不須查驗的貨物予以放行，對須查驗的實施查驗後，辦理放行手續並簽發備案清單證明聯。

二、加工區與境內區外進出貨物管理

境內區外貨物進、出程序相同，首先由區外企業填報關單向出口加工區海關進口（或出口）報關；進口（或出口）報關結束後，再由區內企業填備案清單，向加工區海關報關；出口加工區海關放行貨物後，向區外企業簽發進口貨物報關單付匯證明聯（或報關單收匯證明聯和出口退稅證明聯）；向區內企業簽發出口加工區出境貨物備案清

單收匯證明聯（或付匯證明聯）。

　　加工區企業經海關批准，可將模具、半成品運往區外進行加工，在填寫「委託區外加工申請書」並繳納保證金後，方可辦理出區手續。加工產品應按期（一般為 6 個月）運回加工區，加工區主管海關辦理驗放核銷手續後退還保證金。

　　加工區企業經海關批准，可在境內區外進行產品的測試、核對總和展示活動，此時比照暫時進口貨物管理規定辦理出區手續。

　　加工企業使用的機器、設備、模具和辦公用品，經海關批准可運往境內區外維修，並自運出之日起 2 個月內運回區內，特殊情況可申請延期 1 個月。維修中更換的舊零件、配件應一併運回加工區。

三、加工區深加工結轉進出貨物管理

　　加工區企業開展深加工結轉時，轉出企業憑出口加工區管委會的批復，向所在地加工區海關辦理海關備案手續後，方可開展貨物的實際結轉。

　　對轉入其他出口加工區、保稅區等海關監管區域的，憑轉出企業所在地管委會的批復，轉出、轉入企業分別在自己的主管海關辦理結轉，結轉手續比照轉關運輸方式辦理；不能比照的，向主管海關提供相應的擔保後，企業自行運輸。對轉入非海關監管區域的，由商務局批復，轉入企業憑商務主管部門的批復辦理結轉手續。

【37】進出口商品商檢範圍及辦理流程

　　根據「中華人民共和國進出口商品檢驗法」（中華人民共和國主席令67號）及其實施條例的相關規定，商品檢驗（簡稱商檢），一般是指商檢機構出單證明貨物經檢驗符合相應的品質和數量。對於需要經過商檢的商品，商檢機構簽發的貨物通關證明，是海關驗放必須取得的前提單據。

一、商品檢驗範圍

　　1. 屬於「商檢機構實施檢驗的進出口商品種類表」內的商品。

　　2. 對外貿易合同（包括信用證、購買證）規定由商檢機構檢驗出證的商品。

　　3. 裝運出口糧油食品和冷凍品等易腐易變食品的船艙和集裝箱。

　　4. 應實施檢疫和衛生檢驗的出口動物產品、食品。

　　5. 中央或地方有明文規定，必須經商檢機構檢驗出證者。

　　6. 對外貿易關係人提出申請，而商檢機構又有條件進行檢驗或組織有關部門檢驗者。

　　7. 法定檢驗以外的進出口商品，實施抽查檢驗。

　　企業判斷進出口商品是否需要商檢，可根據商品的海關編碼進行查詢，根據查詢到的該商品監管條件，進行相應的商檢。

　　對於進出境的樣品、禮品、暫准進出境的貨物以及其他非貿易性物品，免予檢驗。對於上述必須經商檢機構檢驗者以外的進口商品的收貨人，如發現進口商品質量不合格或者殘損短缺，需要由商檢機構出證索賠時，可以向商檢機構申請檢驗出證。

二、商品檢驗流程

　　1. 進口商品的收貨人應當持購貨合同、發票、裝箱單、提單等必要的憑證，並填寫「入境貨物報檢單」，向海關報關地的出入境檢驗檢疫機構報檢。由檢驗檢疫機構審查合格後，出具「入境貨物通關

單」。企業持「入境貨物通關單」至海關進行報關，海關憑此辦理通關手續驗放貨物。海關放行後20日內，收貨人向檢驗檢疫機構申請檢驗。檢驗檢疫機構在檢驗貨物後，出具「入境貨物檢驗檢疫證明」，允許企業使用。

　　法定檢驗的進口商品，應當在收貨人報檢時申報的目的地檢驗。大宗散裝商品、易腐爛變質商品、可用做原料的固體廢物以及已發生殘損、短缺的商品，應當在卸貨口岸檢驗。需要注意的是，法定檢驗的進口商品未經檢驗的，不准銷售，不准使用。

　　2. 出口貨物的發貨人填寫「出口商品檢驗申請單」，並向檢驗檢疫機構提供出口貨物明細單、出口貨物報關單、外貿合同、發票、信用證、企業內部檢驗單等單證，進行該批出口貨物檢驗申請。發貨人最晚應在出口報關或裝運前 7 天報檢，對於個別檢驗檢疫週期較長的貨物，應留有相應的檢驗檢疫時間。

　　檢驗檢疫機構受理該批商品報驗後，由檢驗檢疫機構派人對該批需要商檢的貨物隨機取樣，分別對商品的尺寸、造型、結構、款式等外觀品質，以及商品的化學組成、性質和等級等內在品質進行檢驗。

　　檢驗合格的出口商品，由商檢機構簽發「檢驗證書」，或在「出口貨物報關單」上加蓋檢驗印章，做為通關用的憑證。企業在取得通關憑證後，在規定的有效期內至海關報運出口。

　　3. 根據「中華人民共和國進出口商品檢驗法實施條例」的規定，凡是列入「商檢機構實施檢驗的進出口商品種類表」的進出口商品，以及法律、行政法規規定的其他進出口商品，需要由檢驗檢疫機構實施檢驗。故企業由於維修商品而發生的商品進出口，同樣應當進行相關檢驗。出入境檢驗檢疫機構對檢驗不合格的進口成套設備及其材料，簽發不准安裝使用通知書。經技術處理，並經出入境檢驗檢疫機構重新檢驗合格的，方可安裝使用。

　　對於擅自銷售、使用、出口未報檢或未經檢驗的屬於法定檢驗的

進出口商品，商檢機構將沒收違法所得，並處商品貨值金額5％以上20％以下罰款，甚至追究刑事責任。

【38】企業如何辦理保稅貨物外發加工業務（上）

加工貿易企業由於自身生產能力制約，或不具備某項生產工藝時，可以將保稅料件外發給承攬企業代為加工，相關的海關、外匯和出口退稅應留意以下重點：

一、海關規定

1. 外發加工的申請

加工貿易企業申請開展外發加工業務時，須向海關提交下列單證：

（1）加工貿易企業簽章的加工貿易貨物外發加工申請審批表。

（2）加工貿易企業與承攬企業簽訂的加工合同或協定。

（3）海關按照規定需要收取的其他單證和資料。

2. 外發加工的核准

「海關對加工貿易貨物監管辦法」（海關總署令168號）規定，加工貿易企業將保稅料件外發加工，須將加工貿易手冊（包括電子化手冊、電子帳冊和紙本手冊）報經備案地主管海關負責核准。

海關准予加工貿易企業開展外發加工，在「加工貿易貨物外發加工申請審批表」上簽註意見，若加工貿易企業已使用外發系統對外發加工業務進行管理，海關將不再簽發紙本「加工貿易貨物外發加工申請審批表」，而是按照「加工貿易外發加工業務管理和H2000外發加工管理系統操作規定」（海關總署公告[2009]51號），使用外發系統辦理相關海關手續。加工貿易企業外發加工的保稅貨物總量，超出主管商務部門核定的年生產能力50%以上，或全部工序外發加工的，海關不接受紙本數據的申報，必須使用外發系統辦理海關相關手續。

如果出現下列狀況，海關將不批准外發加工業務：

（1）經營企業或承攬企業涉嫌走私、違規，已被海關立案調查、偵查，案件未審結。

（2）經營企業或承攬企業生產經營管理不符海關監管要求。

這裡必須注意的是，申請的外發加工有效期限，不能超過加工貿易手冊的有效期限。

3. 承攬企業的資質要求

承攬外發加工的企業需要經海關註冊登記，提交加工合同或協議、承攬企業營業執照影本、加工貿易企業簽章確認的承攬企業生產能力狀況等必要資料。如承攬企業的營業執照和生產能力狀況資料等已在海關備案，則無須每次重複提供。

4. 外發加工保稅料件的監管

根據海關總署令168號文，外發加工出去的保稅料件，由加工貿易手冊備案地主管海關負責對保稅貨物實施監管。

外發加工的成品、剩餘料件，以及生產過程中產生的邊角料、殘次品、副產品等加工貿易貨物，經加工貿易企業所在地主管海關批准，可以不運回加工貿易企業。加工貿易企業不得將加工貿易貨物轉賣給承攬企業，承攬企業也不得將加工貿易貨物再次外發至其他企業進行加工。

5. 違反外發加工管理規定的處罰

如果加工貿易企業未經海關批准擅自外發加工，則依據海關行政處罰實施條例，處貨物價值5%以上30%以下的罰款，有違法所得的尚須沒收違法所得。

二、外匯及出口退稅規定

1. 外匯

由於承攬企業開具加工費增值稅發票給加工貿易企業，因此，外發加工對加工貿易企業外匯並無任何影響。

2. 出口退稅

　　加工貿易企業外發加工的產品，仍為自產產品，如加工貿易企業的產品直接出口，承攬企業開具給加工貿易企業的加工費增值稅發票上所列的進項稅金，可和其他購買原料等取得的進項稅金一起參與免抵退稅計算，但退稅額度受保稅材料比重、退稅率和毛利率高低等因素影響。

【39】企業如何辦理保稅貨物外發加工業務（下）

一、日常監管

　　根據2010年12月5日起最新施行修改後的「中華人民共和國海關對加工貿易貨物監管辦法」（海關總署195號令）第二十三條規定，經營企業經海關批准可以開展外發加工業務，並按照外發加工的相關管理規定辦理。

　　同時根據「加工貿易外發加工業務管理和H2000外發加工管理系統操作規定」（海關總署公告[2009]51號）第一條的規定，具備加工生產能力，但受自身生產特點和工藝條件限制而不能完成全部工序和訂單的加工貿易企業，由企業提出申請，經海關核准，可開展外發加工業務。

　　企業申請外發加工業務的，由「加工貿易手冊」（包括電子化手冊、電子帳冊和紙本手冊）備案地主管海關負責核准和辦理外發加工業務手續，並對保稅貨物實施海關監管。

二、保證金繳納

　　加工貿易企業申請外發加工，如果存在以下情形之一，需要主管海關提供相當於外發加工貨物應繳稅款金額的保證金或者銀行保函：

　　1. 外發加工業務跨關區。

　　2. 全部工序外發加工。

3. 外發加工後的貨物不運回直接出口。

4. 申請外發加工的貨物未涉案，但經營企業或者承攬企業涉嫌走私、違規，已被海關立案調查、偵查且未審結。

如果該外發加工貨物在最初申請手冊時，就已經向海關提供不低於應繳稅款金額的保證金或者銀行保函，則無須再向海關提供保證金或者銀行保函。

保證金金額為該保稅料件應繳進口關稅和進口環節增值稅之和。

三、外發加工的日常申報

加工貿易應按主管海關審批後的「加工貿易保稅貨物外發加工申請表」（以下簡稱「申請表」），進行保稅貨物的外發、回收。且按以下要求如實進行申報：

在每批實際收發貨後72小時內申報「保稅貨物外發加工收發貨單」（以下簡稱「收發貨單」）電子資料。

1. 72小時內在同一「申請表」項下發生的多次收、發貨，可累加成一次錄入申報。

2. 因企業端系統、海關端系統等原因，導致無法在規定時限內申報「收發貨單」，可向主管海關申請適當延長申報時限，但注意最長不得超過7天。

四、三帳核對

外發加工在會計核算上應歸屬於委託加工物資，加工貿易企業需要注意定期對會計帳冊、倉庫台帳及海關帳進行核對檢查，確保三帳一致。

五、與深加工結轉的區別

外發加工是指將貨物生產過程中某一工序外發給受託企業進行加工的業務，加工完成後再返回本企業繼續加工成成品出口，貨物的所有權仍屬於本企業。

深加工結轉是指將本企業生產的產品以保稅結轉的方式，轉給另

一加工企業繼續加工後再出口，此時貨物屬於賣給另一加工企業，貨物的所有權發生轉移。

【40】企業如何進行異地加工貿易

當從事加工貿易的企業需要將其保稅進口料件外發給不同直屬海關關區的其他企業，進行全部工序的加工時，應該如何辦理手冊申領及報關？「關於異地加工貿易的管理辦法」（以下簡稱74號令）及「海關對加工貿易貨物監管辦法」（以下簡稱195號令）對此做出了規定。外資企業須關注以下事項：

一、異地加工貿易申請條件

根據74號令的規定，異地加工貿易是指加工貿易經營企業（以下簡稱經營企業）將進口料件委託另一直屬海關關區內加工生產企業（以下簡稱加工企業）開展的加工業務。不包括加工出口產品過程中某一加工工序的外發加工業務。

企業在申請異地加工貿易時，須滿足以下兩個基本條件：

1. 根據74號令第八條的規定，加工企業必須是在海關註冊且管理類別為C類及以上的企業。

2. 異地加工貿易屬於將全部工序外發加工且跨關區時，根據195號令第二十四條的規定，經營企業應當向海關提供相當於外發加工貨物應繳稅款金額的保證金或者銀行保函。

二、手冊申領及報關口岸

根據74號令規定，經營企業首先填制「海關異地加工貿易申請表」向直屬主管海關提出異地加工申請，申請時須一併提交以下資料：

1. 所在地商務主管部門核發的「加工貿易業務批准證」。

2. 加工企業所在地商務主管部門出具的「加工貿易加工企業生產能力證明」。

3. 對外簽訂的進出口合同。

4. 與加工企業簽訂的委託加工合同。

經營企業主管海關核准後，在「申請表」內批註簽章，與「加工貿易業務批准證」、「加工貿易加工企業生產能力證明」一併製作關封，交還經營企業。

經營企業再憑「關封」及與加工企業簽訂的委託加工合同等資料，向加工企業主管海關申請異地加工合同備案，申領「加工貿易登記手冊」。

由於海關進出口口岸是採用聯網管理，經營企業可以選擇對自己最便利的口岸進行報關，以節約經營成本。

三、日常監管

由於經營企業是向加工企業主管海關進行加工合同備案，並申領「加工貿易登記手冊」，因此異地加工貿易的日常監管改為由加工企業主管海關執行。

異地加工貿易合同執行過程中，若有走私違規行為或無法正常核銷結案的，亦由加工企業主管海關將台帳保證金轉稅款、罰款。台帳保證金轉稅額不足的，由加工企業主管海關負責向經營企業追繳。

加工企業主管海關在所備案的合同核銷結案後 1 個月內，將合同執行情況填寫「海關異地加工貿易回執」反饋給經營企業主管海關。

四、外匯核銷及出口退稅

由於異地加工貨物的所有權屬於經營企業，且以經營企業名義進行進出口報關，因此外匯核銷及出口退稅仍由經營企業的外匯及稅務主管部門負責辦理。若符合「關於出口產品視同自產產品退稅有關問題的通知」（國稅函[2002]1170號）第四條的規定，對外發加工收回的產品出口可視同自產產品辦理退稅。

五、與外發加工及深加工結轉的區別

外發加工是指將產品生產過程中某一工序或全部工序外發加工的

業務，承攬企業可以是同一關區，也可以是不同關區。而異地加工屬於將全部料件和工序外發給不同關區加工企業的加工業務。異地加工是外發加工的一種類型。

深加工結轉是指將本企業生產的產品，以保稅結轉的方式轉售給另一加工企業繼續加工後再出口，而異地加工是不允許將料件賣給加工企業的。

六、補充說明

總、分公司之間分屬在不同直屬海關關區，由於分公司無進口經營權，可採用總公司做為經營企業、委託分公司進行異地加工貿易的模式進行。

【41】進料加工、來料加工與一般貿易的區別

加工貿易，是指經營企業進口全部或者部分原輔材料、零部件、元器件、包裝物料（以下簡稱料件），經加工或者裝配後，將製成品複出口的經營活動，包括來料加工和進料加工。一般貿易是與加工貿易相對而言的貿易方式。下面具體分析來料加工、進料加工與一般貿易的區別。

一、概念及相同點

1. 進料加工，是指進口料件由經營企業付匯進口，製成品由經營企業外銷出口的經營活動。

2. 來料加工，是指進口料件由境外企業提供，經營企業不需要付匯進口，按照境外企業的要求進行加工或者裝配，只收取加工費，製成品由境外企業銷售的經營活動。

3. 一般貿易，指單邊輸入或輸出關境的進出口貿易方式，其交易的貨物是企業單邊售定的正常貿易的進出口貨物。

4. 相同點：（1）進料加工、來料加工的程序都是「進口—加

工一出口」三個環節；（2）進料加工、來料加工具有相同的監管方式，即對用於加工製造出口產品的進口料件實行海關保稅監管，在進口時進行監管登記，免徵關稅和增值稅，產品出口時由海關核銷進口料件。

二、區別

項目	進料加工	來料加工	一般貿易
合同備案要求	須向海關備案	須向海關備案	無須向海關備案
進口環節稅	免徵增值稅，關稅須視具體材料	免徵關稅、增值稅	徵關稅、增值稅
海關監管要求	受海關監管；經海關批准，同一企業內保稅料件之間、保稅料件與非保稅料件之間可以進行串換。	受海關監管，保稅進口料件不得串換。	不受海關監管。
經營管理	料件及成品所有權歸經營企業，由經營企業自主經營，自負盈虧，自擔風險。	進口料件由境外企業無償提供，料件及成品所有權歸境外企業，由境外企業控制經營企業生產的品種、數量和銷售地區，經營企業只收取加工費，不承擔經營風險。	料件及成品所有權歸經營企業，企業自主經營，自負盈虧，自擔風險。
外匯	經營企業須用外匯購買進口料件，成品外銷再收取外匯。	境外企業負責提供全部或部分原料，不占用經營單位外匯，只向境外企業收取外匯加工費。	經營企業用外匯購買進口貨物；對於出口的貨物收取外匯。

項目	進料加工	來料加工	一般貿易
出口退稅	實行「免、抵、退」政策。	實行「免稅不退稅」政策。	生產企業的一般貿易：實行「免、抵、退」政策；貿易公司的一般貿易：實行「免退」政策。
合同雙方關係	買賣關係，買賣雙方既可是同一方，也可以不是同一方。進口料件與出口成品是兩筆獨立交易。	委託加工關係，原料進口和成品出口往往是一筆買賣，或是兩筆相關的買賣，料件的供應人往往是成品承受人。	買賣關係，買賣雙方通常不是同一方。進口料件與出口成品是兩筆獨立交易。
手冊核銷	向海關核銷：對經營企業按手冊核銷，經營企業應當在規定的期限內將進口料件加工複出口，並自加工貿易手冊項下最後一批成品出口，或加工貿易手冊到期之日，或自合同終止之日起30日內，向海關報核。	同進料加工。	無手冊，不需要辦理手冊核銷。
適用狀況	1. 進項稅額大於進項稅額轉出的企業。2. 在銷售價格相同的條件下，進料加工比一般貿易更優惠。	1. 資金不夠充足的企業。2. 進項稅額小於進項稅額轉出的企業。	進項稅額大於進項稅額轉出的企業。

【42】出口加工區貨物出區深加工結轉管理重點分析

深加工結轉，是指加工貿易企業將保稅進口料件加工的產品，轉至另一加工貿易企業進一步加工後複出口的經營活動，是加工貿易企業開展業務時較為常見的一種模式；而出口加工區企業的貨物出區深加工結轉，是一種較為特殊的形式，是指出口加工區內企業將加工生產的產品，直接或者通過保稅倉儲企業轉入其他出口加工區、保稅區等海關特殊監管區域內及區外加工貿易企業，進一步加工後複出口的經營活動。

「中華人民共和國海關出口加工區貨物出區深加工結轉管理辦法」海關總署令126號對此特殊形式予以規範，須按規定辦理報關手續，以下就出口加工區企業的貨物出區深加工結轉進行重點分析。

一、審批手續

1. 出口加工區企業未經實質性加工的保稅料件，不得出區深加工結轉。

2. 出口加工區企業開展深加工結轉時，須憑出口加工區管委會的批復，向出口加工區海關辦理海關備案手續後，方可開展貨物的實際結轉。

3. 對轉入其他出口加工區、保稅區等海關特殊監管區域的，轉入企業憑其所在區管委會的批復辦理。

4. 對轉入出口加工區、保稅區等海關特殊監管區域外加工貿易企業的，轉入企業憑商務（外經貿）主管部門的批復辦理。

二、報關和運輸方式

1. 轉出企業、轉入企業可採用「分批送貨、集中報關」的方式辦理結轉手續。

2. 出口加工區貨物出區深加工結轉至其他出口加工區、保稅區等海關特殊監管區域的，可比照轉關運輸等有關規定辦理海關手續。但

如出口加工區企業生產的產品結轉至其他出口加工區或保稅區等特殊監管區域，不比照轉關運輸監管方式辦理結轉手續的，企業也可在向轉出地或者轉入地主管海關提供相應的擔保後，由企業自行運輸。

三、許可證管理

對結轉至其他出口加工區、保稅區等海關特殊監管區域外的加工貿易企業的貨物，海關按照對加工貿易進口貨物的有關規定辦理手續，結轉產品如屬於加工貿易項下進口許可證件管理商品，企業應向海關提供相應的有效進口許可證件。

四、發票及外匯管理規定

出口加工區企業以深加工結轉方式出區的貨物，一律開具出口發票。出口加工區企業貨物出區深加工結轉，出口加工區企業、區外加工貿易企業應當以外幣計價結算，海關按照有關規定簽發報關單外匯核銷證明聯。

五、結轉申請表的辦理

1. 出口加工區企業加工生產的產品，轉至其他出口加工區、保稅區等海關特殊監管區域外的加工貿易企業，轉出企業、轉入企業向海關申報結轉計畫時，應當提交「中華人民共和國海關出口加工區貨物出區深加工結轉申請表」（簡稱「申請表」），並按照要求如實填寫各項內容。

2. 一份「申請表」只能對應一個轉出企業和一個轉入企業，但可對應轉入企業多本「加工貿易手冊」。轉出企業、轉入企業辦理結轉備案手續後，應當按照經雙方海關核准後的「申請表」進行實際收發貨。轉出企業的每批次發貨紀錄應當在一式三聯的「出口加工區貨物實際結轉情況登記表」上如實登記，由海關在轉出地卡口簽註「登記表」後貨物出區。

六、貨物因質量不符等原因發生退運、退換的處理

轉入企業為出口加工區、保稅區等海關特殊監管區域外的加工

貿易企業，由轉出地主管海關按照退運、退換的有關規定辦理相關手續，並將實際退運、退換情況在「登記表」中進行登記，註明「退運」或者「退換」字樣。轉入企業為其他出口加工區、保稅區等海關特殊監管區域內的企業，轉入企業、轉出企業分別在其主管海關辦理退運和退換手續。

七、辦理手續的時間規定

轉出企業自轉入地海關備案之日起30日內，持「申請表」填寫本企業的相關內容後，向轉出地海關辦理備案手續。

【43】機器設備辦理海關進口手續流程

機器設備進口，與一般貨物進口操作流程基本一致，且大部分企業通過貨代公司（即貨運代理公司）進行操作，即經過提交進口單據、換單、報檢、清關、辦理交接、提箱、提貨等步驟。

一、提交進口單據

1. 進口企業向貨代公司提供進口全套單據，由貨代公司與發貨方船務公司取得聯繫，並取得提貨單（小提單）。

2. 進口單據包括：帶背書的正本提單、裝箱單、發票、合同。

3. 貨代公司提前聯繫場站，並確認好提箱費、掏箱費、裝車費、回空費。

二、換單

1. 貨代公司向指定船代或船公司確認到港時間、地點。

2. 憑帶背書的正本提單（如果電報放貨，可帶電報放貨的傳真函與保函）去船公司或船代換取提貨單。

其中「背書正本提單」有兩種形式：

（1）提單上收貨人欄顯示「訂艙人」，則由發貨人背書。

（2）提單上收貨人欄顯示真正的收貨人，則須收貨人背書。

三、報檢

所有入境貨物均須由商檢機構進行檢驗，包括動植檢疫、商品檢驗、衛生檢疫（即三檢），且海關的原則為「先放行通關，後檢驗檢疫」。但對於進口報關單上的監管條件為B的貨物，還須做法定檢驗，且須在貨物通關之前進行。

對於下述常見情形的貨物需要做法定檢驗：

1. 目錄內規定要求做法檢的貨物。

2. 美、日、韓及歐盟的貨物。

3. 特定減免稅證明的貨物。

4. 其他需要法檢的貨物。

對於進口舊設備，進口企業應委託有經驗的報關行，特別應關注舊設備所對應的海關HS碼、監管條件及是否要辦理許可證等資訊，以免無法通過商檢。此外，對於進口作價出資的設備，根據公司法的規定，應當由評估機構評估以做為投資價格的確認基礎。

四、清關

1. 收貨人如果有自己的報關行，可自行清關，也可以委託貨代的報關行或其他有資格的報關行清關。

2. 報關資料包括：帶背書正本提單、裝箱單、發票、合同、小提單。

3. 海關根據下述情況進行貨物清關：

（1）通關時間：1個工作日以內。

（2）特殊貨物：2到3個工作日。

（3）查驗：分技術查驗及隨機查驗。

五、辦理交接

貨代公司憑帶背書的正本提單，去船公司或船代的箱管部辦理設備交接單。

其中，設備交接單是集裝箱進出港區、場站時，回箱人、運箱人

與箱管人或其代理之間，交換集裝箱及其他機械設備的憑證，並有箱管人發放集裝箱憑證的功能。分進場和出場兩種，交換手續均在碼頭堆場門口辦理。

六、提箱

1. 貨代公司憑小提單和拖車公司的「提箱申請書」，到箱管部辦理進口集裝箱超期使用費、卸箱費、進口單證費等費用的押款手續。

2. 押款完畢，經船代箱管部授權後，到進口放箱單位辦理提箱手續，領取集裝箱設備交接單，並核對其內容是否正確。

3. 收貨人拆空進口貨物後，將空箱返回指定的回箱地點。

4. 空箱返回指定堆場後，收貨人要及時憑押款憑證，到箱管部辦理集裝箱費用的結算手續。

七、提貨

貨代或收貨人憑小提單，聯繫拖車去船代指定的碼頭、場站提取貨物，押款人到箱管部辦理集裝箱押款結算手續。對於拼箱貨物需要船公司或船代簽取散貨分提單（分單），提貨時用小提單和分單到碼頭提取貨物。

特別的是，對於企業以免稅形式進口設備，應在設備進口前，至商委或商務部門辦理免稅進口貨物「項目確認書」，確認企業是否具備免稅進口資格，並於進口合同簽訂後，持相關單據至海關辦理「進出口貨物徵免稅申請表」（免表）及其他免稅進口備案。此操作須在貨物清關前完成，具體的設備進口免稅規定，可參考國發[1997]37號文、署稅[1999]791號文、國辦發[2001]73號文，以及海關總署公告[2001]36號文有關規定。

【44】企業免稅進口設備途徑解析

對於出口加工區企業，由於屬於海關意義上的「境內關外」，故免稅進口設備無額度限制；但對於非出口加工區企業，若要免稅進口設備，應具備一定的資格，即符合大陸產業政策給予的相關優惠。

一、進口不作價設備

根據外經貿政發[1998]383號文，與加工貿易經營單位開展加工貿易（包括來料加工、進料加工及外商投資企業從事的加工貿易）的外商，既不須經營單位付匯進口，也不須用加工費或差價償還方式，向經營單位提供的加工生產所需設備，免徵進口關稅和增值稅。此外，還應滿足如下條件之一：

1. 設有獨立專門從事加工貿易（即不從事內銷產品加工生產）的工廠或車間，並且不作價設備僅限在該工廠或車間使用。

2. 對未設有獨立專門從事加工貿易的工廠或車間，以現有加工生產能力為基礎開展加工貿易的項目，使用不作價設備的加工生產企業，在加工貿易合同（協議）期限內，其每年加工產品必須70%以上屬出口產品。

此外，還應在加工貿易合同（協議）中，列明進口不作價設備係外商以免費方式提供，不須加工貿易經營單位付匯進口，也不須用加工費或差價償還設備款。進口不作價設備不占用企業投資總額內的免稅額度，企業進口除「外商投資項目不予免稅的進口商品目錄」所列之外的商品，方可適用免徵關稅和增值稅；反之則應繳納進口關稅和增值稅。

二、符合「外商投資產業指導目錄」鼓勵類且於投資總額內進口自用

根據國發[1997]37號文，及符合「外商投資產業指導目錄」鼓勵類並轉讓技術的外商投資項目，在投資總額內進口的自用設備，除「外商投資專案不予免稅的進口商品目錄」所列商品外，免徵關稅和

進口環節增值稅。最新的「外商投資產業指導目錄」為2007年修訂。

三、符合「當前國家重點鼓勵發展的產業、產品和技術目錄」的國內投資項目

國發[1997]37號文亦規定了對符合「當前國家重點鼓勵發展的產業、產品和技術目錄」的國內投資項目，在投資總額內進口的自用設備，除「國內投資項目不予免稅的進口商品目錄」所列商品外，免徵關稅和進口環節增值稅。

四、符合「中西部地區外商投資優勢產業目錄」的投資項目

根據國辦發[2001]73號文，符合「中西部地區外商投資優勢產業目錄」的外商投資項目，在投資總額內進口自用設備，免徵關稅和進口環節增值稅。

五、「五類企業」在投資總額外用於技術改造的設備進口

根據海關總署頒布署稅[1999]791號文及[2008]103號文，鼓勵類外商投資企業、外商投資研究開發中心、先進技術型和產品出口型外商投資企業技術改造，在原批准的生產經營範圍內，進口大陸不能生產或性能不能滿足需要的自用設備及其配套的技術、配件、備件，免徵關稅及增值稅。須滿足如下條件：

1. 資金來源應是企業投資總額以外的自有資金（具體是指企業儲備基金、發展基金、折舊和稅後利潤）。

2. 進口商品用途：在原批准的生產經營範圍內，對本企業原有設備更新（不包括成套設備和生產線）或維修。

3. 進口商品範圍：大陸國內不能生產或性能不能滿足需要的設備（即不屬於「國內投資項目不予免稅的進口商品目錄」的商品），及與上述設備配套的技術、配件、備件（包括隨設備進口或單獨進口）。

對於外商投資研發中心，亦可以投資總額內免稅進口設備，除滿足上述第3點外，還應通過大陸計委、經貿委、外經貿部以及各省、

自治區、直轄市、計畫單列市計委、經貿委、外經貿廳局批准。

六、免稅額度的計算

對上述在投資總額內申請免稅項目的額度，即指「項目確認書」用匯額度，其計算公式如下：

免稅進口設備額度＝投資總額（增資額）－基建投資額－國內設備及其他採購額－企業流動資金－中外方非現金出資（設備出資除外）

其中，投資總額指外資企業批准證書所列投資額，增資後相應的投資總額會有一定提升，企業免稅進口設備額度亦可同時申請增加；基建投資額包括用於固定資產擴大再生產的新建、擴建、改建和恢復工程等投資，但不包括固定資產的更新和改造。

這裡須提醒的是，根據海關總署公告[2008]103號文，自2009年1月1日起，上述免稅進口設備再行申請時，恢復徵收進口環節增值稅，但進口免稅設備時繳納的增值稅，可以在企業的銷項稅中進行抵扣，然而進口設備不作價設備的進項稅抵扣政策目前尚不明確。

【45】保稅設備監管重點分析

根據國發[1997]37號文以及署稅[1999]791號文，對符合「外商投資產業指導目錄」鼓勵類的外商投資企業，可在投資總額內免稅進口設備；同時外商投資研究開發中心、先進技術型和產品出口型外商投資企業技術改造，在投資總額以外，以自有資金免稅進口設備。以下就保稅設備的監管重點予以分析。

一、海關監管要求

根據外經貿政發[1998]383號文及海關總署令179號文有關規定，免稅進口設備自進口之日起，至按海關規定解除監管之日止，屬海關監管貨物，例如機器設備監管期限為 5 年，在監管期限內，不得擅自

在境內銷售、串換、轉讓、抵押或移作他用。

其中，移作他用包括以下情形：

1. 將減免稅貨物交給減免稅申請人以外的其他單位使用。

2. 未按照原定用途、地區使用減免稅貨物。

3. 未按照特定地區、特定企業或者特定用途使用減免稅貨物的其他情形。

對於監管期限未滿、申請提前解除監管並留在境內的免稅設備，企業須補繳關稅、進口環節增值稅，海關憑相關進口許可證件及其他單證辦理解除監管手續。

二、解除監管

免稅進口設備監管期滿，則自動解除海關監管。對於需要解除監管證明的，企業可以自監管年限屆滿之日起 1 年內，持有關單證向海關申請領取解除監管證明。對於監管期未滿，監管設備發生退運、結轉、抵押、出售、移作他用等情形時，企業可直接到海關辦理解除監管手續。

但須注意，對於退運、結轉、抵押三種情形，由於設備最終出境或轉移至其他具有免稅進口設備額度的企業，故無須補繳稅款。對於不符合上述要求的其他行為，則須補稅後方可辦理解除監管手續。

三、保稅設備退運

企業可將監管期內免稅進口設備退運出境，並無須補繳減免稅款，但減免稅額度不可恢復。減免稅額度即為企業向發改委或商務部申請的「項目確認書」所列的用匯額度。

四、保稅設備結轉

保稅設備結轉時，須由轉出單位向轉出地海關提出申請，審核通過後，向轉入地直屬海關發送「某某海關減免稅進口貨物結轉聯繫函」，轉入單位向轉入地海關申請辦理轉入手續，結轉雙方按正常免稅進口貨物規定辦理進出口手續後，轉出地海關憑「某某海關減免稅

進口貨物結轉聯繫函」回執聯和結轉出口報關單，為轉出企業辦理結案手續。

對於轉出企業，其減免稅額度不予恢復；對於轉入企業，應當按照貨物成交價格，扣減其項目減免稅額度，且設備監管期限可連續計算。

對於將免稅設備轉讓給不享受進口稅收優惠，或進口同一貨物不享受同等減免稅待遇的其他企業，應由轉出企業向其主管海關申請辦理補繳稅款手續，並辦理解除監管手續。

五、保稅設備抵押

企業可將監管期內免稅進口設備，用於向境內外金融機構貸款抵押，須事先持有關單證向主管海關書面申請。向境外金融機構抵押貸款時，企業必須向海關提交該設備應繳稅款的等值保證金，或者提供境內金融機構的稅款擔保，否則不予批准。

抵押貸款數額與減免稅設備應繳稅款之和，應當小於該設備的實際價值，該設備實際價值以海關估價為準。

六、保稅設備放棄

根據海關總署令91號第四條的規定，進口貨物的收貨人或其所有人聲明放棄的進口貨物，由海關提取依法變賣處理。對於尚處在監管期內的免稅進口設備，企業須提交設備清單，並由海關審批、查核。

七、保稅設備出租

企業將免稅進口設備出租，屬於海關規定的未在規定地區內使用及企業以外的單位使用的「移作他用」行為，除補繳減免稅款外，海關有權根據海關法有關規定，沒收其違法所得。

【46】企業進口設備免稅額度實務分析

根據海關總署公告[2011]36號規定，自2011年6月1日起，對屬於「產業指導目錄（2011年本）」鼓勵類範圍，或符合「當前國家重點鼓勵發展的產業、產品和技術目錄」以及「中西部地區外商投資優勢產業目錄（2004年修訂）」的國內投資項目，在投資總額內進口的自用設備，除「國內投資項目不予免稅的進口商品目錄」、「進口不予免稅的重大技術裝備和產品目錄」和「外商投資項目不予免稅的進口商品目錄」所列商品外，按照「國務院關於調整進口設備稅收政策的通知」（國發[1997]37號）及海關總署公告[2008]103號規定，可享受免徵進口關稅的優惠。

實務中，企業須首先至發改委或商務部辦理「項目確認書」（須提供申請、批准證書、營業執照、驗資報告、專案進口設備清單等資料），之後至直屬海關辦理「海關進出口貨物徵免稅證明」，其中「項目確認書」會註明企業專案用匯額度，即企業可用的免稅進口設備額度。

一、免稅額度及項目有效期

1. 免稅額度計算

「項目確認書」中標明的項目用匯額，即指免稅進口設備額度，其計算公式如下：

免稅進口設備額度＝投資總額（增資額）－基建投資額－國內設備及其他採購額－企業流動資金－中外方非現金出資（設備出資除外）

其中，投資總額指外資企業批准證書所列投資額，若企業增資後，相應的投資總額也會增加，企業免稅進口設備額度亦可同時申請增加；基建投資額包括用於固定資產擴大再生產的新建、擴建、改建和恢復工程等投資，但不包括固定資產的更新和改造。

2. 「項目確認書」有效期

企業在取得「項目確認書」後，應注意項目執行年限。根據發改外資[2006]316號文規定，「項目執行年限」為項目建設的起止年限，而不是外商投資企業的經營期限，企業應在該項目執行年限內辦理進口設備免稅申請，否則免稅額度失效。如遇特殊情況，須對項目執行年限進行變更的，應在到期前30日內，向「項目確認書」審批機關提出申請。

二、免表辦理與免表有效期

通常所說的「免表」，即指「中華人民共和國海關進出口貨物徵免稅證明」（下簡稱「徵免稅證明」），進口免稅設備須在通關時向海關提交。

1. 免表辦理

免表辦理一般為兩個步驟：減免稅備案及減免稅審批。

減免稅備案主要由申請企業向海關提交「進出口貨物減免稅備案申請表」、相關證照及可享受稅收優惠的證明資料。減免稅備案通過後，企業可在減免稅貨物進口前做減免稅審批，向海關提供「進出口貨物徵免稅申請表」、相關證照、進出口合同及可享受稅收優惠的證明等資料辦理。通過減免稅審批的企業，可取得「徵免稅證明」。

2. 免表有效期

「徵免稅證明」有效期為 6 個月，即企業應在該有效期內辦理設備通關手續，需要延期的，應當在該有效期內向海關提出延期申請。「徵免稅證明」可以延期一次，延期時間自有效期屆滿之日起算，延長期限不得超過 6 個月。

3. 免表到期額度扣除

企業取得的「徵免稅證明」未予使用，超過有效期時，自行作廢，且企業免稅額度不予扣除。

三、退運減免稅設備額度恢復

對於退運減免稅設備，其免稅額度是否可恢復問題，海關總署令179號文做了相關解釋，若企業未以「無代價抵償方式」進口同一類型貨物，確係品質或者規格原因原狀退運出境，則可在減免稅設備退運出境之日起 3 個月內，向海關提出申請，經海關批准，可以恢復其減免稅額度。其他情況下，企業均無已占用免稅額度恢復的情形。

四、免稅設備結轉額度扣除及設備監管期

海關總署令179號文對免稅設備結轉亦做了詳細規定，對於轉出單位，其減免稅額度不予恢復；對於轉入單位，應當按照貨物成交價格，扣減其項目減免稅額度，且設備監管期限可連續計算。

【47】出口加工區免稅設備管理要點

2009年6月24日大陸海關總署頒布「關於出口加工區機器設備出區處理問題的通知」（署加發[2009]267號，以下簡稱267號文），明確了出口加工區內免稅機器設備的處理原則。

一、入區設備徵免稅規定

根據「中華人民共和國海關對出口加工區監管的暫行辦法」（國務院令389號修訂，以下簡稱389號文）有關規定，自境內進入出口加工區的設備，均按一般貨物出口方式辦理報關手續，其中，國產設備可辦理出口退稅，但進口設備已經繳納的進口環節稅不予退還。

若設備自境外進入出口加工區，則除運輸工具外，海關予以免稅。

二、出口加工區企業設備監管

設備無論從境外還是境內進入出口加工區，均屬海關監管範圍，267號文明確了出口加工區企業設備監管年限，為自貨物進境放行之日起 5 年，與區外企業進口免稅設備監管年限一致。

三、出口加工區企業設備處理方法

出口加工區企業設備處理原則：設備使用完畢後原則上可退運出境，但也可內銷給出口加工區外或其他海關特殊監管區域企業使用。

（一）出口加工區企業設備內銷

如屬機電產品進口許可證件管理的設備，按照商務部、海關總署、質檢總局[2008] 5 號令和 7 號令的相關規定，無須提交機電產品進口許可證件，海關憑與其入境狀態一致的機電產品進口許可證件驗放。其中，依該設備是否超過監管期限而有所不同，說明如下。

1. 設備監管期已滿

267號文規定，監管年限屆滿的設備，出區不再徵收稅款。根據大陸「財政部國家稅務總局關於全國實施增值稅轉型改革若干問題的通知」（財稅[2008]170號）的規定，區內企業將監管期限屆滿的設備內銷給區外企業時，區內企業須按照4%減半繳納增值稅。

2. 監管期未滿，分不同情況處理

（1）區外進口企業有免稅進口設備額度

區外進口企業使用免稅額度進口，無須繳納關稅，且進口設備監管年限可連續計算，但根據「財政部海關總署國家稅務總局公告[2008]43號」相關規定，必須徵收進口環節增值稅。

（2）區外進口企業無免稅進口設備額度

區外進口企業除需要繳納增值稅外，還應按照剩餘監管年數，計算繳納關稅，其計算公式如下：

補稅的完稅價格＝海關審定的貨物原進口時的價格×（1－減免稅貨物已進口時間÷（監管年限×12））

（3）若設備以加工貿易不作價設備方式出區

按正常進口不作價設備向海關辦理手續，監管年限連續計算，但自2009年1月1日起，不作價設備進口恢復徵收增值稅。

（二）區內企業購入並已享受稅收優惠國產設備現銷售

　　區內企業購入並已享受免稅優惠的國產設備，銷售給區外企業或其他特殊監管區域企業時，也按上述規定執行，即監管期屆滿或監管期未滿但結轉給區外有免稅進口設備額度的企業時，無須繳納關稅，但應繳納增值稅；監管期未滿而銷售給區外無免稅進口額度企業時，補繳增值稅的同時，按剩餘監管年限補繳關稅。

　　（三）對銷售給其他海關特殊監管區域和保稅監管場所繼續使用時，根據389號文的規定，由收、發貨物雙方聯名向轉出區主管海關提出申請，經海關核准後，按照轉關運輸規定辦理。

四、境外進入出口加工區設備新舊政策銜接

　　267號文下發前，已經自境外進入出口加工區的機器設備，除企業和行政管理機構自用的交通運輸工具、生活消費用品外，已享受免關稅及增值稅優惠的，若出區，按上述第（三）點要求操作。

　　267號文下發後，境外進入出口加工區的機器設備，除389號文第十七條規定，進口諸如自用設備、模具等可享受免稅政策外，其他如「關於調整『外商投資專案不予免稅的進口商品目錄』等目錄商品稅號」（海關總署[2008]65號公告）中，明確不能免稅的商品及小汽車等，均須繳納進口關稅、增值稅（若為消費稅應稅項目，亦須繳納消費稅）。

【48】加工貿易項下外商提供的不作價進口設備政策分析

根據海關總署[2008]103號公告（下簡稱103號文）規定，外資企業進口設備若須申請免徵關稅，主要途徑為國家鼓勵發展的國內投資項目和外商投資項目、外商提供不作價進口設備、中西部地區外商投資優勢產業項目、軟體生產企業和積體電路生產企業進口自用設備。以下主要就進口不作價設備相關政策進行解讀。

一、進口不作價設備定義

進口不作價設備，是指與加工貿易經營單位開展加工貿易（包括來料加工、進料加工及外商投資企業從事的加工貿易）的外商，以免費方式，即不須經營單位付匯進口，也不須用加工費或差價償還方式，向經營單位提供的加工生產所需設備。

二、進口不作價設備免稅方式

103號文明確了免稅方式，即2008年12月31日及以前已經辦理了加工貿易手冊備案，並且在2009年6月30日及以前向海關申報進口的不作價設備，繼續免徵關稅及進口增值稅；但自2009年1月1日起，辦理不作價設備加工貿易手冊備案或備案變更，一律徵收進口增值稅，僅免關稅，至於企業繳納的增值稅是否可以抵扣，仍未明確。

三、進口不作價設備免稅範圍及條件

1. 範圍

範圍適用於來料加工、進料加工貿易方式下的境外企業，向境內外資企業提供的免費設備，且設備款不須以加工費或差價方式償還。

2. 條件

不作價設備使用應符合下述兩項條件之一：

（1）設有獨立專門從事加工貿易（即不從事內銷產品加工生產）的工廠或車間，並且不作價設備僅限在該工廠或車間使用。

（2）對未設有獨立專門從事加工貿易的工廠或車間，以現有加工生產能力為基礎開展加工貿易的項目，使用不作價設備的加工生產企業，在加工貿易合同（協議）期限內，其每年加工產品必須70%以上屬出口產品。

四、進口不作價設備監管

進口不作價設備，與其他減免稅進口設備監管期要求一致，即自進口報關日期始的 5 年內。在監管期限內，不得擅自在境內銷售、串換、轉讓、抵扣或移作他用。

免稅不作價設備在監管期間，加工貿易經營單位要在每年的一月份，分別向外經貿主管部門和主管海關，書面報告免稅不作價設備使用情況，海關要定期核查。

五、進口不作價設備處置

由於進口不作價設備所有權屬於境外企業，故原則上，進口不作價設備在加工貿易協議期滿後，應退運出境，但實務中應區分兩種情況處理：

1. 未過海關監管期

企業可將不作價設備退運，或者補繳稅款後辦理提前解除監管手續（同時須補辦進口許可證、檢驗檢疫證書等資料），或者向海關提出申請放棄不作價設備。

對於企業因轉制、搬遷、分拆、合併、變更廠名等原因，尚未到期的不作價設備須辦理結轉手續，並經海關審核，可結轉入新企業不作價設備手冊，並在對應設備項的規格型號欄目註明「僅限於結轉」，監管期連續計算。若結轉發生在2009年6月30日之前，則繼續免徵關稅及增值稅，2009年7月1日以後僅免徵關稅。

2. 已過海關監管期

對於監管年限已滿，留在境內繼續使用的不作價設備，若設備所有權轉移給境內企業，則視同進口舊機電產品處理，須補繳進口環節

稅。若不作價設備過監管期後，以無償租用方式繼續留在境內，則無須補繳進口環節稅，但租賃協議須到海關進行備案。

六、進口不作價設備出資

根據「關於來料加工企業轉型為法人企業進口設備稅收政策有關問題的通知」（財關稅[2011]66號）規定，在2011年7月1日至2012年12月31日期間，對不具備法人資格的來料加工企業，以外商提供的全部不作價設備做為投資設立法人企業的，或在2009年7月1日至2012年12月31日期間，將該企業全部不作價設備做為投資整體轉入同一投資方已設立的法人企業的，准予對其在2008年12月31日及以前已經辦理了加工貿易備案、並且在2009年6月30日及以前申報進口而尚未解除海關監管的不作價設備，免予補繳進口關稅和進口環節增值稅。

此外，對臨時進口不作價設備，須繳納相當於不作價設備稅款的保證金或提供海關認可的保證函。有效期為自貨物進口之日起不超過 6 個月，期滿前設備應複運出境。因故須延長在境內期限的，企業應當在規定期限屆滿30日前，向申請核准地海關提出延期申請，但延期最多不超過 3 次，每次延長期限不超過 6 個月。若臨時進口不作價設備期滿後不複運出境，則應補繳進口關稅及增值稅。

【49】加工貿易企業如何辦理融資租賃設備

融資租賃業務，是指具有融資性質和所有權轉移特點的設備租賃業務，可幫助企業在資金短缺的情形下，提前獲得生產經營所需的設備。對於加工貿易企業，由於自身享受購進貨物免關稅優惠，可合理利用海關優惠政策，達到降低融資成本目的。

一、是否可享受免稅待遇的判斷

針對進口的融資租賃設備，是否可享受關稅和進口增值稅優惠，是加工貿易操作上的要點。根據海關總署公告[2008]103號文，自2009

年1月1日起，進口設備均無法再享受免進口環節增值稅的稅收優惠，但若進口企業有免稅額度，仍可享受免進口關稅的待遇。

以下從融資租賃公司在境外及境內兩種情形進行分析。

1. 融資租賃公司在境外

當融資租賃公司在境外時，承租的加工貿易企業為報關主體，如果承租企業符合大陸鼓勵類項目，即取得鼓勵類證書者，仍然可以享受免徵關稅優惠待遇，其進口環節繳納的增值稅也可以進行抵扣。

2. 融資租賃公司在境內

當融資租賃公司在境內時，對於報關主體也區分兩種情形：

（1）以融資租賃公司名義報關

若設備以融資租賃公司名義報關進口，融資租賃公司是否可以享受減免關稅的優惠待遇，目前並無明確的法律規定；但在實務中已有相關成功案例，可參考「關稅徵管司關於銀河公司以減免稅設備進行融資租賃問題的批復」（稅管函[2004]56號）、「關稅徵管司關於對江漢石油管理局以融資租賃方式進口設備免稅的批復」（稅管函[2004]19號）。

（2）以加工貿易企業名義報關

若設備以加工貿易企業名義進行報關進口，則需加工貿易企業先行墊付設備價款，並自行辦理免稅進口手續，之後再與融資租賃企業一併至海關辦理備案手續。

根據「中華人民共和國海關進出口貨物減免稅管理辦法」（海關總署令179號，以下簡稱179號）第三十二條：「減免稅申請人以減免稅貨物向境內金融機構辦理貸款抵押的，應當向海關提供下列形式的擔保：（一）與貨物應繳稅款等值的保證金；（二）境內金融機構提供的相當於貨物應繳稅款的保函；（三）減免稅申請人、境內金融機構共同向海關提交『進口減免稅貨物貸款抵押承諾保證書』，書面承諾當減免稅申請人抵押貸款無法清償需要以抵押物抵償時，抵押人或

者抵押權人先補繳海關稅款，或者從抵押物的折（變）價款中優先償付海關稅款。」融資租賃業務與上述相似，亦需要向海關提供上述資料，則設備可享受免關稅待遇。

上述無論以何名義進口，如享受免徵關稅，則設備皆需要接受海關監管。根據179號文的規定，在進口減免稅貨物的海關監管年限內，未經海關許可，減免稅申請人不得擅自將減免稅貨物轉讓、抵押、質押、移作他用或者進行其他處置。

二、可享受免稅待遇融資租賃專案海關辦理流程

1. 申報

含企業申報、海關接受申報、海關審核電子資料報關單、遞單（遞交書面單證）等一般進口申報流程。

2. 查驗

對需要查驗的貨物，轉查驗部門實施現場查驗。

3. 稅費繳納

對於一次性支付租金的，納稅人應在進口時繳納稅款；分期支付租金的，納稅人應在貨物進口時，以第一期租金為準繳納稅款，在其後分期支付租金時，申報納稅不得遲於每次支付租金後的第15日。

4. 放行、結關

與一般貨物結關流程一致。

5. 簽發證明聯

租賃進口貨物屬於有條件對外付匯範圍，可以簽發進口付匯報關單證明聯。

此外，對於海關特殊監管區域（出口加工區、保稅物流園區、綜合保稅區等）企業，由於位於關境之外，且從境外融資租賃設備時不涉及跨關境，故可按一般設備進口辦理免稅程序。同時，外債方面應注意，對於報關主體，融資租賃設備的融資金額將占用其中長期外債額度。

【50】企業轉讓、合併、分立過程中保稅設備處理實務

　　鼓勵類外商投資企業進口自用設備，除「國內投資項目不予免稅的進口商品目錄」、「外商投資項目不予免稅的進口商品目錄」所列商品外，皆可以取得免關稅的優惠。海關對不同的保稅設備有不同的監管年限，在海關監管期間，企業發生股權轉讓、合併、分立等事項時，均需要根據海關的相關規定處理。

　　根據「中華人民共和國海關進出口貨物減免稅管理辦法」（海關總署179號令）的規定：「在海關監管年限內，減免稅申請人發生分立、合併、股東變更、改制等變更情形的，權利義務承受人（以下簡稱承受人）應當自營業執照頒發之日起30日內，向原減免稅申請人的主管海關報告主體變更情況及原減免稅申請人進口減免稅貨物的情況。

　　「經海關審核，需要補徵稅款的，承受人應當向原減免稅申請人主管海關辦理補稅手續；可以繼續享受減免稅待遇的，承受人應當按照規定申請辦理減免稅備案變更或者減免稅貨物結轉手續。」

一、企業股權轉讓

　　1. 股權轉讓後仍為外資企業

　　如企業股權轉讓後，仍然為外資企業，則保稅設備無須補繳關稅，僅須在變更股東後的營業執照簽發日30日內，至海關報告主體變更情況及原減免稅申請人進口減免稅貨物的情況。

　　2. 股權轉讓後變為內資企業

　　企業進口自用設備免關稅政策，僅適用於具有鼓勵類項目的企業（上海須是鼓勵類企業）、軟體及積體電路生產企業、研發中心等，因此企業股權轉讓變更為內資企業後，如不再屬於內資鼓勵類項目確認的範圍，尚處於海關監管期的設備需要按照規定補繳相應的關稅。補繳關稅的計算公式如下：

補稅設備的完稅價格＝海關審定的貨物原進口時的價格×[1－減免稅貨物已進口時間÷（監管年限×12）]

補繳關稅＝補稅設備的完稅價格×關稅稅率

其中：

（1）補稅完稅價格，以海關審定貨物原進口時的價格為基礎。

（2）減免稅貨物已進口時間，自減免稅貨物的放行之日起按月計算。不足 1 個月但超過15日的，按 1 個月計算；不超過15日的，不予計算。

二、企業合併、分立

根據大陸「海關總署關於外商投資企業合併與分立所涉及海關管理的有關事項的公告」的規定：

「一、外商投資企業合併或分立後，存續或新設的公司應憑有關部門的批文向海關辦理變更註冊登記或者重新註冊登記。……

「三、外商投資企業合併或分立後是否繼續享有減免稅優惠待遇，由海關根據現行規定予以審核。經海關確定不再享有減免稅優惠待遇的企業應就原進口的減免稅貨物補繳關稅和進口環節稅。仍享受減免稅優惠的企業承接的特定減免稅進口貨物的海關監管年限自貨物進口之日起連續計算。」

由於企業合併、分立涉及主體等變更，較為複雜，因此合併分立後海關監管設備是否需要徵稅，或是可以繼續享受免稅優惠，上述文件並不明確，但依據海關總署公告[2008]103號的相關規定，如合併、分立後的企業不再符合下列規定，其尚處於海關監管期的原免稅進口的設備需要補繳關稅：

1. 國家鼓勵發展的國內投資項目和外商投資項目。

2. 外國政府貸款和國際金融組織貸款項目。

3. 由外商提供不作價進口設備的加工貿易企業。

4. 中西部地區外商投資優勢產業項目。

5.「海關總署關於進一步鼓勵外商投資有關進口稅收政策的通知」（署稅[1999]791號）中規定的外商投資企業和外商投資設立的研究開發中心，利用自有資金進行技術改造項目。

6. 軟體生產企業和積體電路生產企業。

7. 城市軌道交通項目。

補繳關稅的計算公式與企業股權轉讓一致，繳稅的企業應該為不再享受減免稅優惠的企業。若企業尚處於監管期的設備經海關認定可繼續享受減免稅優惠，則監管期可以自貨物進口之日起連續計算。

【51】如何理解進出口貨物優惠原產地

在進出口貿易中，貨物進出口關稅存在許多優惠稅率，一項貨物能否適用優惠稅率，要從其原產地是否為優惠貿易協定成員國或地區（以下均簡稱成員國）來判斷。

大陸進出口貿易中，產品原產地的管理辦法，根據關稅優惠與否而有所不同。對於優惠貿易項下進出口貨物的原產地管理，總的來說適用「中華人民共和國海關進出口貨物優惠原產地管理規定」（海關總署令181號，以下簡稱181號令），非優惠貿易及最惠國、反傾銷原產地（簡稱非優惠原產地），適用「中華人民共和國進出口貨物原產地條例」（國務院令416號）。

181號令從完全獲得和非完全獲得兩方面，對原產地做出基本規範。符合「完全獲得」條件的原產地貨物，是指在成員國境內（1）採摘的植物產品；（2）出生並飼養的動物產品；（3）開採提取的礦產品；（4）其他符合貿易協定完全獲得標準的產品。這裡的前三項規定，是各貿易協定共有的內容。

非完全獲得產品的原產地，一般以實質性加工為標準來判斷，主要方法有：稅則歸類改變標準、區域價值成分標準、製造加工工序標

準或者其他標準，其中區域價值成分的計算，在各協定中的表達略有不同，但基本內容是一致的，其原則為：

$$區域價值成分＝\frac{貨物船上交貨價格（FOB）－非原產材料價格（CIF）}{貨物船上交貨價格（FOB）}×100\%$$

各貿易協定中對非完全獲得的標準不一樣。比如，亞太貿易協定下，非完全獲得的標準是區域價值成分不低於45%（孟加拉和老撾〔即寮國〕為不低於35%），沒有稅則歸類改變和加工工序的標準；與東協的協議中，部分產品要求稅則號前兩位改變，有些要求前四位改變，有些紡織原料規定了詳細的加工工序標準，如果是適用區域價值成分標準的，則要求不低於40%；與台灣地區的協議中，則是稅則歸類改變（前兩位、四位或六位元改變）與區域價值成分標準（40%、45%、50%）混合使用，部分產品按加工工序確定。

舉例來看，以稅則號為52062400的非零售精梳較細支混紡棉單紗，生產稅則號為52083100的染色輕質全棉平紋布，假定區域價值成分為40%。如果該布匹從亞太的印度進口，由於未達到45%的標準，不被視為原產於印度，不能享受優惠稅率；如果是從亞太的孟加拉或東協的越南進口，則符合區域價值成分標準，該布匹將被視為原產於孟加拉或越南；如果是從台灣進口，符合稅則號前四位元改變的規則，該布匹將被視為原產於台灣。

對於原產地的認定，還須注意幾點：（1）原產於貿易協定成員國甲的產品A，在同一貿易協定下的乙國用於生產貨物B，並構成B的組成部分，則產品A將與產品B一起，視為原產於乙國；（2）為便於裝載、運輸、儲存、銷售，而進行的加工、包裝、展示等微小加工或者處理，不影響貨物原產地確定；（3）運輸期間用於保護貨物的包裝材料及容器，不影響貨物原產地確定；（4）在貨物生產過程中使用，本身不構成貨物物質成分，也不成為貨物組成部件的材料或者

物品（如能源），其原產地不影響貨物原產地確定；（5）必須滿足「直接運輸」的要求。

最後，對於優惠原產地和非優惠原產地的界定區別，應稍加關注：（1）從完全獲得標準看，兩者大的類別基本相同，但小類別有細小差異。（2）從非完全獲得標準看，對於非優惠原產地有國家統一標準；優惠原產地則根據各貿易協定而定，各自的標準不同。（3）非優惠原產地對運輸環節沒有要求。（4）非優惠貿易一般情況下不需要提供原產地證書，優惠貿易則一般需要提供原產地證書，否則不能享受優惠關稅。

【52】監管區域──保稅區介紹

保稅區是經大陸國務院批准設立、海關實施特殊監管，具有保稅加工、進出口貿易、轉口貿易、保稅倉儲、進出口商品展示等功能的經濟區域，享有「免證、免稅、保稅」政策，實行「境內關外」運作方式。

1990年6月經大陸官方批准，在上海創辦了大陸第一個保稅區──上海外高橋保稅區。1992年以來，國務院又陸續批准設立了14個保稅區和1個享有保稅區優惠政策的經濟開發區，即天津港、大連、張家港、深圳沙頭角、深圳福田、福州、海口、廈門象嶼、廣州、青島、寧波、汕頭、深圳鹽田港、珠海保稅區以及海南洋浦經濟開發區。目前大陸15個保稅區隔離設施已全部經海關總署驗收合格，正式投入運營。

一、海關對保稅區與非保稅區之間進出貨物的監管

1. 從保稅區進入非保稅區的貨物，按照進口貨物辦理手續；從非保稅區進入保稅區的貨物，按照出口貨物辦理手續，出口退稅按照國家有關規定辦理（即在貨物實際報關離境後辦理）。

2. 從非保稅區進入保稅區供區內使用的機器、設備、基建物資和物品,使用單位應當向海關提供上述貨物或者物品的清單,經海關查驗後放行。

3. 保稅區的貨物須從非保稅區口岸進出口,或者保稅區內的貨物運往另一保稅區,應當事先向海關提出書面申請批准。

二、外匯局對保稅區的管理

貨物從區外進入保稅區或從保稅區進入區外,由保稅區外的企業按照「出口收匯核銷管理辦法」和「貿易進口付匯核銷監管暫行辦法」,辦理出口收匯和進口付匯核銷手續。

三、保稅區生產企業實行手冊核銷制度

保稅區實行加工貿易聯網作業系統,對於區內加工貿易企業實行階段核銷,即某個時段內對於企業進、出、存及單損耗進行核查。應提供資料為:核銷書面申請、進出單證(手冊核銷聯、區內結轉單)、進出資料匯總表、庫存清單、單損耗表、核銷平衡表等,以及海關核銷需要的其他相關資料。

四、保稅區特殊稅收政策

(一)區外企業通過保稅區出口銷售

根據「出口貨物退(免)稅若干問題規定」(財稅字[1995]92號)第六條規定,對非保稅區運往保稅區的貨物不予退(免)稅,保稅區內企業從區外購進貨物時,必須向稅務機關申報備案增值稅專用發票的有關內容,將這部分貨物出口或加工後再出口的,可按本規定辦理出口退(免)稅。因此,保稅區外企業將貨物銷售給保稅區內企業,貨物所有權轉移給區內企業,是不能退(免)稅,需要繳納增值稅,但保稅區內企業將購買的貨物再出口,則可享受出口退稅政策。

同時,根據「國家稅務總局關於出口退稅若干問題的通知」(國稅發[2000]165號)的規定,保稅區外的出口企業銷售給外商的出口貨物,如外商將貨物存放在保稅區內的倉儲企業,離境時由倉儲企業辦

理報關手續的，保稅區外的出口企業可憑貨物進入保稅區的出口貨物報關單（出口退稅專用聯）、倉儲企業的出口備案清單及其他規定的憑證，向稅務機關申請辦理退稅。保稅區海關須在上述貨物全部離境後，方可簽發貨物進入保稅區的出口貨物報關單（出口退稅專用聯）。也就是通常所說的，必須完成二次報關，憑離境備案清單和貨物進入保稅區的出口報關單，辦理出口退稅。

（二）保稅區內生產企業加工貿易的出口退稅

加工貿易主要包括來料加工和進料加工，進料加工複出口貨物實行「免抵退」政策；來料加工複出口貨物實行「免稅不退稅」政策。

（三）保稅區內交易無增值稅

1. 對出口企業進口的原材料、零部件、元器件，海關予以免徵進口環節的增值稅或消費稅。

2. 從事來料加工業務的企業，憑「來料加工貿易免稅證明」，可以享受以下稅收優惠政策：

（1）來料加工出口貨物免徵增值稅、消費稅。

（2）加工企業取得的工繳費收入免徵增值稅、消費稅。

（3）出口貨物耗用國內貨物所支付的進項稅額不得抵扣、轉入生產成本，其國內配套的原材料之已徵稅款也不予退稅。

五、保稅區企業類型介紹

1. 出口加工企業

純出口加工企業在保稅區所獲得的稅收優惠為：原料來自國外者，無須繳納關稅和其他進口環節稅收；原料來自國內的，出口時同樣可以依法退稅。

2. 進口物流分撥企業

企業多以外國大公司為主，把零部件基地設在保稅區，充分發揮保稅區的「保稅」職能。

3. 國際貿易企業

企業有大有小，多從事相關產品的進出口代理業務。

4. 區內配套服務類企業

企業多是提供區內企業配套服務的，如報關代理公司、貨運代理公司、翻譯諮詢公司等。

【53】監管區域——物流園區介紹

保稅物流園區是指經國務院批准，在保稅區裡規劃區塊或者毗鄰保稅區的特定港區內設立，專門發展現代國際物流業的海關特殊監管區域。保稅物流園區為區港聯動，由保稅區在海港區劃出特定區域，以發展倉儲和物流產業為主要功能的特殊監管區域。

一、保稅物流園區產生的背景

國務院於2003年12月批准了第一個區港聯動保稅物流園區試點：上海外高橋保稅物流園區。設立保稅物流園區的原因，是傳統保稅區（不包括保稅物流園區、保稅倉庫以及出口監管倉庫，下同）在功能不能滿足物流發展的需要。

二、保稅物流園區相關政策

1. 保稅物流園區的功能

主要以物流倉儲為主，可以進行流通性的簡單加工和增值服務，不可進行商業零售、加工製造、翻新、拆解及其他與園區無關的業務。其物流功能包括：

（1）存儲進出口貨物及其他未辦結海關手續貨物。

（2）對所存貨物開展流通性簡單加工和增值服務。

（3）進出口貿易，包括轉口貿易。

（4）國際採購、分銷和配送。

（5）國際中轉。

（6）檢測、維修。

（7）商品展示。

（8）經海關批准的其他國際物流業務。

2. 保稅物流園區的海關規定

（1）進出境報關：進出境報關採用報關制和備案制相結合的運行機制，即保稅區與境外之間進出境貨物，屬自用的，採取報關制，填寫「進出口貨物報關單」；屬非自用的，包括加工出口、轉口、倉儲和展示，採取備案制，填寫「進出境貨物備案清單」。

（2）進出區報關：對於貨物進區的，境外企業報關出口，填寫「出口貨物報關單」。園區企業向海關進行電子資料備案，填寫「特殊監管區備案表」，並在轉讓、轉移後向海關辦理報核手續。境內區外出至區內的貨物，其票流、物流、資金流必須一致，並按進出區逐筆報關，不能按月或按期匯總報關。

3. 保稅物流園區的稅收政策

保稅物流園區進出口稅收政策可以概括為：一般進口貨物保稅，特定進口貨物免稅，出口貨物入區退稅，區內貨物流轉免稅，貨物進入國內市場徵稅。

（1）區內企業運往區外的貨物，海關按照對進口貨物的有關規定，辦理進口報關手續，並對報關的貨物徵收增值稅、消費稅。

（2）區外企業運入區內的貨物，視同出口，由海關辦理出口報關手續，簽發出口貨物報關單（出口退稅專用聯），區外企業憑海關簽發的出口貨物報關單（出口退稅專用聯）及其他規定憑證，向主管稅務機關申請辦理退（免）稅。

（3）區內貨物自由流通，不徵增值稅和消費稅，但是在區內不得開展加工貿易業務。

4. 保稅物流園區的外匯政策

境內園區外企業購買園區內貨物，可以向園區企業支付，或直接向境外支付，也可以向其他境內園區外貨權企業支付，貨權企業收到外匯後，憑入帳通知等憑證，辦理核銷手續。

園區企業報關進出口貨物，出口收匯和購匯對外支付，應當按規定辦理核銷。其中，出口收匯應當先進入外匯帳戶，不得直接結匯；直接從外匯帳戶中支付進口款項的，無須辦理進口付匯核銷。

三、保稅物流園區發展趨勢

2009年出口加工區拓展保稅物流功能和開展研發、檢測、維修業務，加上其他特殊監管區如保稅港區、保稅物流中心等也具備了保稅物流的作用，則物流園區的功能不再像之前一樣突顯。

目前，海關對具備條件的保稅區、出口加工區、保稅物流園區進行整合轉型，並最終使內陸的海關特殊監管區域整合為「綜合保稅區」，沿海沿江的海關特殊監管區域整合為「保稅港區」，因此保稅物流園區可能將隨著「綜合保稅區」、「保稅港區」等的不斷壯大而淡出。

【54】監管區域——出口加工區介紹

出口加工區，是指大陸為利用外資發展出口導向工業、擴大對外貿易而設立的，以製造、加工或裝配出口商品為主的海關特殊監管區域。2000年在江蘇創辦了大陸第一出口加工區——昆山出口加工區，截止2011年，大陸共有52個出口加工區（不含綜合保稅區）。現將出口加工區涉及的海關、外匯、稅務以及可設立的企業類型簡介如下。

一、海關管理

1. 加工區與境外之間進、出的貨物，除實行出口被動配額管理者，不實行進出口配額、許可證件管理。

2. 加工區與境外之間進、出的貨物實行備案制，與區外進出貨物實行報關制。

3. 海關對加工區與境外之間進、出的貨物，按照直通式或轉關運輸的辦法進行監管。

4. 推行無紙報關試點及SZV空陸聯程中轉模式，實現24小時預約通關。

5. 海關對進、出加工區貨物的備案、報關、查驗、放行、核銷手續，一併在區內辦理。

6. 加工區內企業可以與其他加工區、保稅區及區外開展深加工結轉業務。

7. 區內企業開展加工貿易業務，不實行加工貿易銀行保證金台帳制度，海關不採用紙本「加工貿易登記手冊」管理，而是實行電子帳冊備案制度。

8. 大陸不禁止進出口的貨物、物品均可進出加工區，區內企業自開展出口加工區業務或倉儲業務之日起，每半年向海關辦理一次加工貿易電子帳冊滾動核銷手續。

二、外匯管理

1. 貨物在區內與境外之間進出，不須辦理收、付匯核銷手續。

2. 經批准註冊資本金以人民幣投資的區內機構，向境外或者區外支付外匯，其外匯帳戶自有資金不足的，可以購匯支付。

三、稅務政策

1. 區內生產性的基礎設施建設項目所需的機器、設備，和建設生產廠房、倉儲設施所需的基建物資，予以免稅。

2. 區內企業生產所需的機器、設備、模具及其維修用零配件，予以免稅。

3. 區內企業和行政管理機構自用合理數量的辦公用品，予以免稅。

4. 區內企業為加工出口產品所需的原材料、零部件、元器件、包裝物料及消耗性材料，予以保稅。

5. 區內企業加工的製成品及其在加工生產過程中產生的邊角料、餘料、殘次品、廢品等銷往境外時，除法律、行政法規另有規定外，免徵出口關稅。

6. 從區外進入加工區的國產機器、設備、原材料、元器件、包裝物料以及合理數量的基建物資等，享受出口退稅，但區內企業行政管理部門運入供其使用的生活消費用品、交通運輸工具，不享受退（免）稅政策。

7. 區內生產企業從區外購進的水、電、氣，凡用於出租、出讓廠房的，不予辦理退稅。

8. 區內企業在區內加工、生產的貨物，凡屬於貨物直接出口和銷售給區內企業的，免徵增值稅和消費稅。對區內企業出口的貨物，不予辦理退稅。

9. 區內企業委託區外企業進行產品加工，一律不予退（免）稅。

10. 內銷貨物由購買方按從境外進口產成品完稅。

四、企業類型

出口加工區最初設立的功能以製造、加工、裝配出口商品為主，隨著經營環境的變化，自2009年起出口加工區拓展保稅物流功能試點，並在其中具備條件、有業務需求的出口加工區，開展研發、檢測、維修業務試點。按照出口加工區的上述功能，故可以設立以下類型企業：

1. 出口加工型企業（產品出口率 ≥ 70%）。
2. 專為出口加工企業生產提供服務的倉儲企業。
3. 經海關核准專門從事加工區貨物進、出的運輸企業。
4. 從事研發、檢測、維修的企業。

【55】監管區域──其他區域介紹

在海關監管區域中，除了保稅區、出口加工區、保稅物流園區等最為常見的區域以外，還存在保稅港區、保稅物流中心和保稅倉庫等監管區域，下面進行簡要介紹。

一、保稅港區

保稅港區是口岸港區和與之相連的特定區域內，具有口岸、物流、加工等功能的海關特殊監管區域。保稅港區實行封閉管理，參照出口加工區的標準建設隔離監管設施，貨物和車輛通過通道時要有必要的監管設施和監管措施。保稅港區內可開展倉儲、轉口貿易、保稅物流、生產加工等業務。

1. 保稅港區在稅收上享受「兩退、一保」的稅收優惠政策：
（1）一般情況下，國外貨物入港區保稅，從保稅港區運往境外的貨物，免徵出口關稅。
（2）國內貨物入港區視同出口，實行退稅；港區內企業耗用的水、電費，可享受退稅。

（3）港區內企業之間的貨物交易，不徵增值稅和消費稅。

2. 在海關監管上，保稅港區享受以下政策：

（1）保稅港區內貨物可以自由流轉。

（2）一般情況下，對保稅港區與境外之間進出的貨物，實行備
案制管理，不實行進出口配額、許可證件管理。

（3）區內企業不實行加工貿易銀行保證金台帳和合同核銷制
度，海關對保稅港區內加工貿易貨物不實行單耗標準管
理。

（4）保稅港區貨物不設存儲期限。但存儲期限超過2年的，區內
企業應當每年向海關備案。

二、保稅物流中心

保稅物流中心（以下簡稱物流中心），是從事保稅倉儲物流業務
的海關集中監管場所。物流中心可開展倉儲、保稅物流、轉口貿易等
業務，但不能進行加工、製造等生產性業務。

1. 保稅物流中心享受與保稅物流園區類似的稅收優惠政策：

（1）境內貨物進入物流中心，視同出口，實行出口退稅政策，
對物流中心內企業出口的貨物，不予辦理退稅。

（2）物流中心內貨物進入境內，視同進口，依據貨物的實際狀
態辦理進口報關手續，並且按規定徵收或免徵進口關稅、
增值稅、消費稅。

（3）對物流中心企業之間，或物流中心與出口加工區、區港聯
動之間的貨物交易、流轉，免徵增值稅、消費稅。

2. 海關監管方面，與保稅物流園區類似，主要為：

（1）物流中心與境外之間進出的貨物，一般情況下，不實行進
出口配額、許可證件管理。

（2）辦理相關海關手續，物流中心內貨物可以在中心內企業之
間進行轉讓、轉移。

（3）物流中心貨物進入境內，視同進口，按照規定辦理進口報
　　　關手續。

三、保稅倉庫

　　保稅倉庫，是專門存放保稅貨物及其他未辦結海關手續貨物的倉庫。保稅倉庫功能較為單一，主要功能是保稅存儲，基於存儲成本較高、生產領用不方便等原因，在實務中使用較少。按相關稅收規定，企業從海關保稅倉庫提取並辦理海關進料加工手冊的料件，可開具進料加工貿易免稅證明。存放在保稅倉庫的保稅貨物，在辦理相關手續後，可出口離境、運往其他監管區域、加工貿易進口、國內銷售等。

　　海關相關監管規定要求：

　　1. 一般情況下，保稅倉儲貨物存儲期限為 1 年。

　　2. 企業辦理保稅貨物入庫時，應持相關資料向海關辦理報關入庫手續，海關根據核定的保稅倉庫存放貨物範圍和商品種類，對報關入庫貨物進行審核，並進行核註登記。

四、上述監管區域的差異

　　1. 從功能上看，保稅港區的功能最為齊全，企業在區內可選擇從事加工製造、商貿、物流等行業；保稅物流中心的功能次之，企業可開展除加工製造以外的商貿、倉儲等行業；保稅倉庫的功能最少，只能存儲保稅料件。

　　2. 從便利條件上看，保稅港區一般設在海港附近，運輸較為便利，可以使用航運和陸運；保稅物流中心和保稅倉庫一般情況下只能採取陸運。

　　故企業在選擇時，應考慮不同監管區域對企業的影響，以便選擇對企業有利的監管區域從事生產經營活動。

【56】不同海關特殊監管區域功能差異分析

外商投資企業在從事加工貿易的過程中，常會碰到不同海關特殊監管區域，以下對常見的五種特殊監管區域，從功能定位、海關監管、外匯、稅務方面進行簡要分析。

一、功能定位

監管區域	功能定位	可設立的企業類型
保稅區	保稅倉儲、出口加工、轉口貿易。	生產企業、貿易企業、倉儲物流企業。
保稅物流園區	保稅倉儲；國際物流配送；簡單加工和增值服務；檢驗檢測；進出口／轉口貿易；商品展示；園區一日遊（代替「香港一日遊」）。	貿易企業（可從事簡單加工）、倉儲物流企業。
出口加工區	生產加工，成品出口，試點區域可開展保稅物流、研發、檢測、維修功能。	生產企業、倉儲運輸企業、物流企業。
保稅港區	口岸、物流、加工、展示、貿易，具有保稅區、保稅物流園區、出口加工區的全部功能。	生產企業；研發、檢測、維修企業；貿易企業；物流企業；港口企業；航運企業。
綜合保稅區	同保稅港區。	同保稅港區。

其中，綜合保稅區和保稅港區的主要區別，在於保稅港區是設立在港口區域，而綜合保稅區是設立在內陸。

二、海關監管的特殊政策

1. 對上述海關特殊監管區域內進行的加工貿易，均不實行加工貿易銀行保證金台帳制度。

2. 在上述海關特殊監管區域內（不包括保稅區），除相關保衛人員（即保全）外，均不得在區內居住，亦不可設立營利性消費設施和

商業零售業務。在保稅物流園區內不可設立工業生產加工場所。

三、外匯政策

相對區外企業，上述特殊監管區域內的企業，均不需要辦理外匯核銷手續。

四、主要稅收政策

保稅區	1. 進口料件全額保稅；加工成品後進入國內，按進口料件徵或免關稅。 2. 國內採購原物料等，須待貨物實際離境後方可辦理退稅手續。 3. 區內企業之間的貿易，免徵增值稅。
保稅 物流園區	1. 進口貨物除法規另有規定外，予以保稅。 2. 區外貨物入區視同出口，可退稅。 3. 區內企業的貨物直接出口或銷售給區內其他企業的，免徵增值稅、消費稅。 4. 對區內企業出口的貨物，不予辦理退（免）稅。
出口加工區	1. 國內貨物等進區退稅。 2. 區內加工產品不徵增值稅。 3. 從國外或海關特殊監管區域進口原材料，予以保稅。 4. 區內企業水電費可退稅。
保稅港區	1. 國外貨物入區保稅。 2. 國內貨物入區視同出口，實行退稅。 3. 區內企業之間的貨物交易，不徵增值稅和消費稅。
綜合保稅區	同保稅港區。

註：保稅區銷往境內區外的非保稅貨物，可開立增值稅發票；保稅區銷往境內區外的保稅貨物，及其他四個區域銷往境內區外的貨物，需要由購入單位做進口報關手續，並視情況免徵或徵收進口關稅、增值稅、消費稅。

五、綜合比較

通過以上比較可知，保稅港區和綜合保稅區的功能最齊全，但由於目前大陸批准的數量有限以及地理位置因素，對許多企業來說，無法在其中設立或與其區內企業進行交易。

　　出口加工區在疊加了保稅物流功能以後，運用範圍大幅提升。保稅物流園區內可設立貿易公司，這是出口加工區暫時無法替代的。

　　保稅區適用於轉口貿易、境外產品境內短期展示以及保稅倉儲，但國內料件進入保稅區，視同內銷需要徵稅，待最終實際離境後才可辦理出口退稅。

【57】海關對加工貿易企業稽查重點分析

　　海關稽查，是指海關自進出口貨物放行之日起3年內，或者在保稅貨物、減免稅進口貨物的海關監管期限內，對被稽查人的會計帳簿、會計憑證、報關單證以及其他有關資料和進出口貨物進行核查，監督被稽查人進出口活動的真實性和合法性。稽查活動依據「中華人民共和國海關稽查條例」（國務院令209號）、「中華人民共和國海關稽查條例實施辦法」（海關總署令79號）、「中華人民共和國海關保稅核查辦法」（海關總署令173號）執行。

一、被稽查企業範圍

1. 法律規定的被稽查企業範圍

　　從事對外貿易的企業、單位；從事對外加工貿易的企業；經營保稅業務的企業；使用或者經營減免稅進口貨物的企業、單位；從事報關業務的企業；海關總署規定的，從事與進出口活動直接有關的其他企業、單位。

2. 易被納入稽查範圍企業

　　以下企業易被納入稽查範圍：從事限制類加工貿易的企業；信用情況較差、加工生產能力較弱的企業；異地備案企業；進口次數頻繁，出口產品品種固定的企業；採用多種手法高報保稅材料單耗的企業；擅自將保稅材料內銷或加工成品的企業；私自外發加工的企業；以前曾經受海關處罰的企業；被舉報有違反加工貿易規定的企業。

二、稽查內容

1. 核實從事保稅加工貿易的企業所在的地址、辦公場所、生產場地、加工設備、保稅設備等情況。

2. 查核保稅加工工藝流程、單耗等情況，核實企業是否高報損耗。

3. 檢查公司加工貿易的備案、原料進口、生產加工、保稅料件倉儲、移轉、銷售情況。核實各項手續是否依法辦理，企業實際進出口情況是否和申報情況一致（包括進出口商品的HS編碼），是否存在虛假申報。保稅、非保稅料件是否存在未經批准串換。

4. 檢查保稅料件的財務帳冊、倉庫台帳、海關手冊。從手冊與原材料盤存帳入手，對原材料帳、倉庫帳和手冊已進口保稅料件尚未出口的，進行三項平衡分析。通過成品、半成品換算出原材料，核對財務帳冊中餘料、倉庫庫存帳及海關手冊帳餘料是否平衡。

5. 對企業同時存在外銷和內銷情況的，查核內銷情況，是否存在非經海關批准擅自串換保稅料件內銷或生產內銷產品。

6. 從銷售收入和其他業務收入入手，對邊角料情況進行分析，查核是否手冊已核銷但由於虛報單耗有未補稅的邊角料。

7. 外發加工環節核查，是否存在未經審批擅自外發加工行為。

8. 是否按規定如實繳納進口關稅、增值稅等稅費。

三、企業應如何配合海關核查

企業在接到海關核查通知後，應立即著手準備相關資料，俾便在海關查核時能順利提供有關資料，使海關人員感受到企業管理有良好規範。配合包括事前準備、現場配合、事後溝通。

1. 事前準備

首先要瞭解海關核查範圍，需要提供哪些資料。要根據核查內容和範圍，進行紙本資料、電子資料和實物的整理，如手冊、報關單、核銷單等的核對整理；保稅和非保稅貨物的分區擺放，保稅標識是否明顯。向有關部門通知海關查核時間，要求有關部門整理備查資料、

海關查核時需要注意的有關事項等。

2. 現場配合

（1）企業在接受海關稽查時，應如實反映情況，提供帳簿、單證等有關資料，不得拒絕、拖延、隱瞞。

（2）企業關務人員應熟悉企業生產的工藝流程，說明本公司生產特點、保稅料件的管理制度，並由熟悉工藝流程的工程師向海關人員講解公司產品生產過程中的損耗情況、殘次品、BOM表等情況。

（3）企業使用電腦記帳的，應當向海關提供查閱資料方法，以便海關人員及時準確查閱、調出資料。

（4）海關查閱、複製企業的帳簿、單證等有關資料，或者進入企業的生產經營場所、貨物存放場所檢查時，應按照海關的要求出示帳簿、到貨物存放場所清點貨物。

（5）對於海關人員詢問的問題不清楚，應做好記錄，說明原因，事後要及時提供資料給海關。

（6）對於稽查時提出的改進要求和意見，應及時進行記錄，以便日後改正。

3. 事後溝通

海關稽查組實施稽查後，會形成稽查報告，稽查報告報送海關前會徵求企業的意見，企業應當自收到稽查報告後核實稽查內容及結果，如有不同意見應及時與稽查人員溝通。

需要提醒的是，企業提供經海關認可的仲介機構出具的審計報告，並經海關審核認定的，海關可以對被核查人免於實施保稅核查；海關認為必要時，可以委託仲介機構參與保稅核查。

【58】加工貿易企業常見的違規、違法行為及法律責任分析

　　海關對加工貿易企業核查種類，主要有歸類稽查、加工貿易稽查、減免稅稽查、價格稽查。根據海關查處的保稅加工貨物案件分析，加工貿易企業常見的違規、違法行為主要歸納為以下方面：

　　1. 進口貨物高價低報，主要體現為進口貨物的完稅價格，與貨物的真實成交價格不一致。

　　2. 進口貨物偽報，主要有偽造品名申報，偽造商品編碼申報，偽造規格申報，偽造數量申報，偽造原產地證明等。

　　3. 未經海關批准，自行在不同企業、不同品種、不同規格、不同數量的保稅料件與非保稅料件之間進行串換，或將串換下來的保稅料件用於牟取不正當利益。

　　4. 監管期內的免稅進口設備私自抵押、出租、轉讓、借用。

　　5. 保稅加工企業高報單耗，造成帳實不符。

　　6. 不按海關規定手續進行深加工結轉、私自外發加工。

　　7. 違反規定擅自內銷等。

　　上述違規行為，按「中華人民共和國海關行政處罰實施條例」（國務院令420號）的規定，整理如下頁表格。

違規行為	海關處罰規定
一、進口貨物高價低報	第十五條：「進出口貨物的品名、稅則號列、數量、規格、價格、貿易方式、原產地、啟運地、運抵地、最終目的地或者其他應當申報的項目未申報或者申報不實的，分別依照下列規定予以處罰，有違法所得的，沒收違法所得：⋯⋯（四）影響國家稅款徵收的，處漏繳稅款30%以上二倍以下罰款；」

違規行為	海關處罰規定
二、進口貨物偽報	第十五條：「進出口貨物的品名、稅則號列、數量、規格、價格、貿易方式、原產地、啟運地、運抵地、最終目的地或者其他應當申報的項目未申報或者申報不實的，分別依照下列規定予以處罰，有違法所得的，沒收違法所得：……（四）影響國家稅款徵收的，處漏繳稅款30%以上2倍以下罰款；」
三、保稅料件串料	第十八條規定：「經營保稅貨物的運輸、儲存、加工、裝配、寄售、展示等業務，不依照規定辦理收存、交付、結轉、核銷等手續，或者中止、延長、變更、轉讓有關合同不依照規定向海關辦理手續的，」則存在被處以貨物價值5%以上30%以下罰款，有違法所得的，沒收違法所得的法律風險。
四、海關監管設備抵押、出租、轉讓、借用	第十八條規定：「未經海關許可，擅自將海關監管貨物開拆、提取、交付、發運、調換、改裝、抵押、質押、留置、轉讓、更換標記、移作他用或者進行其他處置的，」則存在被處以貨物價值5%以上30%以下罰款，有違法所得的，沒收違法所得的法律風險。
五、高報單耗	第十八條規定，「未如實向海關申報加工貿易製成品單位耗料量」以及「保稅料件及成品數量短少或紀錄不真實的」，則存在被處以貨物價值5%以上30%以下罰款，有違法所得的，沒收違法所得的法律風險。

　　上述違規行為，如情節嚴重和違規金額重大，則屬於違法行為，海關將予以追究刑事責任。

　　從實務來看，關稅、進口環節的增值稅和消費稅都是從價計徵。偽報價格，把貨物實際交易價格報低；偽報數量，把貨物實際交易數量報少；偽報貨物品名，把高稅率貨物偽報成低稅率貨物，都可以達到少繳關稅、進口環節增值稅和消費稅的目的。

　　走私貨物、物品偷逃應繳稅額的刑法規定如下表：

違法行為	刑法規定
走私貨物、物品偷逃應繳稅額較大，或者一年內曾因走私受到二次行政處罰後又走私。	處 3 年以下有期徒刑或者拘役，並處偷逃應繳稅額一倍以上五倍以下罰金。
走私貨物、物品偷逃應繳稅額巨大，或者有其他嚴重情節。	處3年以上10年以下有期徒刑，並處偷逃應繳稅額一倍以上五倍以下罰金。
走私貨物、物品偷逃應繳稅額特別巨大，或者有其他特別嚴重情節。	處10年以上有期徒刑或者無期徒刑，並處偷逃應繳稅額一倍以上五倍以下罰金，或者沒收財產。

　　上述違法行為屬於單位犯罪的，對單位判處罰金，並對其直接負責的主管人員和其他直接責任人員，處 3 年以下有期徒刑或者拘役；情節嚴重的，處 3 年以上10年以下有期徒刑；情節特別嚴重的，處10年以上有期徒刑。

| 第二篇 |

外匯篇

【59】外匯基本概念介紹

根據「中華人民共和國外匯管理條例」（中華人民共和國國務院令532號）等相關規定，以下就外匯基本知識簡單介紹。

一、外匯相關概念

1. 外匯是以外國貨幣表示，在國際上可以自由兌換且能被各國普遍接受與使用的一系列金融資產。主要包括：

（1）外幣現鈔，包括紙幣、鑄幣。

（2）外幣支付憑證或者支付工具，包括票據、銀行存款憑證、銀行卡等。

（3）外幣有價證券，包括債券、股票等。

（4）特別提款權。

（5）其他外匯資產。

2. 關於外匯匯率，大陸分為現鈔匯率、現匯匯率，以及人民幣基準匯率。

（1）現鈔匯率，又稱現鈔買賣價。是指銀行買入或賣出外幣現鈔時所使用的匯率。

（2）現匯匯率，分買入匯率和賣出匯率。買入匯率又稱外匯買入價，是指銀行向客戶買入外匯時所使用的匯率。賣出匯率又稱外匯賣出價，是指銀行向客戶賣出外匯時所使用的匯率。

（3）人民幣基準匯率，基準匯率是指人民幣與基準貨幣或關鍵貨幣的匯率，目前大陸主要公布美元、歐元、英鎊、日元和港幣五種外匯基準匯率。一般企業記帳時，均須根據基準匯率進行折算，計算外幣匯兌損益。

二、外匯管理

外匯管理，亦稱為外匯管制，是指對外匯的收支、買賣、借貸、

轉移，以及國際間結算、外匯匯率和外匯市場所實施的一種限制性的政策措施。

目前，大陸外匯管理屬於部分外匯管制，即對經常項目的外匯交易不實行外匯管制，但對資本項目的外匯交易進行一定的限制。大陸境內禁止外幣流通，且不得以外幣計價結算，但國內深加工結轉、和保稅區等特殊監管區域交易、支付國際海運費等交易事項除外。

1. 經常項目管理：主要指經常項目兌換。即經常項目下的各類交易，包括進出貨物、支付運輸費、保險費、勞務服務、投資利潤、借債利息、股息、紅利等，在向銀行購匯或從外匯帳戶上支付，時不受限制。

經常項目外匯收支應當具有真實、合法的交易基礎。金融機構應當按照國務院外匯管理部門的規定，對交易單證的真實性及其與外匯收支的一致性進行合理審查。

2. 資本項目管理：包括資本金、外債、擔保等。

管理方式為：外匯登記制度、外匯專用帳戶管理、外債登記。具體如下：

（1）境外機構、境外個人在境內直接投資，經有關主管部門批准後，至外匯管理機關進行登記。

（2）外債實行額度管理，借用外債應到外匯管理機關辦理外債登記。償還外債本金，須經外匯局核准後方可在銀行或外匯調劑中心辦理。

（3）對外提供擔保應向外匯管理機關提出申請，經批准後按簽訂對外擔保合同，至外匯管理機關辦理對外擔保登記。

（4）資本項目結匯須經外匯管理機關批准，結匯後的人民幣使用用途須與外匯管理機關批准相符。

（5）投資款要轉移或匯出，須經外匯局的批准。

三、違反外匯管理的相關處罰

1. 對於違反規定以外匯收付應當以人民幣收付的款項，或者以虛假、無效的交易單證等向經營結匯、售匯業務的金融機構騙購外匯等非法套匯行為，由外匯管理機關責令對非法套匯資金予以回兌，處非法套匯金額30%以下的罰款；情節嚴重的，處非法套匯金額30%以上等值以下的罰款；構成犯罪的，依法追究刑事責任。

2. 對於非法結匯，由外匯管理機關責令對非法結匯資金予以回兌，處違法金額30%以下的罰款。

3. 對於違反規定，擅自改變外匯或者結匯資金用途，由外匯管理機關責令改正，沒收違法所得，處違法金額30%以下的罰款；情節嚴重的，處違法金額30%以上等值以下的罰款。

【60】進口外匯評級對企業的影響

大陸外匯局於2012年發布「關於貨物貿易外匯管理制度改革的公告」（國家外匯管理局公告2012年第 1 號）以及「貨物貿易外匯管理指引」、「貨物貿易外匯管理指引實施細則」（匯發 [2012] 38號），在全國範圍內對進出口企業收付匯由逐筆核銷改向總量核查，由現場核銷改向非現場核查，由行為審核改向主體監管的政策。

一、監督管理辦法

外匯局實行「貿易外匯收支企業名錄」登記管理，公司在依法取得對外貿易經營權後，應到外匯局辦理名錄登記手續。未進行名錄管理的企業，金融機構不得為其直接辦理付匯手續。

外匯局定期進行分類考核（分 A 類、B 類及 C 類），分類監管有效期為 1 年。如在日常監管中發現違規行為，可隨時降低企業分類等級。在分類監管有效期內指標情況好轉且沒有發生違規行為的 B 類企業，自列入 B 類之日起 6 個月後，可經外匯局登記辦理90天以上（不

含）的延期付款等業務。

（一）A類進口單位

不符合B類或C類條件的進口單位，為「A類進口單位」。一般企業均暫認定為A類。

（二）B類進口單位

1. 存在下列情況之一屬實且企業無合理解釋。

（1）任一總量核查指標與本地區指標閾值偏離程度50％以上。

（2）任一總量核查指標連續四個核查期超過本地區指標閾值。

（3）預收貨款、預付貨款、延期收款或延期付款各項貿易信貸
　　餘額比率 ≧ 25%。

（4）1 年期以上預付貨款、延期收款或延期付款各項貿易信貸
　　發生額比率 > 10%。

（5）來料加工工繳費率 ≧ 30%。

（6）轉口貿易收支差額占支出比率 ≧ 20%。

（7）單筆退匯金額超過等值50萬美元且退匯筆數 ≧ 12次。

2. 未按規定履行報告義務。

3. 未按規定辦理貿易外匯業務登記。

4. 外匯局實施現場核查時，未按規定的時間和方式向外匯局報告或提供資料。

5. 應國家相關主管部門要求實施聯合監管的。

6. 外匯局認定的其他情況。

（三）C類進口單位

1. 最近12個月內因嚴重違反外匯管理規定受到外匯局處罰或被司法機關立案調查。

2. 阻撓或拒不接受外匯局現場核查，或向外匯局提供虛假資料。

3. B類企業在分類監管有效期屆滿經外匯局綜合評估，相關情況仍符合列入B類企業標準。

4. 因存在與外匯管理相關的嚴重違規行為，受到國家相關主管部門處罰。

5. 外匯局認定的其他情況。

（四）輔導期進口單位

對於新取得對外貿易經營權並加入名錄進口單位，外匯局對其自發生首筆貿易外匯收支業務之日起90天內的進口付匯業務，進行輔導管理。

企業應當在輔導期結束後10個工作日內，持書面資料到外匯局報告輔導期內發生的貨物進出口與貿易外匯收支的逐筆對應情況。

二、分類管理（外匯評級）對企業的影響

1. 對於A類企業貿易收支業務，外匯局實施便利化管理。

2. 對於B類企業貿易收支業務，外匯局實施電子數據核查管理，具體如下：

（1）對於以匯款方式結算的（預付貨款、預收貨款除外），金融機構應當審核相應的進、出口貨物報關單和進、出口合同；對於以信用證、託收方式結算的，除按國際結算慣例審核有關商業單據外，還應當審核相應的進、出口合同；對於以預付貨款、預收貨款結算的，應當審核進、出口合同和發票。

（2）金融機構應當對其貿易外匯收支進行電子數據核查；超過可收、付匯額度的貿易外匯收支業務，金融機構應當憑「登記表」辦理。

（3）對於轉口貿易外匯收支，金融機構應當審核買賣合同、支出申報憑證及相關貨權憑證；同一合同項下轉口貿易收入金額超過相應支出金額20%（不含）的貿易外匯收支業務，金融機構應當憑「登記表」辦理。

（4）對預收貨款、預付貨款及30天以上（不含）的延期收款、

延期付款，企業須按照規定向所在地外匯局報送信息。

（5）企業不得辦理90天以上（不含）的延期付款業務，不得簽訂包含90天以上（不含）收匯條款的出口合同。

（6）企業不得辦理收支日期間隔超過90天（不含）的轉口貿易外匯收支業務。

（7）出口收入不得存放境外帳戶，不得使用境外帳戶對外支付。

3. 對於C類企業進口付匯業務，外匯局實施監管，具體如下：

（1）逐筆到所在地外匯局辦理登記手續。

（2）對於預收貨款、預付貨款以及30天以上（不含）的延期收款、延期付款，企業須按規定向所在地外匯局報送信息。

（3）企業不得辦理90天以上（不含）的遠期信用證（含展期）、海外代付等進口貿易融資業務；不得辦理90天以上（不含）的延期付款、託收業務；不得簽訂包含90天以上（不含）收匯條款的出口合同。

（4）企業不得辦理轉口貿易外匯收支。

（5）企業為跨國集團集中收付匯成員公司的，該企業不得繼續辦理集中收付匯業務；企業為跨國集團集中收付匯主辦企業的，停止整個集團的集中收付匯業務。

（6）列入C類企業之日起30日內關閉境外帳戶，並調回境外帳戶餘額。

三、罰則

貿易收支單位如違反規定，外匯局可依據「中華人民共和國外匯管理條例」的規定，責令改正，給予警告，處30萬元以下罰款。

【61】加工貿易企業常用外匯帳戶分析

外匯帳戶根據外匯性質，可分為經常項目外匯帳戶和資本項目外匯帳戶，重點分析如下。

一、適用範圍

1. 經常項目外匯帳戶適用於貿易項下有經常外匯業務收支的企業，和經外匯局批准允許在經常項目項下保留外匯的其他境內機構；帳戶包括結算帳戶、待核查帳戶、工程承包帳戶、保證金帳戶等。

2. 資本項目外匯帳戶適用於外國投資者在境內從事直接投資設立的外商投資企業，以及對境外非居民負有以外幣表示債務的其他境內機構；帳戶包括資本金帳戶、外債帳戶、B股帳戶等。

二、一般管理規定

（一）經常項目

1. 企業第一次開立經常項目外匯帳戶，應持營業執照和組織機構代碼證，先到外匯局進行機構基本資訊登記；之後再開立新的經常項目外匯帳戶，可持開戶申請書、營業執照和組織機構代碼證，直接到外匯指定銀行辦理開戶手續。

2. 企業對外支付時，可在開戶銀行憑「結匯、售匯及付匯管理規定」規定的有效憑證和商業單據，提前辦理購匯，並存入其經常項目外匯帳戶。

3. 企業貨物出口收匯應當按照「出口收結匯聯網核查辦法」規定，先進入出口收匯待核查帳戶，並按相應貿易類別，在核查系統中可收匯額範圍內收匯核註後，銀行才可為企業辦理待核查帳戶內資金結匯或劃出手續。

（二）資本項目

1. 資本項目下的外匯收入實施專戶管理，外匯指定銀行憑外匯局的核准件開立資本項目外匯帳戶，其中每個外債登記項下開立一個貸

款帳戶。貸款帳戶的收入僅為相應已登記過的外債提款，所有外債必須通過貸款帳戶提款，該帳戶的餘額在任何時點不得超過相應已登記外債簽約金額。

2. 資本金帳戶的收入僅為投資款，其他任何外匯不得劃入；累計入帳的金額，不得超過資本項目核准件中該帳戶最高限額。外商投資企業向銀行申請資本金結匯，事先應經會計師事務所辦理資本金驗資。

3. 外債一次結匯金額在20萬美元以上，須提供書面支付命令（支付憑證）、結匯資金用途的清單及合同；一次結匯金額在20萬美元以下，可以不提供支付命令，但該企業在辦理下一筆結匯時，應提供上一筆結匯資金的用途明細清單。

三、最新管理規定

為防範跨境資本流動帶來的金融風險，外匯局相繼下發匯發[2010]59號、匯發[2011]11號，加強對外匯業務管理，主要集中在：

1. 資本金結匯所得不得用於償還未使用的人民幣貸款、境內股權投資。

2. 加強對外商投資企業境外投資者出資的管理。若實際繳款人與企業境外投資者不一致，企業委託會計師事務所向外匯局驗資詢證時，須提交經公證的相關機構代為出資證明。

另外，根據匯綜發[2011]38號、銀發[2012]165號規定，2011年5月1日起資本項目業務諸如借入人民幣外債、人民幣對外對內進行投資、支付股權收購款項等，可以使用合法所得的跨境人民幣業務來進行操作。

【62】如何進行國際收支申報

　　大陸外匯局於2010年5月發布了「通過金融機構進行國際收支統計申報業務操作規程」（匯發[2010]22號），明確了國際業務收支申報的操作規程，相對於2006年發布的「通過金融機構進行國際收支統計申報業務操作規程（試行）」，做了較大改變，主要變化如下。

一、涉外收付款的統計範疇擴大

　　除了境內非銀行機構（即機構申報主體）和個人，透過境內銀行與境外發生的收付款，須進行涉外收付款申報之外，本次規定也針對境內居民透過境內銀行與境內非居民間發生的收付款，須納入涉外收付款的統計範圍，此處的涉外收付款包括外匯和人民幣。

二、紙本單位基本情況表須永久保存

　　機構申報主體應在境內任一開戶行填寫單位基本情況表，同時提供組織機構代碼證或特殊機構代碼賦碼通知、營業執照，如果是外商投資企業，還應提供外商投資企業批准證書。當申報主體的關鍵要素發生變更時，應及時通知其經辦銀行，並再次提交上述資料。機構申報主體應妥善永久留存紙本單位基本情況表，以利備查。

三、對個人涉外收入申報限額由2,000美元提高至3,000美元

　　對私涉外收入申報，就是對個人涉外收入進行申報，在此次的操作規程第五十條規定，對等值金額3,000美元以下的對私涉外收入款項實行限額申報，即收款人可免填涉外收入申報單，但涉及貿易出口收匯、非居民項下的對私涉外收入款項，不實行限額申報。

四、調整涉外收付憑證的報送和留存要求

　　透過境內銀行進行國際收支統計申報的憑證有：

　　1. 涉外收入申報單：機構申報主體可在單位基本情況表選擇開通網上申報後，透過國際收支網上申報系統（企業版）完成涉外收入申報，選擇網上申報方式仍可採用紙本申報方式完成。

2. 境外匯款申請書：透過境內銀行辦理涉外付款業務時使用。

3. 對外付款／承兌通知書：採用信用證（即信用狀，下皆同）、保函、托收等匯款以外的結算方式辦理涉外付款業務時使用。

境內銀行及申報主體應當妥善保管各自留存聯，紙本單據的保存期限至少為24個月，保存期滿後可自行銷毀。另外，在「關於調整境內銀行涉外收付相關憑證內容的通知」（匯綜發[2010]50號）第四條，還取消了涉外收入申報單第一聯外匯局留存聯，因此該單據的紙本聯不用再報送外匯局。

五、未按期申報涉外收入的特殊處理措施

機構申報主體應在解付或結匯之日後 5 個工作日內，完成涉外收入申報，如未在限期內辦理涉外收入申報，經辦銀行所在地外匯分局以書面形式，對該機構申報主體實行不申報、不解付的特殊處理措施，也就是申報主體必須按銀行的要求逐筆補報之前收入，並以紙本方式申報特殊處理措施期間的收入，待銀行審核申報後，外匯局經申報主體申請並簽發補報確認書後，方可為其辦理新收款項的解付手續，並完成基礎資訊和申報資訊的報送。外匯局在特殊處理措施期間已滿，並確認該申報主體已經補報其未按期申報的涉外收入款項後，以書面方式解除該機構的特殊處理措施。

【63】如何運用加工貿易過程中的結算方式

在國際貿易中，常見的結算方式有電匯、信用證及托收，下面簡要介紹各種結算方式在加工貿易中的運用。

一、電匯（簡稱T/T）

電匯，是指匯款人將一定款項交存匯款銀行，匯款銀行通過電報或電傳給目的地的分行或代理行（匯入行），指示匯入行向收款人支付一定金額的匯兌結算方式。

T/T速度快且費用較低，但其基於商業信用，風險較高。

在加工貿易過程中採購料件時，宜採用貨到付款的T/T；而交貨時，特別是對境外客戶不瞭解或資金較為緊張時，宜採用款到發貨的T/T。

二、信用證（簡稱L/C）

信用證，是指開證銀行根據申請人的要求，並按其指示向第三方開立的載有一定金額、在一定的期限內，憑符合規定的單據付款的書面保證文件。

在國際貿易中，由於買賣雙方不瞭解或不相信對方的資信情況，不願採用T/T方式。而在L/C下銀行信用代替了商業信用，有效降低了風險，在很大程度上解決了買賣雙方在付款和交貨問題上的矛盾，為國際貿易中的一種主要付款方式。

L/C還具融資作用，即加工貿易企業在L/C到期前急需用款時，可以將該L/C質押，從銀行取得貸款。

加工貿易企業通過境外關聯企業進料時，亦可通過開具RMB信用證方式，達到境外融資及節約成本的目的。具體參見下頁圖。

具體流程說明如下：

1. 加工貿易企業將RMB以定存方式存入境內銀行，以此為質押開具RMB L/C（RMB L/C不占用銀行額度）。

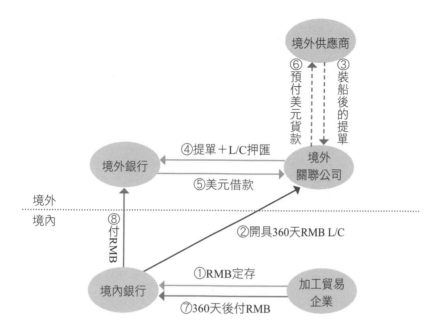

2. 境內銀行開具RMB L/C給境外關聯公司，境外關聯公司則憑此 L/C及境外供應商提供的提單，向境外銀行借款。

3. 境外關聯公司取得境外銀行借款後，預付境外供應商貨款，一般可取得預付款折扣。

4. 360天後加工貿易企業RMB定存到期，取得定存利息；L/C到期，由境內銀行將企業到期RMB定存直接匯往境外銀行關聯公司帳戶，境外關聯公司直接用此RMB換匯後歸還美元借款，獲取匯差收益。

針對上述操作的收益，可用以下公式計算：

收益＝①定存利息／年－②開RMB L/C成本－④境外押匯美元成本＋⑥預付供應商貨款折扣＋⑨RMB升值收益／年

上述操作方式不僅可以賺取利息收益及匯差收益，還可以因預付供應商貨款而取得折扣。

另外提醒：出口貨物取得的L/C下如果開證行信譽較差，收

匯風險也就較大。加工貿易企業在收到L/C時，可通過「福費廷」
（forfaiting，即無追索權的融資、包買票據）業務，將應收款項無追
索權地賣斷給開證行，避免了收匯風險、匯率風險，並可根據外匯局
有關政策，提早辦理核銷、退稅等手續。

三、托收

托收是指銀行受加工貿易企業委託，以其提交的債權憑證和商業
票據，通過其國外代理行或海外分行向境外企業收取款項。

托收與L/C相比，操作簡單，方便易行，銀行費用較低，且境
外企業只有承兌或付款後才能提取貨物；與T/T相比，有一定付款保
證，承擔的風險較小。

通常在瞭解境外企業的資信狀況，並且有足夠的資金用於備貨和
發運時採用。

四、T/T、L/C、托收的結合使用

實務中，加工貿易企業根據不同情況，可靈活採用T/T與L/C結
合、L/C與托收結合、T/T與托收結合等方式。

1. 加工貿易企業資金緊張時，可採T/T與L/C結合方式：由境外買
方以T/T方式預付部分貨款或定金，剩餘部分貨款以L/C方式。

2. 不瞭解境外買方資信狀況時，可採用L/C與托收結合方式：在
L/C中應規定賣方須簽發兩張匯票，一張匯票是依L/C項下部分，貨款
憑光票付款；另一張匯票須附全部規定的單據，按即期或遠期托收，
以此降低出口風險、擴大銷售。

【64】加工貿易企業資本項下常見的結匯問題（上）

在大陸，外匯還未實現自由兌換，尤其是資本金項目管制較多，因此資本項目結匯有許多限制。外匯資本項目包括投資者投入的註冊資本金和企業舉貸的外債，下面就資本項目的結匯問題進行分析。

一、投資者投入的註冊資本金

（一）匯入限制

外國投資者繳付的外匯資本金，最高可匯入金額為：企業營業執照註冊資本金額＋不超過企業營業執照註冊資本金額的1％（絕對數額不超過1萬美金等值外幣），超過部分不能匯入，並且外商投資企業的資本金累計結匯金額不能大於註冊資本的金額。

（二）結匯手續

企業收到投資方投入的外匯資本金，首先要去銀行辦理資本項目外匯業務核准件，經會計師事務所驗資後可辦理結匯手續。一般情況下，企業辦理資本金結匯，須向銀行提供以下資料：

1. 書面申請，要註明資本金帳號、到資情況、結匯幣種、金額、用途等。

2. 外商投資企業外匯登記IC卡。

3. 資本金結匯所得人民幣資金的支付命令函，銀行據以將結匯所得人民幣資金進行對外支付。

4. 會計師事務所出具的最近一期驗資報告（須附外方出資情況詢證函的回函）。

如果單筆結匯超過等值5萬美元，還需要補充以下資料：

5. 資本金結匯後的人民幣資金用途證明文件，如購貨合同、房屋租賃合同、買地協議、工程合同等；或是收款人出具的支付通知，支付通知應含商業合同主要條款內容、金額、收款人名稱及銀行帳戶號碼、資金用途等；如果是償還人民幣貸款，須提交該筆貸款資金已按

合同約定在批准的經營範圍內使用的說明。

6. 前一筆資本金結匯所得人民幣資金，按照支付命令函對外支付的發票等相關憑證原件，如果是向國家機關、事業單位繳款，則須提供收據、繳款通知書和完稅憑證等原件；這些原件在銀行審核完蓋章批註後，會歸還企業。

7. 稅務機關網路發票真偽查詢結果列印件，或稅務機關出具的發票真偽鑒別證明資料，均須加蓋企業公章或財務印章。

（三）結匯中須注意的問題

除以上文件外，企業辦理資本金結匯時，還須注意以下問題：

1. 資本金帳戶利息可憑銀行出具的利息清單直接辦理結匯。

2. 以備用金名義結匯，每筆不得超過等值 5 萬美元，每月不得超過等值10萬美元。

3. 資本金累計結匯額與該資本金帳戶已付匯金額之和，達到帳戶貸方累計發生額95%時，銀行應對上述結匯所對應的發票等憑證，進行真實性核查，並在企業結匯申請書上加註「已核實帳戶內95%資金結匯發票（不含付匯）」字樣、日期及銀行業務章後，方可辦理餘下的資本金結匯或付匯手續。

4. 資本金結匯支付後發生退貨、撤銷交易和發票作廢等情況時，企業應在上述情況發生之日起 5 個工作日內，報送原結匯銀行。

5. 資本金結匯資金只能在經批准的營業範圍內使用，一般不得用於境內股權投資，不得購買非自用境內房地產，也不得償還尚未使用的人民幣借款；未完成商務部備案手續，或未通過外商投資企業聯合年檢的外商投資房地產企業，不予辦理資本項目（包括投入的註冊資本和舉貸的外債）結售匯手續。

6. 資本金結匯後不能擅自改變用途。

7. 資本金結匯用於本企業備用金周轉、工資獎金發放時，其結匯所得人民幣資金可在企業自身的人民幣帳戶留存。

（四）其他

境內企業或是個人，向境外投資者轉讓境內股權取得的外匯資金，應當通過資產變現專用外匯帳戶，辦理入帳及結匯，該帳戶的開立及資金入帳須經所在地外匯局核准。在企業完成轉股收匯外資外匯登記手續後，銀行方可為股權出讓方的資產變現專用外匯帳戶內外匯資金辦理結匯手續。結匯時，須向銀行提供的資料同上述一般資本金結匯所需資料之1、3、5、6和7。

在實務操作中，由於資本金結匯的審核許可權下放到銀行，各銀行在辦理資本金結匯時要求會有所不同，比如有的銀行每月只允許結匯2筆，有的銀行對於金額不超過等值 5 萬美元的頻繁結匯，也要求提供資金用途等文件，即銀行的要求可能比上述規定更加嚴格。

【65】加工貿易企業資本項下常見的結匯問題（下）

二、舉借的外債

（一）外債額度

外商投資企業舉借的中長期外債累計發生額和短期外債餘額之和，嚴格控制在審批部門批准的項目投資總額和註冊資本之間的差額以內。

（二）使用限制

1. 境內企業所借中長期外債資金，應當嚴格按照批准的用途合理使用，不得挪作他用。確須變更用途的，應當按照原程序報批。境內企業所借短期外債資金主要用做流動資金，不得用於固定資產投資等中長期用途。因此，外債結匯使用須符合借款合同中的預定用途。

2. 外國投資者出資比例低於25%的外商投資企業，其舉借外債按照境內中資企業舉借外債的有關規定辦理。根據「國家外匯管理局關於下發2010年度短期外債餘額指標有關問題的通知」（匯發[2010]18

號）規定，中資企業經過批准後只能借入短期外債，並且借用的短期外債不得結匯使用。因此，外國投資者出資比例低於25%的外商投資企業可以舉借短期外債，但不能結匯使用。

3. 外債結匯資金不得用於償還人民幣債務。

（三）結匯

結匯前，企業須到當地外匯局逐筆辦理核准，憑核准件到銀行辦理結匯，辦理核准件須向外匯局提供以下資料：

1. 結匯申請書（包括結匯資金用途）。

2. 債務登記憑證（原件驗後返還）。

3. 外債專戶銀行對帳單，一般是要求最近 5 個工作日內的對帳單，上海市外匯局還要求提供人民幣對帳單，且須顯示上次結匯進帳後使用的整個過程。

4. 結匯金額在等值20萬美元以上，應提供付款人有關結匯資金用途的書面支付命令，及與結匯資金用途相關的合同或憑證。對於書面支付命令，有些外匯局有特別要求，如上海市外匯局要求企業提供收款人出具的支付令正本，上面須註明本次付款的金額、付款人名稱、付款日期、收款企業名稱、銀行及帳號，並加蓋收款人有效公章。

5. 對於企業支付工資、留存備用金或結匯資金在等值20萬美元（含）以下的小額支付，在辦理下一筆小額支付結匯時，應提供上一筆結匯資金的用途明細清單。

6. 外匯局要求的其他資料。

企業取得外匯局的核准件後，方可去銀行辦理結匯。對於結匯資金在等值20萬美元以上的支出，結匯後直接匯入收款人帳戶；等值20萬美元以下的支出，結匯資金劃入企業人民幣帳戶，並在 2 個工作日內支付給最終收款人。

（四）注意事項

企業收到超額匯入的外債外匯資金，應自動到原審批部門補辦變

更投資總額核准，外匯局允許企業在 3 個月期限內保留外債資金，如超出此期限，外匯局應以資本項目外匯業務核准件的形式，通知開戶銀行將超額部分資金沿原匯路退回。

最後要提醒的是，境內外資銀行發放的外匯貸款除出口押匯外，均不得結匯。另外，外債帳戶產生的利息，可以在本金結匯時同時申請結匯，也可以在外債帳戶關戶時按關戶程序結匯，無須另外申請。

以上分析可看出，資本金和外債結匯的管理不同，主要如下：

項目	資本金結匯	外債結匯
監管模式	間接監管，一般情況下由銀行審核結匯資料。	直接監管，外匯局逐筆核准。
結匯資金用途	可以歸還已使用的人民幣借款。	不能歸還人民幣借款。
驗資要求	需要驗資。	不須驗資。
提供使用情況清單的要求	單筆結匯等值超過 5 萬美元時。	結匯資金在等值20萬美元（含）以下。

【66】外資企業如何運用資本項下外債實務分析

隨著大陸銀行貸款利率不斷提高及人民幣不斷升值，外資企業籌措外債顯得尤為重要，外資企業在運用外債時應關注：

一、外債定義以及期限

「外債管理暫行辦法」規定，外債是指境內機構對非居民承擔的以外幣表示的債務。「境內機構借用國際商業貸款管理辦法」明白表示，中長期國際商業貸款是指 1 年期以上（不含 1 年）的國際商業貸款；短期國際商業貸款是指 1 年期以內（含 1 年）的國際商業貸款。

二、外債使用以及歸還

（一）外債借入、登記

1. 依據「外債管理暫行辦法」規定，外資企業舉借的中長期外債累計發生額和短期外債餘額之和，應當控制在審批部門批准的項目總投資和註冊資本之間的差額以內，即：外債額度＝投資總額－註冊資本。在差額範圍內，外資企業可自行舉借外債。超出差額的，須經原審批部門重新核定項目總投資。

根據「國家外匯管理局關於進一步明確和規範部分資本項目外匯業務管理有關問題的通知」（匯發[2011]45號）規定，對註冊資本未全部到位但按期到位的外資企業，其外債額度＝（投資總額－註冊資本）×（實際到位資本÷註冊資本）－（已舉借中長期外債累計額）－（短期外債餘額）。

另外，匯發[2004]42號規定，外資企業外債資金已超額匯入，應自動到原審批部門補辦變更投資總額核准，外匯局允許企業在 3 個月期限內保留外債資金，如超出此期限，外匯局應以資本項目外匯業務核准件的形式，通知開戶銀行將超額部分資金沿原匯路退回。

2. 根據「外債管理暫行辦法」、「外債統計監測實施細則」規定，外資企業應當在外債合同簽約後15日內，持相關資料到外匯局辦理登記手續。外匯局對符合規定，核發外債登記憑證。逾期不登記的，所在地外匯局可根據情節輕重，對有關當事人處以最高不超過所涉及外債金額30%的等值人民幣罰款。

須提醒的是，未辦理登記的外債合同不具法律約束力。

（二）外債使用

1. 匯發[2004]42號規定，對於一次結匯金額在20萬美元以上，企業應提供結匯資金用途的書面支付命令（比如轉帳支票），直接向其指定的收款人進行支付。對於企業支付工資、留存備用金或結匯資金在20萬美元（含）以下的小額支付，可以不要求企業提供書面支付命

令而將結匯資金轉入申請企業人民幣帳戶，但該企業在辦理下一筆結匯時，應提供上一筆結匯資金的用途明細清單。

2. 根據「外債管理暫行辦法」規定，短期外債資金主要用做流動資金，不得用於固定資產投資等中長期用途；中長期外債主要用於固定資產投資（如購買設備、建廠房），或外債結構調整（可用於歸還國內的外幣貸款或以前的外債）。匯發[2004]42號明確表示，外匯局應不予批准外資企業外債資金結匯用於償還人民幣債務。

3. 匯發[2003]30號明確表示，經外匯局核准，外資企業外方已登記外債本金及當期利息可轉增本企業資本。因此，企業可將外債轉增註冊資本，並可同時增加投資總額，拉大「投注差」，取得更多外債額度，為資金調度預留空間。

（三）外債歸還

1. 依據「外債管理暫行辦法」、「外債統計監測實施細則」規定，債務人可用自有外匯資金償還外債，也可經外匯局核准用人民幣購匯償還外債，該償還金額不得超過實際借入外債本息與費用之和。沒有辦理登記手續的外債償還，外匯局不予核准。

2. 依據大陸國稅總局公告[2011]24號、「營業稅暫行條例」及其實施細則的相關規定，支付（或計提）的外債利息應按規定代扣代繳企業所得稅、營業稅，並取得完稅憑證。

3. 提前歸還或展期

「外債管理暫行辦法」規定，已辦理外債登記的債務合同如發生變化，債務人應當按照原程序辦理外債變更登記。實務中，外債合同中若無提前還款條款，則外資企業不能提前還款；外資企業無法按時還本付息的，應憑外債展期合同、原外債登記證申請展期。對企業發生逾期且未辦理外債變更登記手續的，外匯局暫停受理其新借外債的登記申請。

需要特別指出的是，匯發[2005]74號規定，外國投資者出資比例

低於25%的外商投資企業沒有外債額度。匯綜發[2007]130號規定，對2007年6月1日（含）以後取得商務主管部門批准證書，且通過商務部備案的外商投資房地產企業（包括新設和增資），各分局不予辦理外債登記和外債結匯核准手續。

匯發[2011] 45號同時規定，外商投資企業借用的短期外債發生逾期或展期，且實際借款期限（自該筆外債的首次提款日至當前日期或新約定的到期日）超過 1 年的，按發生額將此筆外債納入外商投資企業對外借款額度控制，短期外債展期後即算長期外債，即使歸還也不能恢復額度。

【67】跨境人民幣資本項目如何操作（上）

繼人民幣跨境貿易進行試點後，大陸外匯局發布了「國家外匯管理局綜合司關於規範跨境人民幣資本項目業務操作有關問題的通知」（匯綜發[2011]38號）、「外商直接投資人民幣結算業務管理辦法」（中國人民銀行公告[2011]23號）、關於明確外商直接投資人民幣結算業務操作細則的通知」（銀發[2012]165號），對資本項目下諸如借入人民幣外債、人民幣對外對內進行投資、支付股權收購款項等合法所得的跨境人民幣業務操作，進行了規範。

一、人民幣外債

根據「外商直接投資人民幣結算業務管理辦法」第十七條：「外商投資企業向其境外股東、集團內關聯企業和境外金融機構的人民幣借款和外匯借款，應當合併計算總規模。」因此，公司借入的人民幣外債也須占用企業的外債額度，按照借入的發生額計算借款總規模，除首次展期外的人民幣外債展期一樣也要計入借款總規模。

公司借用人民幣外債須憑人民幣貸款合同，申請開立人民幣一般存款帳戶，專門用於存放從境外借入的人民幣資金。其他管理仍應按

現行的外債管理規定進行操作，諸如外資企業的外債額度仍為投資總額與註冊資本的差額，單筆使用金額超過等值20萬美元，仍須申請結匯的企業持註有結匯資金用途的書面支付命令到外匯局辦理手續。

　　企業借入的人民幣外債使用人民幣歸還本金或利息，可以憑貸款合同和支付命令函、納稅證明等資料直接到銀行辦理。

二、境外投資者減資、轉股、清算、先行收回投資等合法所得

　　1. 減資、轉股、清算、先行收回投資等所得人民幣匯出到境外

　　根據「外商直接投資人民幣結算業務管理辦法」第十三條：「境外投資者將因減資、轉股、清算、先行回收投資等所得人民幣資金匯出境內的，銀行應當在審核國家有關部門的批准或備案文件和納稅證明後，為其辦理人民幣資金匯出手續。」

　　2. 減資、轉股、清算、先行收回投資等所得人民幣再投資境內

　　境外投資者將因人民幣利潤分配、先行回收投資、清算、減資、股權轉讓等所得人民幣資金，用於境內再投資或增加註冊資本的，須先將人民幣資金存入人民幣再投資專用存款帳戶，並辦理有關結算業務。待銀行審核國家有關部門的核准或備案文件和納稅證明後，方可辦理人民幣資金對外支付。

三、人民幣對外投資

　　境內企業赴境外投資，可申請匯出人民幣前期費用和註冊資本。

　　1. 主管部門審批

　　境內企業辦理人民幣境外直接投資，應當獲得境外直接投資主管部門的核准。在辦理有關境外直接投資核准時，境內機構應當明確擬用人民幣投資的金額。

　　2. 前期費用以人民幣匯出

　　如境外設立企業須前期匯出資金，境內企業應當在獲得境外直接投資主管部門核准的30天內，向所在地外匯局報送有關資訊。

　　境內企業累計匯出的前期費用，原則上不得超過其向境外直接投

資主管部門申報的中方投資總額15%。如確因境外併購等業務需要，前期費用超過15%時，應向所在地外匯局說明並提交相關證明資料。

　　由於人民幣近年對美元均處於升值狀況，使用人民幣進行資本項的資金匯入匯出，對企業最大的好處就是可以避免匯率風險，如果借入的是人民幣外債、收到的是人民幣投資，匯率風險已經鎖定，因此就算仍須按照外幣外債、外幣註冊資本的使用規定，對企業來說也已不存在匯率風險。另外，相對於人民幣存款利率與美元存款利率的利差，對企業來說也是一筆不小的無風險收益。

【68】跨境人民幣資本項目如何操作（下）

　　為規範人民幣直接投資，商務部、中國人民銀行先後頒布「關於外商投資管理工作有關問題的通知」（商資函[2011]72號）、「關於跨境人民幣直接投資有關問題的通知」（商資函[2011]889號）及「外商直接投資人民幣結算業務管理辦法」（中國人民銀行公告[2011]23號）、「關於明確外商直接投資人民幣結算業務操作細則的通知」（銀發[2012]165號）。上述文件針對人民幣直接投資提出了詳細規定。

一、人民幣直接投資的類型及資金來源

　　（一）人民幣直接投資的類型

　　人民幣直接投資，主要包括以跨境人民幣新設企業、對現有企業增資、併購境內企業、人民幣再投資及提供貸款（即人民幣外債）等。

　　（二）人民幣資金來源

　　外商投資企業可以以跨境貿易結算所得人民幣，及境外合法所得人民幣，來大陸投資。境外合法人民幣包括：

　　1. 外國投資者通過跨境貿易人民幣結算取得的人民幣，以及從中國境內取得並匯出境外的人民幣利潤和轉股、減資、清算、先行回收

投資所得人民幣。

　　2. 外國投資者在境外通過合法渠道取得的人民幣，包括但不限於通過境外發行人民幣債券、發行人民幣股票等方式取得的人民幣。

二、人民幣直接投資的審批

　　（一）審批許可權

　　根據商資函[2011]72號規定，境外投資者申請以跨境貿易結算所得人民幣，及境外合法所得人民幣來大陸投資，都必須經商務部外資司審批同意。但根據最新商資函[2011]889號，相應審批許可權有一定的修改。除以下所列情況外，其他則僅須地方商務部門審批。

　　1. 人民幣出資金額達 3 億或 3 億元以上。

　　2. 融資擔保、融資租賃、小額信貸、拍賣等行業。

　　3. 外商投資性公司、外商投資創業投資或股權投資企業。

　　4. 水泥、鋼鐵、電解鋁、造船等國家宏觀調控行業。

　　（二）所需文件

　　外國投資者在辦理跨境人民幣直接投資時，須向商務主管部門提供下列文件：

　　1. 人民幣資金來源證明。

　　2. 資金用途說明。

　　3. 「跨境人民幣直接投資情況表」。

三、帳戶開立及資金使用

　　跨境人民幣不得直接或間接投資於境內有價證券、金融衍生品和委託貸款。

　　（一）新設企業或增資

　　1. 前期費用

　　如外國投資者新設企業存在前期費用，須在境內銀行開立「境外機構人民幣銀行結算帳戶—人民幣前期費用專用存款帳戶」，與投資項目有關的前期費用可通過該帳戶支付，但不得兌換外幣使用，也不

得辦理現金收付業務。企業成立後，剩餘前期費用資金應當轉入資本金帳戶或原路退回，當然該筆前期費用可以做為資本金驗資。

2. 註冊資本

人民幣資本金匯入時，新設企業應當持商務部印有「境外人民幣出資」字樣的批准證書，在銀行開立「人民幣資本金專用存款帳戶」，不得辦理現金收付業務。

對未完成驗資手續的資本金，企業不得動用，其使用規定參照外幣資本金執行。

（二）併購境內企業、再投資

外國投資者以人民幣併購境內企業或收購中方股權，境內中方股東應開立「人民幣併購專用存款帳戶」或「人民幣股權轉讓專用存款帳戶」，專門用於存放境外投資者匯入的人民幣併購資金或股權轉讓款。使用人民幣利潤分配、先行收回投資、清算、減資、股權轉讓等所得人民幣資金，用於境內再投資或增資的，外國投資者應當開立「人民幣再投資專用存款帳戶」，用於存放所得人民幣資金，待再投資核准後辦理對外支付，同時該帳戶不得辦理現金收付業務。

最後要提醒的是，雖然境外投資者繳付的註冊資本、出資和股權收購資金是人民幣，但大陸會計師事務所同樣必須向銀行和外匯局進行詢證後，方可出具驗資報告。

（三）人民幣外債

「國家外匯管理局綜合司關於規範跨境人民幣資本項目業務操作有關問題的通知」（匯綜發[2011]38號）、「外商直接投資人民幣結算業務管理辦法」（中國人民銀行公告2012年第23號）規定，境內機構可借用人民幣外債，且無須單獨申請開立外債專用帳戶，開立人民幣一般存款帳戶即可，但企業人民幣外債和外匯外債應當合併計算外債總規模，並按現行外債管理規定操作，納入外債管理。如按有關部門的批准或備案文件以外幣計價的，人民幣與外幣的折算率為借款合

同生效日當日中國人民銀行授權公布的人民幣匯率中間價。

銀發[2012]165號對人民幣外債使用進行了進一步規定：

1. 人民幣境外借款一般存款帳戶存放的人民幣資金應當符合大陸國家有關部門批准的經營範圍內使用，不得用於投資有價證券和金融衍生品，不得用於委託貸款，不得購買理財產品、非自用房產。

2. 對於非投資類外商投資企業，不得用於境內再投資。

3. 人民幣境外借款一般存款帳戶存放的人民幣資金不得轉存。

4. 人民幣境外借款一般存款帳戶資金不可劃轉至境內同名人民幣存款帳戶。

【69】通過特殊監管區域進口的付匯重點

企業進口業務對外付匯，一般須憑進口合同、報關單和商業發票等，向銀行辦理對外購付匯，但海關特殊監管區域，其外匯的管制與區外有所不同，重點如下。

一、保稅倉（不含保稅區內的保稅倉）

1. 經營保稅倉的企業從境外進口貨物，以寄售代銷的方式供境內其他企業使用，由境內從保稅倉提取貨物的企業辦理購付匯，經營保稅倉的企業不得辦理。提貨企業辦理購付匯時須向銀行提交以下資料：

（1）進口合同。

（2）海關代徵關稅專用繳款書或海關免稅證明。

（3）進口貨物報關單（出倉報關單）。

（4）相應結算方式和貿易管理方式要求的其他有效憑證和商業單據。

2. 經營保稅倉的企業以買斷方式從境外進口貨物，再通過保稅倉銷售給境內其他企業，由保稅倉企業辦理對外購付匯，從保稅倉提取貨物的企業不得辦理購付匯。保稅倉企業辦理購付匯業務時，除上述

（1）至（4）項資料之外，還須向銀行提供進口貨物報關單（進倉報關單）。

3. 境內企業從境外進口貨物，通過保稅倉進境的，按上述第2點規定付匯。

二、其他海關特別監管區域

其他海關特別監管區域（以下簡稱區內），按交易對象、貨物存放地、支付對象等的不同，須區別以下若干種情況，考慮其付匯要求及提供資料。

（一）區內企業向境外支付貨款

a. 向境外購買貨物，貨物直接從境外報關或者備案進口。

b. 同a，報關單上的經營單位為其他企業。

c. 同a，進境貨物備案清單上的經營單位為其他企業。

d. 向境外購買貨物，貨物直接來源於區內。

e. 向境外購買貨物，貨物來源於境內區外。

f. 向境外購買貨物，再將貨物轉賣給境內區外企業，並由境內區外企業直接在境內區外報關進口，則境內區外企業向區內企業支付，區內企業再向境外支付。

（二）區內企業向境內區外企業支付貨款

g. 直接從境內區外購買貨物，貨物來源於境內區外，並直接向境內區外支付。

h. 與境外企業簽訂合同，貨物由境內區外企業報關出境。

i. 向境內區外購買貨物，貨物來源於區內。

（三）境內區外企業從區內購買貨物支付貨款

j. 貨物直接來自區內，或者來源境外但不進入區內而直接在境內區外報關進口。

k. 貨物由境內區外企業從區內報關進口，向其他境內區外企業支付。

l. 貨物從區內報關進口，向境外支付。

m. 同 1，貨物來源於境內區外而從區內報關進口，向境外支付。

（四）區內企業間的交易（n），以人民幣或者以自有外匯支付，不得購匯支付。

以上 a 至 n 種情況，付匯要求分別如下表所示。

資料	a	b	c	d	e	f	g	h	i	j	k	l	m	n
保稅監管區域外匯登記證	✓	✓	✓	✓	✓	✓	✓	✓	✓	✓	✓	✓	✓	✓
合同或協議		✓	✓	✓	✓	✓	✓	✓	✓	✓	✓	✓	✓	✓
發票		✓	✓	✓	✓	✓	✓	✓	✓	✓	✓	✓	✓	✓
其他與支付方式對應的有效憑證及商業單據	✓	✓	✓	✓	✓	✓	✓	✓	✓	✓	✓	✓	✓	✓
報關單	✓	✓	✓	✓	✓	✓	✓		✓				✓	
進境貨物備案清單	✓		✓			✓		✓			✓			
進口代理協議		✓												
進口付匯登記表		✓												
買賣合同			✓											
倉儲協議			✓	✓					✓		✓		✓	
貨物權屬證明			✓	✓	✓				✓		✓		✓	
收帳通知或結匯水單						✓		✓						

注意：1. 境內區外企業從區內購買貨物支付貨款時（j至m），提供的保稅監管區域外匯登記證，是指區內企業登記證影本。
2. 境內區外企業甲購買區內貨物，區內貨物貨權屬於境內區外企業乙，甲向乙支付時，應填寫貿易進口付匯核銷單。

三、服務貿易付匯

海關特殊監管區內的服務貿易付匯手續，與非監管區域沒有區別，都是憑合同或協議、發票或支付通知付匯，金額超過 3 萬美元的，還須提供完稅憑證。

【70】保稅監管區域外匯管理辦法重點解析（上）

大陸外匯局為適應保稅監管區域功能進一步拓展和轉型的需要，頒布了「保稅監管區域外匯管理辦法」（匯發[2007]52號）以及「保稅監管區域外匯管理辦法操作規程」（匯綜發[2007]166號），保稅監管區域內（以下簡稱區內）與境外以及境內保稅監管區域外（以下簡稱境內區外）交易涉及的外匯管理重點如下。

一、保稅監管區域範圍

保稅監管區域包括保稅區、出口加工區、保稅物流園區、保稅港區以及綜合保稅區、跨境工業區等海關實行封閉監管的特定區域。其中，跨境工業區目前僅為珠澳跨境工業區，實行「保稅區＋出口加工區出口退稅政策＋24小時通關專用口岸」的三重優惠政策。

二、區內與境外、境內區外交易的結算幣種

1. 區內與境外之間的經濟往來，應以外幣計價結算，未來區內企業或者可以向當地省級人民政府有關部門，申請開展跨境貿易人民幣結算業務。

2. 區內與境內區外之間貨物貿易項下交易，可按人民幣計價結算，也可按外幣計價結算；服務貿易項下交易應以人民幣計價結算。

3. 區內機構（包括區內行政管理、企業、事業單位及其他經濟組織等）之間的交易，可按人民幣計價結算，也可按外幣計價結算；區內行政管理機構的各項規費，應以人民幣計價結算。

三、涉及區內企業貨物貿易外匯收支政策

（一）國際收支統計申報

區內與境外之間的資金收付，區內機構均應進行國際收支統計申報；區內與境內區外之間的資金收付，區內、境內區外機構無須進行國際收支統計申報。

（二）區內企業向境外或者境內區外支付貨款，應持證明交易合

法、真實的有效憑證和商業單據（指合同或協議、發票、進口貨物報關單或進境備案清單）到銀行辦理。

1. 直接向境外支付貨款

（1）向境外購買貨物，貨物直接從境外報關或者備案進口，應憑「保稅監管區域外匯登記證」（以下簡稱「登記證」）、合同或協議、發票、其他與支付方式對應的有效憑證及商業單據辦理。如區內企業提供的正本進口貨物報關單上，經營單位為其他企業，還須提供相應的代理進口協議。如區內企業提供的正本進境貨物備案清單上的經營單位為其他企業，還應提供相應的買賣合同或者倉儲協議，以及倉儲企業出具的貨權屬於區內企業的證明。

（2）向境外購買貨物，貨物直接來源於區內，除提供上述第A項所需憑證和商業單據外，還須提供正本出口貨物報關單或者其他海關監管憑證、境外企業與區內倉儲企業簽訂的倉儲合同或者協議、區內倉儲企業出具的貨權屬於境外企業的證明。

（3）向境外購買貨物，貨物來源於境內區外，除提供上述第（1）項所需憑證和商業單據外，還須提供正本出口貨物報關單，或者海關對該貨物在境內區外的監管憑證，以及境內區外企業出具的貨權屬於境外企業的證明。

（4）向境外購買貨物，再將貨物轉賣給境內區外企業，並由境內區外企業直接在境內區外報關進口，則境內區外企業向區內企業支付，區內企業再向境外支付時，應憑「登記證」、合同或者協議、發票、相應的收帳通知或結匯水單、境內區外企業正本進口貨物報關單辦理。銀行須在該正本進口貨物報關單上簽註付匯企業名稱、付匯日期、金額。如境內區外企業向區內企業付匯時，正本進口貨物報

關單已留存付匯銀行，還應出具註明「正本進口貨物報關單已留存」和簽註付匯金額、日期及收款企業的報關單影本或者電子底帳核註、結案證明。

【71】保稅監管區域外匯管理辦法重點解析（下）

2. 區內企業向境內區外支付貨款

（1）直接從境內區外購買貨物，貨物來源於境內區外，並直接向境內區外支付，憑「登記證」、合同或協議、發票、正本進境貨物備案清單或者境內區外企業正本出口貨物報關單辦理。

（2）與境外企業簽訂合同，貨物由境內區外企業報關出境，除提供上述第（1）項規定的憑證和商業單據外，還須提供相應的收帳通知或者結匯水單。

（3）向境內區外購買貨物，貨物來源於區內，區內企業應憑「登記證」、合同或協議、發票、正本進境貨物備案清單或者正本出口貨物報關單或者其他海關監管憑證、境內區外企業與區內倉儲企業的倉儲合同或協議，以及區內倉儲企業出具的貨權屬於境內區外企業的證明辦理。

3. 境內區外企業從區內購買貨物支付貨款

（1）貨物直接來自區內，或者來源境外但不進入區內而直接在境內區外報關進口，向區內支付，則憑區內企業「登記證」影本、合同或協議、發票以及與支付方式對應的有效憑證及商業單據辦理。

（2）貨物由境內區外企業從區內報關進口，向其他境內區外企業支付，除提供上述第（1）項所需憑證和商業單據外，還須提供其他境內區外企業與區內倉儲企業的倉儲合同或協

議，以及區內倉儲企業出具的貨權屬於其他境內區外企業的證明。

（3）貨物從區內報關進口，向境外支付，除上述第（1）項所需憑證和商業單據外，還須提供正本進境貨物備案清單。

（4）貨物來源於境內區外而從區內報關進口，並向境外支付，除提供上述第（1）項所需憑證和商業單據外，還須提供境外企業與區內倉儲企業的倉儲合同或協議，以及區內倉儲企業出具的貨物屬於境外企業的證明，及其他境內區外企業的正本出口貨物報關單。

4. 區內企業之間的交易，應持合同或協議、發票等證明交易合法、真實的有效憑證和商業單據，以人民幣或者從其銀行外匯帳戶中支付，不得購匯支付。

需要注意的是，從事貨物貿易經營活動的區內企業，應當到所在地外匯局辦理「對外付匯進口單位名錄」（簡稱名錄）和出口收匯核銷備案登記手續。「名錄」上的區內企業異地支付貨款，應持所在地外匯局開具的進口付匯備案表，直接到付匯地銀行辦理有關開證、付匯手續。不在「名錄」的企業在付匯地沒有分支機構、沒有經常項目外匯帳戶的，均無法辦理異地付匯備案。

最後，區內企業經常項目外匯收入結匯，和服務貿易項下購付匯及區內機構資本項目項下外匯交易，按境內區外相關規定辦理；外方投資者因區內機構清算所得資產，經外匯局核准後可以匯出境外或者境內再投資。

【72】深加工結轉（轉廠）售付匯問題解析

企業深加工結轉形式複雜多變，既有同一形式下的結轉，也有不同形式下的結轉，大陸外匯局就此提出一系列規範深加工結轉售付匯的政策。以下按照各種深加工結轉方式如何售付匯予以分析。

一、進料加工深加工結轉

進料深加工結轉，是指進料加工成品或半成品轉讓給境內其他承接進口料件加工複出口業務的單位，進行再加工。包括進料轉進料、進料轉來料兩種方式。

進料轉進料比較常見，在此過程中既可以採取外幣結算，也可以採取人民幣結算。採用外幣結算時，轉入方應先使用外匯結算帳戶的外匯餘額，不足時銀行才會辦理售匯手續。

進料轉來料則是轉出方將進料加工貨物銷售給境外公司，境外公司支付貨款給轉出方，同時將貨物交付轉入方進行來料加工，最後支付轉入方加工費。此項交易過程須簽訂三方合同，並且貨物直接由轉出方集中報關交付給轉入方，並不離境。在此過程中，轉出方應按照出口報關單成交總價，向境外公司全額收款，轉入方此時無須付匯，加工完畢出口時，向境外公司收取加工費。

二、來料加工深加工結轉

來料深加工，是指來料加工的成品或半成品，在境內轉讓給其他承接進口料件加工複出口業務的單位，再加工裝配。包括同一企業來料轉進料後深加工結轉，以及不同企業間深加工結轉後來料轉進料。

同一企業來料轉進料，要求該企業先去主管海關辦理加工貿易手冊變更手續，須提供的資料主要包括商務主管部門簽發的「加工貿易業務批准證」變更證明、加工貿易變更合同及審批表、「變更預錄入呈報表」、申請資料等。海關手續變更完畢後，可憑原「來料加工報關單」、變更後加工貿易合同以及INVOICE，辦理對外進料加工付匯

手續。在進行深加工結轉時，則按照本文第一點中兩種不同的進料深加工結轉方式辦理售付匯。

　　不同企業間來料轉進料，是指轉出方原採用來料加工，銷售的時候轉入方改為進料加工的方式，轉出方向境外公司收取加工費，並將貨物交付轉入方進行進料加工，轉入方則須向境外公司支付貨款，詳見下圖。

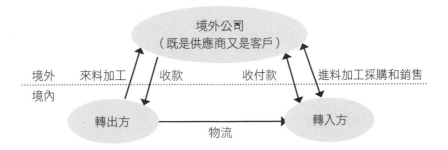

　　上述交易過程須簽訂三方合同，轉出方向境外公司收取加工費，轉入方則分兩方面辦理收付匯手續，申請付匯應提交的資料：

（1）起運國（地區）為「中華人民共和國（142）」，貿易方式為「進料深加工（0654）」，加貼有防偽標籤且蓋有海關「驗訖章」並經核對無誤的正本進口報關單。

（2）轉出方企業的運抵國（地區）為「中華人民共和國（142）」，貿易方式為「來料結轉（0255）」，加貼有防偽標籤且蓋有海關「驗訖章」的出口報關單影本。

（3）轉廠合同。

（4）境外公司INVOICE。

【73】延期收付匯貨款注意事項分析

延期收付匯是指延期收款、延期付款、預收貨款、預付貨款四種情況，其中：

1. 延期收款：指貨物出口合同約定收匯日期晚於合同約定出口日期，或實際收匯日期晚於實際出口報關日期90天以上（不含）的收匯。

2. 延期付款，是指進口貨物貨到付款項下，合同約定付匯日期晚於合同約定進口日期，或實際付匯日期晚於實際進口報關日期90天以上（不含）的付匯。

3. 預收貨款：指出口貨物合同約定收匯日期早於合同約定出口日期，或實際收匯日期早於實際出口報關日期的收匯。

4. 預付貨款：指貨物進口合同約定付匯日期早於合同約定進口日期，或實際付匯日期早於實際進口報關日期的付匯。

根據「貨物貿易外匯管理指引」（匯發[2012] 38號）規定，對於超過規定期限的預收貨款、預付貨款、延期收款以及延期付款，須在一定期限內向外匯局進行報告，其中：

1. A類企業30天以上（不含）的預收貨款或預付貨款，應當在收款或付款之日起30天內，通過監測系統企業端向外匯局報告相應的預計出口或進口日期、預計出口或進口對應的預收或預付金額、關聯關係類型等信息。

2. A類企業90天以上（不含）的延期收款、延期付款，B、C類企業在分類監管有效期內發生的預收貨款、預付貨款，以及30天以上（不含）的延期收款、延期付款，企業應當在出口或進口之日起30天內，通過監測系統企業端向外匯局報告相應的預計收付款日期、延期收付款對應的報關金額、關聯關係類型等信息。

3. B類企業超額度的延期付款須獲得外匯局審批後方可進行延期

付匯報告，C 類企業須先獲得外匯局審批後方可進行延期付匯報告。

另外，B 類或 C 類企業不得辦理90天以上（不含）的延期付款業務。

需要注意的是，若企業預收貨款、預付貨款、延期收款或延期付款各項貿易信貸餘額比率大於25%；或者 1 年期以上的預收貨款、預付貨款、延期收款或延期付款各項貿易信貸發生額比率大於10%，外匯局可能對企業實施現場核實調查。而由於現場核實調查情況是外匯局對進口企業分類管理的依據之一，故企業應將延期付款金額控制在上述比例之內。

至於銀行為企業辦理收付款的注意事項如下：

1. A 類企業進出口收付匯單證簡化，可憑進出口報關單、合同或發票等任何一種能夠證明交易真實性的單證，在銀行直接辦理收付匯。

2. B 類企業，銀行應當實施電子數據核查，依據 B 類企業填寫的支出申報單或收入申報單，通過監測系統銀行端查詢企業的進口可付匯餘額或出口可收匯餘額，並在進口付匯核查介面或出口收匯核查介面的「本次核註金額」和「本次核註幣種」欄，錄入企業實際付匯或開證金額與相應幣種，或是實際結匯或劃出金額與相應幣種，供監測系統自動扣減對應進口可付匯額度或出口可收匯額度，審核相關單證後，方可為其辦理付匯或開證、結匯或劃出手續。

3. C 類企業，經外匯局逐筆登記後辦理收付匯手續。

【74】最新貨物貿易外匯政策分析

2012年6月27日大陸外匯局、國稅總局、海關總署聯合發布「關於貨物貿易外匯管理制度改革的公告」（國家外匯管理局公告[2012]1號，以下簡稱公告），決定自2012年8月1日起在全國實施貨物貿易外匯管理制度改革，並相應調整出口報關流程，優化升級出口收匯與出口退稅信息共享機制。

一、改革外匯監管方式

企業出口收匯後，無須辦理出口收匯核銷手續。外匯局對企業的貿易外匯管理方式，由現場逐筆核銷改變為非現場總量核查，通過貨物貿易外匯監測系統，全面採集企業貨物進出口和貿易外匯收支逐筆資料，定期比對、評估企業貨物流與資金流總體匹配情況，便利合規企業貿易外匯收支；對存在異常的企業則進行重點監測，必要時實施現場核查。

二、簡化出口退稅憑證

由於取消出口收匯核銷手續，意味著企業辦理出口退稅時無須提供「出口收匯核銷單」。稅務局將參考外匯局提供的企業出口收匯資訊和分類情況，依據相關規定，審核企業出口退稅，即改變以往將「出口收匯核銷單」做為出口退稅的依據。

三、調整出口報關流程

自從2012年8月1日起，企業辦理報關出口時不再提供收匯核銷單。

四、企業名錄管理

新設企業取得進出口經營權後，須持「貿易外匯收支企業名錄登記申請書」、法定代表人簽字並加蓋企業公章的「貨物貿易外匯收支業務辦理確認書」及相關資料；已取得進口經營權的老企業、保稅監管區域內的企業，可僅憑「貨物貿易外匯收支業務辦理確認書」及相

關資料，向所在地外匯局辦理「貿易外匯收支企業名錄」登記手續。若企業未向外匯局辦理「貿易外匯收支企業名錄」登記手續，則無法辦理貿易外匯收支業務。

五、企業分類管理

企業將實施動態分類管理，根據貿易外匯收支合規性，由外匯局視情形分為A、B、C三類。企業分類採取動態管理，並動態調整分類結果。如果A類企業違反外匯管理法規，將被降級為B類或C類；B、C類企業在分類監管期內守法合規經營期滿，可升級為A類，監管有效期為1年。

對A類企業貿易外匯收支，適用便利化的管理措施，即進口付匯單證簡化，可憑進口報關單、合同或發票等任何一種能夠證明交易真實性的單證，在銀行直接辦理付匯，銀行辦理收付匯審核手續相應簡化；出口收匯無須聯網核查。對B、C類企業，在貿易外匯收支單證審核、業務類型、結算方式等方面，實施嚴格監管。B類企業貿易外匯收支由銀行實施電子資料核查，C類企業貿易外匯收支須經外匯局逐筆登記後辦理。

上述改變，有利於貿易便利化，可降低企業的經營成本。值得注意的是，公告也指出，「涉及有關外匯管理、出口退稅、出口報關等具體事宜，由相關部門另行規定」，因此，出口退（免）稅申報與審核方面的具體規定，須依照「關於出口貨物勞務增值稅和消費稅政策的通知」（財稅[2012] 39號）和「關於發布『出口貨物勞務增值稅和消費稅管理辦法』的公告」（國家稅務總局公告2012年第24號）的規定執行。

【75】加工貿易下人民幣跨境結算實務（上）

從2011年8月開始，跨境貿易人民幣結算實施範圍擴展至全中國大陸，境外地域也擴展至所有國家和地區。所有企業進口貨物皆可採跨境貿易人民幣結算，但出口貨物跨境貿易人民幣結算實行試點企業管理制度。加工貿易下有關出口貨物貿易人民幣結算相關分析如下。

一、概念

跨境貿易人民幣結算，是指將人民幣直接使用於國際交易，進出口均以人民幣計價和結算的進出口貿易結算方式。加工貿易企業對出口貨物跨境貿易以人民幣進行結算，不僅可以規避匯率波動的風險，因無須外匯核銷，還能節省匯兌成本及提高資金運用效率。

二、試點出口企業評審條件

加工貿易企業被列入試點出口企業名單後，其出口貨物方可採用跨境貿易以人民幣進行結算。法律規定由各地省級人民政府，負責協調當地有關部門推薦的試點企業，報送人民銀行、財政部、商務部、海關總署、稅務總局、銀監會進行審核。當地稅務機關在對試點出口企業評審時，出口企業須同時滿足以下條件：

1. 財務會計制度健全，且未發生欠稅。

2. 辦理出口貨物退（免）稅認定 2 年以上，且日常申報出口貨物退（免）稅正常、符合規範，並能按稅務機關要求保管出口退稅檔案資料。

3. 近 2 年未發現企業從事「四自三不見」等不符規範的業務。

4. 近 2 年未發生偷稅、逃避追繳欠稅、抗稅、騙取出口退稅等涉稅違法行為。

5. 近 2 年未發現虛開發票（含農產品收購發票）和使用虛開的增值稅專用發票申報出口退稅等問題。

6. 評審期間未涉及有關稅務違法案件檢查。

三、出口貨物貿易人民幣結算的相關政策要點

（一）外匯方面

跨境貿易結算當中產生的人民幣貿易信貸，企業無須登錄貨物貿易外匯監測系統進行相關登記操作。

試點企業收到跨境貿易人民幣貨款時，應填寫「涉外收入申報單」，並於 5 個工作日內，按規定辦理國際收支統計間接申報。

試點企業出口貨物倘若發生延期收款210天時，應於 5 個工作日內，通過其主報告銀行向RCMIS系統，報送該筆貨物未收回貨款金額及對應的出口報關單號，並填寫備案表向其提供相關資料。倘若試點企業擬將人民幣資金存放境外以滿足相應經營需要，無須進行審批，只須通過主報告銀行向當地人民銀行分支機構進行備案，但須向主報告銀行提供留存境外的人民幣資金金額、開戶銀行、用途和對應的出口報關單等資訊，由其將此相關資訊報送RCMIS系統。

（二）海關方面

試點企業出口貨物海關申報時，出口貨物報關單「幣制」欄應填報「人民幣」。

（三）稅務方面

根據實際業務需要，試點企業如上所述，也可將出口人民幣收入存放境外，但應單獨向主管稅務機關申報，如與其他出口貨物一併申報，應在申報表備註欄填寫跨境首字母KJ，以此來對跨境貿易人民幣結算出口貨物報關單進行特別標註。

最後，試點企業應建立跨境貿易人民幣結算台帳，準確記錄每筆出口報關單及對應的人民幣收款資訊，以供稅務機關加強對試點企業的日常管理，及檢查跨境貿易人民幣結算的真實性。

【76】加工貿易下人民幣跨境結算實務（下）

跨境貿易人民幣結算經過2009年度在部分城市進行試點，及2010年 6 月進一步擴大至20個省市之後，最終於2011年8月24日開始境內結算地區擴大至大陸所有地區，境外地域也擴展至所有國家和地區。大陸的所有企業進口貨物皆可採用跨境貿易人民幣結算，有關進口貨物跨境貿易實行人民幣結算的相關規定如下。

一、進口貨物跨境貿易人民幣結算的政策要點

（一）外匯方面

企業進口貨物跨境貿易以人民幣結算，進口貨物結算中產生的人民幣貿易信貸，即產生預付或延付，企業無須通過貨物貿易外匯監測系統進行管理。

（二）國際收支方面

進口企業提交「境外匯款申請書」或「對外付款／承兌通知書」辦理對外支付人民幣款項時，應當按照「國家外匯管理局綜合司關於跨境人民幣結算中國際收支統計申報有關事宜的通知」（匯綜發[2009]90號）的規定，同時辦理國際收支間接申報。

（三）海關方面

企業採購貨物進口報關時，須在進口貨物報關單「幣制」欄填報「人民幣」，若跨境貿易人民幣結算中出現報關幣種和結算幣種不一致時，按照下列方式進行處理：

1. 外幣報關進口、人民幣付款

企業到結算銀行辦理業務資料：（1）「跨境業務人民幣結算進口付款說明」（註明外幣進口報關和人民幣付款詳細資訊）；（2）紙本進口報關單；（3）進口付匯核查憑證（境外、境內匯款申請書；境內、對外付款／承兌通知書）。

2. 人民幣報關進口、外幣付款

　　企業到結算銀行辦理業務資料：（1）書面情況說明（須加蓋企業公章並註明外幣付款和對應人民幣報關進口明細資訊）；（2）紙本進口報關單；（3）進口付匯核查憑證（境外、境內匯款申請書；境內、對外付款／承兌通知書）。

　　對進口貨物跨境貿易採用人民幣結算，不僅在操作流程上便利不少，企業還能提前鎖定進口成本，減少匯率波動風險，尤其是因採用人民幣結算，其預付和延期付匯額度均不受控制，有利於企業根據需求合理靈活地調度資金。但在目前人民幣持續升值的前提下，企業會損失部分匯兌收益。

二、進口企業辦理人民幣結算流程介紹

　　對於貨到付款項下的跨境貿易，企業須先與外方簽訂人民幣計價結算的進口貿易合同，後續貨物到貨以人民幣向海關進行報關，接著企業向其境內結算銀行提供合同、發票、進口付款說明等，申請辦理人民幣對外付款。最後，境內結算銀行按規定將相關資訊報送到RCMIS系統。

　　若須預付貨款，進口企業在簽訂人民幣計價結算的貿易合同後，先提供上述相同資料向境內結算銀行申請辦理人民幣對外付款，待貨物到貨再以人民幣向海關報關即可。

　　預付人民幣後續貨物進口報關後，或對應貨物無法按照預計時間進口報關，進口企業應及時書面通知其境內結算銀行實際報關時間或調整後的預計報關時間，由其向RCMIS系統報送相關更新資訊。

　　最後，進口企業以人民幣結算還應注意部分操作細節，例如在簽訂合同時，不得同時使用人民幣和外幣結算，應關注境外公司以人民幣報關是否會產生影響；在辦理跨境貿易人民幣收付環節時，應如實填寫並向境內結算銀行提交證明其貿易真實性背景的單證，配合境內結算銀行的合理審查，並建立跨境貿易人民幣結算台帳，準確詳細記錄進口報關資訊及對應的人民幣資金付款資訊。

【77】加工貿易中外幣結算與人民幣結算的優缺點

2011年8月起，跨境貿易人民幣結算已擴大至全大陸，包括出口收取人民幣和進口支付人民幣兩個方面。以下就人民幣結算和外幣結算優缺點進行介紹。

一、人民幣結算的優勢分析

加工貿易中利用人民幣進行結算，相比於外幣結算，其業務操作流程的便利優勢，從進口和出口業務兩方面列示如下。

（一）進口業務的人民幣結算優勢

1. 無須辦理電子口岸IC卡。

2. 無須申請列入進口付匯單位名錄，所有進口企業均可辦理。

3. 無須憑外匯局簽發的進口付匯備案表才能辦理進口付款業務。

4. 無須辦理進口貨物報關單聯網核查手續。

5. 預付貨款無須辦理貿易信貸系統登記，不存在超比例外匯局審批環節。

（二）出口業務的人民幣結算優勢

1. 無須辦理電子口岸IC卡。

2. 境外匯入出口貨款時無須先進入待核查帳戶。

3. 預收貨款不存在超比例報外匯局審批環節。

4. 出口210天後未收匯者不會受處罰，無須繳回因退稅轉徵內銷稅額。

如上所述，進出口業務採用人民幣結算在業務操作流程方面，的確是便利不少，省卻很多環節。

二、人民幣結算和外幣結算的優缺點對比分析

加工貿易中進出口業務採用人民幣結算，除了業務操作流程便利外，總體而言，與外幣結算的優缺點對比分析如下面表格所示。

比較項目	人民幣結算	外幣結算
結算速度	一樣	一樣
結算費用	一樣	一樣
匯兌成本	無	有
核銷要求	無	無
申報要求	有	有
出口退稅	有	有
收款留存境外	允許	允許

　　採用人民幣結算，企業可以規避匯率波動風險，在人民幣升值預期之下，出口企業能避免匯率損失；而對於進口企業而言，可提前鎖定進口採購成本，但會損失因人民幣匯率升值所帶來的匯兌收益。

　　另外，採用人民幣結算，進出口業務均能避免購匯結匯所產生的手續費。對於出口企業，因其境外匯入資金不用進入待核查帳戶，能夠相對較快收到資金，與外幣結算相比，資金占用成本和操作成本更加有優勢。從理論上來說，出口企業採用人民幣結算比進口企業來說更具優勢，然而根據「關於擴大跨境貿易人民幣結算試點有關問題的通知」（匯發[2010]186號）規定，並非所有出口企業都有資格採用人民幣結算，只有試點企業才獲准如此。

　　實務中，目前跨境貿易採用人民幣結算較為普遍的卻是進口業務，而非出口業務。究其原因，雖然跨境貿易人民幣結算確實可讓企業規避匯率風險、節省匯兌成本及提高資金運用效率等好處，但只有試點企業可以如此，另外也因為出口企業與境外客戶進行商業談判時往往處於弱勢，境外客戶不願承擔人民幣升值預期下的匯率風險，以及長期以外幣結算計價的習慣問題，同時境外客戶缺少人民幣來源、無人民幣可支付等客觀原因。

【78】境內交易何時可以使用外幣？

通常情況下，大陸境內禁止外幣自由流通。由於某些外商投資企業在日常結算時，用外幣收支更符合國際慣例，因此增加了一些特殊規定，例如與海關監管區域內企業往來等等。境內交易可以使用外幣的情況如下。

1. 國內深加工結轉業務

深加工結轉可付人民幣或外匯，深加工結轉項下對外付匯或境內以外匯結算，除依不同結算方式審查轉廠合同及有關單證外，還須審查貿易方式為「進料深加工」或「來料深加工」的出口貨物報關單。

2. 支付貨代運輸費

支付國際貨運海運費可以用外幣，匯發[2001]58號中規定，貨主向境內的貨代公司、船代公司、船運公司和外商獨資船務公司，支付國際貿易項下的國際海運運費及相關費用時，應當持進口或出口合同、國際貨物運輸代理業專用發票，向外匯指定銀行申請，從其外匯帳戶中支付或者購匯支付。外匯指定銀行審核無誤後，方可辦理購付匯手續，並留存國際貨物運輸代理業專用發票購付匯聯正本5年備查。

若貨物跨境運輸的承運人和承運船舶均為中國籍，貨主與承運人之間的運費、保費等相關費用，應當以人民幣計價結算。對於承運人在境外發生的港口、燃料等運輸相關費用，承運人按照現行外匯管理規定，憑相關憑證和單據在銀行辦理對外支付。

3. 交易一方為保稅監管區域內企業

保稅監管區域包括保稅區、出口加工區、保稅物流園區、保稅港區以及綜合保稅區、跨境工業區等海關實行封閉監管的特定區域。「保稅監管區域外匯管理辦法」（匯發[2007]52號）以及「保稅監管區域外匯管理辦法操作規程」（匯綜發[2007]166號）中規定：

（1）區內與境內區外之間貨物貿易項下交易，可按人民幣計價

結算，也可按外幣計價結算；貨物貿易項下從屬費用計價結算幣種，按商業慣例辦理；服務貿易項下交易，應當以人民幣計價結算。

（2）區內機構（包括區內行政管理、企業、事業單位及其他經濟組織等）之間的交易，可按人民幣計價結算，也可按外幣計價結算；區內行政管理機構的各項規費，應以人民幣計價結算。

4. 購買交易會展品

在交易會期間購買展賣品的對象，必須是境外來大陸洽談貿易的客戶。凡在交易會期間以外幣現金購買的展賣品，必須在出口發票上加蓋外匯管理部門的「外匯購買」印章，海關憑蓋有上述印章的發票和展賣單位填寫的出口貨物報關單（應證商品免領許可證）放行。

5. 購買國外入境展覽品

境內舉辦國際展覽，如以外匯支付，必須支付到境外或境外機構在境內的NRA帳戶。

6. 免稅品

所謂免稅外匯商品業務，是指經批准的經營單位，進口、銷售專供入境的大陸出國人員、華僑、外籍華人、台灣同胞、港澳同胞等探親人員、出境探親的大陸公民、駐華外交人員等購買免稅外匯商品的業務，可以在免稅店用外幣支付購買免稅品。

【79】出口收入存放境外實務分析

根據「國家外匯管理局關於印發貨物貿易外匯管理法規有關問題的通知」（匯發[2012] 38號）的規定，外匯局對企業出口收入存放境外業務實行登記管理。

一、嚴格審核出口收入存放境外的企業資質

外匯局對申請出口收入存放境外的企業進行嚴格資質審核，包括資金存放境外的真實需求、財務狀況以及外匯違法情況等，同時對存放規模進行限制，即企業在自然年度內，累計存放境外資金不得超出其已登記的出口收入存放境外規模，但不包括境外同名帳戶劃入的資金。

已開辦出口收入存放境外業務的企業被列為B類的，在分類監管有效期內，企業出口收入不得存放境外帳戶，不得使用境外帳戶對外支付。外匯局可要求其調回境外帳戶資金餘額。被列為C類的，企業應當於列入之日起30日內關閉境外帳戶並調回境外帳戶資金餘額。

二、全程監管出口收入境外帳戶的使用

1. 境外帳戶設立

企業開立境外帳戶前，應當選定境外開戶銀行，與其簽訂「帳戶收支資訊報送協議」，並到所在地外匯局辦理開戶登記。同一境內企業開立的境外帳戶不得超過 5 個，特殊情況下須增加境外帳戶數量的，應當經所在地外匯局核准。企業可以在不同國家（地區）銀行開戶，在同一國家（地區）可選擇多家銀行開戶，在同一國家（地區）的同一銀行只能開立一個帳戶；多幣種帳戶視為一個帳戶。

38號文對境外銀行的選擇也提出了原則性要求，即該境外銀行應當是中資銀行的境外分支機構，或與境內外資銀行有關聯關係的境外銀行，並且應當是對帳戶資金劃轉及帳戶信息披露無嚴格限制且經濟政治比較穩定的國家（地區）。

2. 境外帳戶日常收支

外匯局對試點企業境外帳戶收支實施非現場監測，對異常情況實施現場核查。企業應按照規定格式，向所在地外匯局如實報告出口收入存放境外收支情況，每個月至少報告一次。若存放境外資金運用損失累計超過1,000萬美元的，企業應當在10個工作日內書面報告所在地外匯局。

3. 境外帳戶註銷

試點企業可以根據自身經營需要，將存放境外資金調回境內經常項目外匯帳戶，或是關閉境外帳戶。境外帳戶關閉前留有餘額，應調回境內，並應在關戶後10個工作日內，持境外開戶行的銷戶通知書向所在地外匯局備案。

三、規範出口收入境外帳戶的收支範圍

根據此次規定，試點企業的境外帳戶既可以存放出口收入，也可以在境外完成規定範圍內的支出。境外帳戶收入範圍包括出口收入、帳戶資金利息及經外匯局批准的其他收入。而境外帳戶支出範圍以列舉的方式，應明確包括以下範圍：

1. 貨物貿易項下支出。
2. 傭金、運保費等貿易從屬費用支出、境外承包工程項下支出。
3. 銀行日常管理費用支出。
4. 經外匯局核准或登記的資本項目支出。
5. 調回境內。
6. 符合外匯局規定的其他支出。

需要注意的是，境內企業對於需要以境外帳戶資金支付按規定應申報納稅的服務貿易支出時，應留存主管稅務機關出具的「服務貿易、收益、經常轉移和部分資本項目對外支付稅務證明」備查。另外，跨境貿易人民幣結算收入不在此次規定範圍內，企業將出口人民幣收入存放境外，但應通過境內結算銀行向人民銀行當地分支機構備案。

【80】境外機構境內外匯帳戶運用實務分析

2009年7月13日大陸外匯局頒布「關於境外機構境內外匯帳戶管理有關問題的通知」（匯發[2009]29號），對境外機構在境內開設外匯帳戶予以開放，之前境外機構僅允許在境內的深圳發展銀行、浦發銀行、交通銀行、招商銀行和外資銀行開設離岸帳戶。一年多後，現在境外機構可以在大陸境內所有銀行開設NRA帳戶（即境外機構境內外匯帳戶，NON-RESIDENT ACCOUNT）。

一、NRA帳戶的開立

目前NRA帳戶僅限於境外（含香港、澳門和台灣地區）合法註冊成立的機構開立，暫不允許境外個人辦理。

NRA帳戶的開立不須經外匯局批准，境外機構只須向境內銀行提供其在境外合法註冊成立的證明文件即可開立。如果證明文件非中文，則應同時提供對應的中文翻譯。NRA帳戶名應與證明文件（或中文翻譯）記載的名稱一致，並採取NRA＋外匯帳戶號碼方式，標註NRA帳戶，以便與其他境內帳戶相區分。

請注意，因NRA帳戶外幣資金餘額要占用境內銀行短期外債指標，所以在選擇開戶銀行時，要儘量選擇短期外債額度較大的銀行。

二、NRA帳戶的使用

NRA帳戶雖然屬於境內帳戶，但境內機構與NRA帳戶之間外匯收支與正常收付匯程序相同，仍應按照跨境交易的外匯管理規定辦理。例如境內機構要支付貿易貨款給境外機構的NRA帳戶，境內機構需要提供海關IC卡、報關單、合同、INVOICE、匯款申請書等供銀行審核。境外機構從NRA帳戶支付貨款給境內機構，也須進行國際收支申報等。

至於境外機構的NRA帳戶之間、NRA帳戶與離岸帳戶之間劃轉，或直接向境外劃款等，境內銀行可以直接辦理，一般而言不須經外匯

局審批。

　　須注意，除非經外匯局批准，否則不允許境外機構從NRA帳戶存取外幣現鈔，也不允許把NRA帳戶內的資金結、購匯；同時，境內銀行對於NRA帳戶發生的大額或可疑交易，會報送外匯局進行監管。

三、NRA帳戶的用途

（一）利用境內、外美元存款利率差

　　因境內美元一年期存款利率一般在1%至2%左右，而境外美元存款利率僅為0.2%至0.7%，利率差可高達一個百分點。境外機構特別是日常資金部位較高的（如台灣上市櫃公司），可在大陸境內開立NRA帳戶，把境外持有的美元轉移至大陸境內存放，如此可獲得較高的存款收益，但美元存款金額高低最終取決於開戶銀行的短期外債額度。

（二）利用NRA帳戶建立人民幣資金中心

　　2010年6月17日大陸擴大跨境貿易人民幣結算範圍，允許境內外機構之間的貿易可以用人民幣報關，並進行人民幣結算。如果境內公司透過境外關聯方進口貨物，境外關聯方可以在大陸境內開立NRA帳戶並收取人民幣，在境外透過美元貸款支付供應商貨款。此種方式可達一舉三得之好處，好處一是目前人民幣一年期定存利率為2.25%，而境外美元貸款利率在1.5%左右甚至更低，利率差接近一個百分點；其次是境外機構收取人民幣、支付美元，還可以賺取人民幣升值的收益，在需要時可直接將NRA帳戶上的人民幣資金匯到香港境外機構同名帳戶，在香港兌換成各種需要的國際貨幣；最後的好處是，這種模式不會受到開戶銀行短期外債額度的限制。

　　境外機構可以透過設立NRA帳戶，結合使用跨境人民幣交易結算政策，以組合資金的模式形成人民幣資金中心，從而享受人民幣升值與跨境理財規劃帶來的雙重收益。

【81】合併分立過程中的外匯實務分析

外商投資企業在合併分立過程中，會涉及原公司註銷、新公司設立，其中涉及外匯有關事項的辦理主要有：外購外銷往來款的收付、外匯登記證、海關電子口岸卡登出或變更以及驗資等。

一、外匯應收應付帳款

依據「國家外匯管理局關於印發貨物貿易外匯管理法規有關問題的通知」（匯發[2012] 38號）規定，對於貿易主體不一致業務，企業可根據相關業務對其貿易外匯收支與進出口匹配情況的影響程度，自主決定是否向外匯局報告相關信息。對於須報告的，企業應在進出口業務實際發生之日起30天內，提交下列資料到外匯局現場報告。

（1）情況說明（說明貿易主體不一致的原因、須報告的收匯申報號或進口貨物報關單號、相應的收匯金額或進口金額及其變更後的企業代碼和名稱、企業所屬外匯局）。

（2）出口合同或進口合同。

（3）收入申報單或進口貨物報關單。

（4）相關部門出具的分立、合併證明文件。

實務中，收匯單位因合併、分立導致與出口單位不一致，收匯單位可向所在地外匯局提出書面申請，並提交出口合同或協議等有關證明資料及其影本。經外匯局核准後，收匯單位可持「出口收匯說明」、出口單位的操作員IC卡以及外匯局的核准文件，到銀行辦理待核查帳戶資金結匯或劃出。

進口貨物報關單經營單位與付匯單位不一致業務，報關單經營單位須在貨物進口後30日內，持申請書、代理協議、免稅證明或許可證等證明資料以及進口貨物報關單，到所在地外匯局辦理貨物資訊變更手續。

由於原有的應收應付款涉及的報關單填寫的經營單位都是原來的

公司，並關係到原公司電子口岸卡資訊，實務中最好不要將往來外匯款轉到新公司中收付，以免在支付增加不必要的麻煩。

二、外匯登記證及電子口岸卡

被登出企業需要到外匯局辦理登出外匯登記證及海關電子口岸卡，按合併和分立方式不同，列示如下：

合併	吸收合併	存續公司	變更
		註銷公司	註銷
	新設合併	被合併公司	註銷
		新設公司	申領
分立	存續分立	存續公司	變更
		新設公司	申領
分立	解散分立	被分立公司	註銷
		新設公司	申領

公司發生合併及分立等情況，應在辦理工商登記變更後30個工作日內，將有關資料報註冊地外匯局備案，並辦理外匯登記變更手續。

三、驗資

由於合併、分立導致原續存公司註冊資本變更，以及新設公司增加註冊資本，需要由會計師事務所出具驗資報告。

外商投資企業發生分立、合併後被註銷，所在地外匯局為該企業淨資產境內再投資業務，出具資本項目外匯業務核准件。

1. 合併後的註冊資本

「對外貿易經濟合作部、國家工商行政管理局關於外商投資企業合併與分立的規定」第十一條規定，股份有限公司之間合併，或者公

司合併後為有限責任公司，合併後公司的註冊資本為原公司註冊資本額之和。有限責任公司與股份有限公司合併後為股份有限公司的，合併後公司的註冊資本，為原有限責任公司淨資產額根據擬合併的股份有限公司每股所含淨資產額折成的股份額，與原股份有限公司股份總額之和。

但在「關於規範公司合併分立登記支持企業兼併重組的意見」公開徵求意見的通告規定，因合併而存續或者新設的公司，其註冊資本、實收資本數額由合併協議約定，但不得高於合併前各公司的註冊資本之和、實收資本之和。合併各方之間存在投資關係，計算合併前各公司的註冊資本之和、實收資本之和時，應當扣除投資所對應的註冊資本、實收資本數額。

2. 分立後公司的註冊資本

「對外貿易經濟合作部、國家工商行政管理局關於外商投資企業合併與分立的規定」第十三條規定，分立後各公司的註冊資本額之和，應為分立前公司的註冊資本額。

但在「關於規範公司合併分立登記支持企業兼併重組的意見」公開徵求意見的通告規定，分立而存續或者新設的公司，其註冊資本、實收資本數額由分立決議或者決定約定，但分立後公司註冊資本之和、實收資本之和，不得高於分立前公司的註冊資本、實收資本。

另外，對於合併、分立前的被合併、分立方借入的外債，實務中可依合併批復向外匯局申請轉入到合併方，無須先歸還後再合併。

【82】加工貿易企業如何使用資金池

在大陸當前融資難度高，且人民幣借款利率不斷攀升的環境下，營運資金短缺的壓力是企業都會遇到的難題。對在大陸眾多從事加工貿易的台資企業來說，可以合理運用外匯資金池，充分集中調用各公司外匯資金，既可緩解資金壓力，又可達到資金的最大使用效益。

一、外匯資金池概念

根據大陸外匯局公布的「境內企業內部成員外匯資金集中運營管理規定」（匯發[2009]49號，以下簡稱49號文）規定，是指大陸境內企業內部成員依照49號文及其他外匯管理有關規定，在委託貸款框架下開展外幣資金池業務，其中一家參與的內部成員做為主辦企業，由其帶頭對所有參與內部成員的外匯資金進行集中運營使用的行為，亦即將所有外匯資金集中到一個「池」中進行管理使用。

二、參加外匯資金池主體範圍

根據規定，外匯資金池參與方一般限於：

1. 母公司及其控股51%以上的子公司。

2. 母公司、子公司單獨或者共同持股20%以上的公司。

3. 母公司、子公司單獨或者共同持股不足20%但處於最大股東地位的公司。

4. 由同一境外母公司控股的境內公司（如下圖示）。

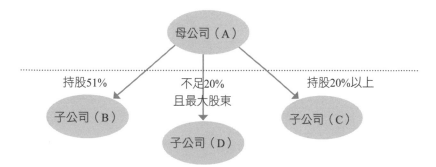

此外，需要指出的是，上述主體公司必須依法註冊成立，註冊資本均已按期足額到位，且最近2年不存在外匯違規行為。

三、開展外匯資金集中運營業務的一般性要求

1. 具體方式：只能通過外匯指定銀行，以委託貸款的方式進行。

2. 資金來源：自由支配的外匯資金，包括資本金帳戶和經常項目帳戶的資金。

3. 結算原則：堅持全收全支原則，不得軋差（差額結算）。

4. 利率要求：利率結算參照國際金融市場同期商業貸款利率水平，不得畸高畸低。

5. 使用原則：不得結匯，不得用於質押人民幣貸款，也不能用於資本金到位驗資使用。若須結匯使用，境內企業應將來源於其資本金外匯帳戶或經常項目外匯帳戶的委託貸款資金，原路返回至其原劃出資金的資本金外匯帳戶、經常項目外匯帳戶後，再按規定辦結匯。

四、具體操作

根據規定，外匯資金池集中使用只能採取委託貸款的方式，主辦企業必須選擇一家銀行辦理。

1. 選擇銀行：由於放款人居於主動地位，受託銀行一般在放款人所在地。

2. 銀行、放款人、借款人簽訂委託貸款合同。

3. 受託銀行向外匯局報批。

4. 主辦企業和參與成員企業在受託銀行開立外匯委託貸款專用主帳戶和子帳戶。

5. 參與企業按合同約定劃轉和使用外匯資金。

五、外匯資金池帳戶使用注意事項

1. 主辦企業外匯委託貸款主帳戶的收入範圍為：拆入的委託貸款、收回的委託貸款本金和利息等；支出範圍為：拆出的委託貸款、歸還的委託貸款本金和利息，或用於其經常項目對外支付等。

2. 參與成員外匯委託貸款子帳戶的收入範圍為：拆入的委託貸款、收回的委託貸款本金和利息等；支出範圍為：拆出的委託貸款、歸還的委託貸款本金和利息，或用於其經常項目對外支付等。

3. 外匯資金池相關帳戶劃入或劃出時，無須經過外匯局的核准。但受託銀行應將辦理的外幣資金池運作情況，於每月初10個工作日內，向所在地外匯分局報送外幣資金池業務月報表。

六、外匯局審批

根據規定，受託銀行收到主辦企業提交的授權委託書，應及時向外匯局提交以下資料：

1. 書面申請。

2. 主辦企業的授權文件。

3. 外幣資金池運作方案。

4. 受託銀行內控流程。

5. 外匯局要求的其他相關資料。

值得注意的是，根據大陸相關法規規定，由於參與外匯資金池業務的企業均是關聯方，因此需要披露關聯方關聯交易明細及利息支出額，如果某成員企業年度融通資金的利息收付金額在4,000萬元人民幣以上，則須準備關聯交易的同期資料。

【83】加工貿易過程中如何適用匯率

在對外加工貿易中，外幣與人民幣的轉換分以下幾種情況計算。

一、進出口貨物徵稅

根據「關於進出口環節稅費計徵所適用匯率確定辦法調整」（海關總署公告[2005]53號）規定，海關每月使用的計徵匯率為上一個月第三個星期三（第三個星期三為法定假日時，順延採用第四個星期三）中國人民銀行公布的外幣對人民幣的基準匯率；以基準匯率幣種以外的外幣計價時，採用同一時間中國銀行公布的現匯買入價和現匯賣出價的中間值（人民幣元後採用四捨五入法保留4位小數）。

從上述規定可以看出，海關系統中的匯率是根據月份而定，而非每日變動。所以正常情況下計算完稅價格時，會根據貨物進出口報關單中報關日期的月份，參照海關系統中設定的匯率。對於經批准緩稅的進口貨物，則海關按貨物申報進出口之日的稅則稅率，和核准緩稅之日的匯率，計算應納稅額。

二、不同日期進口料件的補稅匯率

不同日期進口的料件在補徵稅計算完稅價格時的匯率，應該按內銷申報日所適用的海關系統匯率（即內銷申報日期的上個月第三個星期三的匯率）。但是以下情況的補稅匯率准予按原進口或出口時的匯率徵稅：

1. 在匯率調整前經海關批准予以減免稅的進口貨物，在匯率調整後經批准轉讓或出售須予補稅的。

2. 在匯率調整前海關已經立案調查的違規案件，在匯率調整後確定處理時予以補稅的。

3. 在匯率調整前暫時進口的貨物，在匯率調整後轉為正式進口，並且在進口時已交納保證金須予補稅的（如未交納保證金，則按海關開出稅款繳納證之日的匯率計徵稅費）。

4. 在匯率調整前的進口貨物，由於稅則歸類的改變、完稅價格的審定或其他由於海關工作的原因，在匯率調整後辦理補稅的。\

三、關於減免稅貨物

對於經批准轉讓或者移作他用的減免稅貨物，應當按照再次填寫報關單申報辦理納稅之日的海關計徵匯率計算稅金。舉例如下。

A企業進行進料加工生產，分別於2010年5月5日、2010年8月3日進口了兩批保稅料件，金額分別為50,000美元和20,000美元，於2011年4月20日辦理了手冊核銷，並對剩餘料件10,000美元辦理了申請內銷的手續，關稅稅率為5%，增值稅稅率為17%。

已知中國人民銀行公布的2010年4月21日（4月第三個星期三）的匯率為6.8264，2010年7月21日（7月第三個星期三）的匯率為6.7802，2011年3月16日（3月第三個星期三）的匯率為6.5718。

則內銷補徵稅時的計算如下：

應補稅貨物價格：$10,000 \times 6.5718 = 65,718$元

應補關稅：$65,718 \times 5\% = 3,285.90$元

應補增值稅：$(65,718 + 3,285.90) \times 17\% = 11,638.86$元

合計應補交稅金：$3,285.90 + 11,638.86 = 14,924.76$元

四、關於違法貨物物品

海關在計算違反海關監管規定案件貨物、物品價格，並計算違法貨物、物品的稅款時，按照違法行為發生之日實施的稅率和匯率；如違法行為發生之日無法確定，則參照違法行為被發現之日實施的稅率和匯率。

五、關於進口轉關貨物

進口轉關貨物，按貨物到達指運地海關之日的稅率和匯率徵稅。提前報關的，其適用的稅率和匯率為指運地海關接收到進境地海關傳輸的轉關放行資訊之日的稅率和匯率。

六、加工貿易手冊不同幣種的轉換問題

在核銷手冊時，如果遇到手冊備案時匯率和進出口報關單匯率不一致的情況，則同幣種的折算是先折算成人民幣的匯率，然後再換算成其他幣種。比如手冊備案時幣種為美元，而報關單申報為日幣，則先計算出日元對人民幣的匯率和人民幣對美元的匯率，然後再折算得出日元對美元的匯率，統一成美元來記錄。

七、免稅申報或退稅申報匯率問題

根據「中華人民共和國增值稅暫行條例實施細則」第十五條規定，納稅人按人民幣以外的貨幣結算銷售額，其銷售額人民幣折合率可以選擇銷售額發生當天或當月 1 日的人民幣匯率中間價。匯率一經確定， 1 年內不得變更。因此，企業在做免稅明細申報或退稅明細申報時，可以採用當月月初或發生銷售額當天匯率進行折算。這種處理方式，和財務上對於匯率的帳務處理方式，基本一致。

【84】違反外匯管理規定的法律責任分析（上）

違反外匯管理規定的行為，主要有：逃、套匯；非法結匯，即違反出口收匯規定、進口付匯規定以及違反外債規定等。外商應重點關注以下事項。

一、逃匯

逃匯是指公司、企業或者其他單位，違反國家規定，擅自將外匯存放境外，或者將境內的外匯非法轉移到境外，數額較大的行為。

根據「中華人民共和國外匯管理條例」（以下簡稱「條例」）第三十九條規定，有違反規定將境內外匯轉移境外，或者以欺騙手段將境內資本轉移境外等逃匯行為，由外匯管理機關責令限期調回外匯，處逃匯金額30%以下的罰款；情節嚴重的，處逃匯金額30%以上等值以下的罰款；構成犯罪的，依法追究刑事責任。

2009年，上市公司ST宏盛就因犯逃匯罪被判處罰金4,000萬元，其兩家控股子公司也因同樣罪名，分別被判處罰金250萬元、3,750萬元，總計罰金高達8,000萬元。

二、套匯

套匯是指利用不同外匯市場的外匯差價，在某一外匯市場上買進某種貨幣，同時在另一外匯市場上賣出該種貨幣，以賺取利潤。此外，需要注意的是，境內公司以人民幣為境外企業代墊其在境內的費用，再由境外公司支付境內公司外幣，即代墊費用，視為套匯。

對於套匯，根據「條例」第四十條的規定，有違反規定以外匯收付應當以人民幣收付的款項，或者以虛假、無效的交易單證等，向經營結匯、售匯業務的金融機構騙購外匯等非法套匯行為，由外匯管理機關責令對非法套匯資金予以回兌，處非法套匯金額30%以下的罰款；情節嚴重的，處非法套匯金額30%以上等值以下的罰款；構成犯罪的，依法追究刑事責任。

2005年8月，大陸外匯局上海市分局曾針對德勤華永會計師事務所，在2003年底收取在開曼群島註冊的中芯國際積體電路製造有限公司1,651.86萬元人民幣的審計費用涉及「套匯」，給予行政處罰。

三、非法結匯

結匯是指外匯收入所有者將其外匯收入出售給外匯指定銀行，外匯指定銀行按一定匯率付給等值的本幣的行為。資本項目外匯及結匯資金，應按照有關主管部門及外匯管理機關批准的用途使用；資本項目外匯支出，應當按照國務院外匯管理部門關於付匯與購匯的管理規定，憑有效單證向經營結匯、售匯業務的金融機構購匯支付等。

大陸外匯局2011年7月11日通報了10起企業或個人違規辦理外匯業務處罰情況，給企業敲響了警鐘，其中，違規結匯業務就占此次通報內容的50%，主要有以下幾點：

1. 未按照規定用途使用結匯人民幣資金。例如江蘇省如皋市靈果

生態農業有限公司，以簽訂設備購買合同的名義結匯，最終付款用途卻為往來款。

2. 違反資本金結匯規定的限制使用範圍。例如山東省煙台澳城投資顧問有限公司，將資本金結匯金額做為投資款投入房地產公司，超出了該公司正常的生產經營範圍。

以上兩種違規結匯的處罰，可參考「條例」第四十四條第一款的規定，違反規定，擅自改變外匯或者結匯資金用途的，由外匯管理機關責令改正，沒收違法所得，處違法金額30%以下的罰款；情節嚴重的，處違法金額30%以上等值以下的罰款。

3. 以虛假名義或虛假、無效合同進行資本金結匯。例如山東省江波世紀（萊陽）生物科技有限公司，以支付購地款名義進行結匯，而實際上未取得土地使用權。

根據「條例」第四十一條第二款，非法結匯的，由外匯管理機關責令對非法結匯資金予以回兌，處違法金額30%以下的罰款。

需要注意的是，對於結匯後因故不能再履行合同的，無須轉回外匯，但須向外匯局申請變更結匯用途，屬於合理範圍內的，則不會視為非法結匯。

【85】違反外匯管理規定的法律責任分析（下）

四、違反出口收匯管理規定

收匯後未按規定辦理核銷手續的出口企業，或向銀行虛報、錯報核銷單編號騙取核銷專用聯，外匯局將給予 1 萬元以上 3 萬元以下罰款的處罰。

出口企業使用偽造、變造的核銷單、出口報關單、核銷專用聯等核銷單證，或未經外匯局批准，即期出口項下超過報關日期210天未收匯，或用貿易出口收匯以外的外匯收入進行虛假收匯核銷報告，外

匯局將給予出口企業 5 萬元以上30萬元以下罰款的處罰。

自2012年8月1日起外匯局取消外匯核銷單管理，因此上述違反出口收匯涉及核銷單部分的處罰規定應廢止。

五、違反進口付匯管理規定

2010年10月，外匯局發布了「關於實施進口付匯核銷制度改革有關問題的通知」（匯發[2010]57號），其中規定了進口單位有下列行為之一的，由外匯局依據「條例」第四十八條規定，責令改正，給予警告，處30萬元以下罰款：

1. 拒絕、阻礙外匯局依法實施現場核查。

2. 辦理進口付匯業務未按照規定提交有效單證，或者提交的單證不真實。

3. 對於須登記的進口付匯業務，未按規定到外匯局辦理登記。

4. 對於須逐筆報告的進口付匯業務，未按規定進行報告。

5. 瞞報、漏報、錯報進口付匯核查資訊。

六、違反外債管理規定

外債是指境內機構對非居民承擔的、以外幣表示的債務。

違反外債管理規定行為，主要有：未經國務院授權，擅自籌借外國政府貸款和國際金融組織貸款；未經外匯局批准，擅自借用國際商業貸款；未經外匯局批准，擅自對外擔保、對外抵押、對外質押；未按照規定，辦理外債登記和對外擔保登記；未按照規定辦理外債償還手續等。

例如2010年6月，天明（瀋陽）酒精有限公司在境內貸款項下境外擔保履約後，形成對境外機構3,760萬新加坡幣的外債，未在規定時限內到外匯局辦理外債登記手續，違反了外債管理有關規定。

「條例」第四十三條規定，有擅自對外借款、在境外發行債券或者提供對外擔保等違反外債管理行為，由外匯管理機關給予警告，處違法金額30%以下的罰款。

七、其他

此外，根據「條例」第四十八條規定，企業有下列情形之一，由外匯管理機關責令改正，給予警告，對企業處30萬元以下的罰款：

1. 未按照規定進行國際收支統計申報。
2. 未按照規定報送財務會計報告、統計報表等資料。
3. 違反外匯帳戶管理規定。
4. 違反外匯登記管理規定。

大陸外匯局2011年7月11日通報的企業違規辦理外匯業務處罰情況中，就指出上海市飛迪科美容設備公司收匯時，將出口貿易款與產品研發費、運費等非貿易收入混同合併收匯，未區分每筆外匯收入中的資金性質，分別統一錯誤申報為運費、諮詢服務費和貿易款；寶威電源（深圳）有限公司以商務差旅費名義，收取貨物實際銷售金額高於報關單金額的差額貨款。上述兩項行為違反將外匯匯入境內、出口收匯核銷管理，和國際收支統計申報管理的有關規定。

| 第三篇 |

出口退稅篇

【86】出口退稅基本概念介紹

　　出口退稅，是指對出口貨物退還其在國內生產和流通環節實際繳納的增值稅、消費稅。出口退稅涉及基本概念主要如下。

一、出口退稅登記

　　依據國家稅務總局公告2012年第24號規定，出口企業應在辦理對外貿易經營者備案登記或簽訂首份委託出口協議之日起30日內，填報「出口退（免）稅資格認定申請表」，提供下列資料到主管稅務機關辦理出口退（免）稅資格認定：

　　1. 加蓋備案登記專用章的「對外貿易經營者備案登記表」或「中華人民共和國外商投資企業批准證書」。

　　2. 中華人民共和國海關進出口貨物收發貨人報關註冊登記證書。

　　3. 銀行開戶許可證。

　　4. 未辦理備案登記發生委託出口業務的生產企業提供委託代理出口協議，不須提供第1、2項資料。

　　5. 主管稅務機關要求提供的其他資料。

二、出口退稅政策

　　根據規定，生產企業出口退稅執行「免、抵、退」稅政策，而外貿企業出口退稅執行「免、退」稅政策。

　　（一）生產企業出口產品「免、抵、退」稅政策以及相關概念

　　「免、抵、退」稅政策的「免」稅，是指對生產企業出口的自產貨物，免徵本企業生產環節的增值稅；「抵」稅，是指生產企業出口自產貨物所耗用的原材料、零部件、燃料、動力等，所含應予退還的進項稅額抵頂內銷貨物的應納稅額；「退」稅，是指生產企業出口的自產貨物在當月內因應抵頂的進項稅額大於應納稅額時，對未抵頂完的進項稅額予以退稅。其中，免抵退稅額計算公式為：

　　免抵退稅額＝出口貨物離岸價×外匯人民幣牌價×出口貨物退稅

率－免抵退稅額抵減額

　　對於公式內各項說明如下。

　　1. 出口貨物離岸價

　　所謂離岸價（FOB）是對外貿易中的一種結算價格，指離開港口的價格，包括離開港口前的各種成本費用。生產企業出口貨物「免、抵、退稅額」的出口貨物離岸價（FOB），應以出口發票上的離岸價為準，如果以其他價格條件（如CIF，指成本加保險費加運費）成交，應扣除按會計制度規定允許沖減出口銷售收入的運費、保險費、傭金等。若出口發票不能如實反映離岸價，企業應按實際離岸價申報「免、抵、退」稅，稅務機關有權按照「稅收徵收管理法」、「增值稅暫行條例」等規定予以核定。

　　2. 外匯人民幣牌價

　　根據「增值稅暫行條例實施細則」第十五條規定，納稅人按人民幣以外的貨幣結算銷售額，其銷售額人民幣折合率，可以選擇銷售額發生當天或當月一日的人民幣匯率中間價。匯率一經確定，一年內不得變更。因此，企業在做免稅明細申報或退稅明細申報時，可以採用當月月初或發生銷售額當天匯率進行折算。這種處理方式，和財務上對於匯率的帳務處理方式，基本一致。

　　3. 出口貨物退稅率

　　出口貨物退稅率，是出口貨物的實際退稅額與計稅依據之間的比例。目前出口退稅率分別有17%、13%、11%、9%、5%等幾檔稅率。

　　4. 免抵退稅額抵減額

　　免抵退稅額抵減額＝免稅購進原材料價格×出口貨物退稅率

　　免稅購進原材料，包括從國內購進免稅原材料和進料加工免稅進口料件，其中進料加工免稅進口料件的價格為組成計稅價格（等於貨物到岸價＋海關實徵關稅＋消費稅）。

　　需要提示的是，企業當期應退稅額還應根據當期期末留抵稅額與

當期免抵退稅額進行比較，若當期期末留抵稅額小於等於當期免抵退稅額，則當期應退稅額等於當期期末留抵稅額；若當期期末留抵稅額大於當期免抵退稅額，則當期應退稅額等於當期免抵退稅額。

（二）外貿企業「免、退」稅政策

「免、退」稅的「免」稅，是指外貿企業出口收購貨物，本環節免徵增值稅；「退」稅是指退還收購貨物所含的增值稅，一般根據增值稅專用發票上註明的收購價格（不含稅）或海關進口增值稅專用繳款書註明的完稅價格與退稅率之積，來做為申報退稅的依據，其計算的徵、退稅之間差額計入銷售成本。

三、小規模納稅人出口退稅政策

根據「關於出口貨物勞務增值稅和消費稅政策的通知」（財稅[2012] 39號）規定，增值稅小規模納稅人出口的貨物適用免稅政策，但不予退稅。因此，小規模納稅人出口貨物應視同內銷計算繳納增值稅。

應納稅額＝出口貨物離岸價÷（1＋徵收率）×徵收率

最後，依據財稅[2012] 39號規定，出口貨物的消費稅應退稅額的計稅依據，按購進出口貨物的消費稅專用繳款書和海關進口消費稅專用繳款書確定。

屬於從價定率計徵消費稅的，為已徵且未在內銷應稅消費品應納稅額中抵扣的購進出口貨物金額；屬於從量定額計徵消費稅的，為已徵且未在內銷應稅消費品應納稅額中抵扣的購進出口貨物數量；屬於複合計徵消費稅的，按從價定率和從量定額的計稅依據分別確定。

【87】出口退稅系統操作流程簡介

　　根據國家稅務總局公告2012年第24號規定，企業應在貨物報關出口之日（以出口貨物報關單「出口退稅專用」上的出口日期為準）次月起，至次年4月30日前的各增值稅納稅申報期內，收齊有關憑證，向主管稅務機關申報辦理出口貨物增值稅免抵退稅及消費稅退稅。一般在貨物出口所屬當月進行免稅申報，在取得報關單退稅聯後進行退稅申報，否則視同內銷，無法獲得退稅。目前出口貨物免稅、退稅申報皆在出口退稅系統中進行，以下就出口退稅系統的操作流程進行簡要介紹。

一、進料加工手冊登記與核銷

　　進料加工貿易企業取得進料加工手冊時，須進行手冊登記申報。執行「單證證明錄入—進料加工手冊登記錄入」，根據進料手冊進行錄入。

　　當手冊到期或用完時，須做手冊核銷。基本流程如下：

　　1. 執行「單證證明錄入—進料加工手冊核銷錄入」，錄入資料。

　　2. 執行「申報資料處理—列印申報資料」，在「生產企業進料加工手冊登記核銷申請」上打勾，輸入進料加工手冊號，執行「增加—確定」即可。

　　3. 執行「申報資料處理—生成上報資料—單證申報資料」，在「生產企業進料加工手冊核銷資料」上打勾，輸入所屬期，執行「增加—確定」即可。

二、免稅申報

　　生產企業在貨物報關離境並銷售後，由於當月出口貨物的免稅申報為次月15日前，故實務中在確認銷售的次月15日前，向主管稅務機關進行辦理免稅申報。

　　1. 免稅明細資料錄入

　　執行「免稅資料錄入—免稅明細資料申報錄入」，根據出口發票和報關單錄入以下資料：

（1）所屬期：即上月的申報年月。

（2）出口專用發票號碼。

（3）出口報關單上出口日期。

（4）貿易性質碼：根據貿易性質不同，選擇「一般貿易」或「進料加工貿易」等。

（5）出口商品專用發票上的總金額，且是人民幣。

（6）報關單號碼：出口報關單上海關編號後 9 碼＋00X。通常一份報關單會有好幾筆業務，必須逐筆錄入，因此第一筆報關單號為編碼的後 9 碼＋001，依此類推。

（7）發票金額：出口報關單上對應品名的金額，且是人民幣。

　　若是進料加工貿易企業，還須進行進料加工抵扣明細資料的錄入：執行「免稅資料錄入—進料加工抵扣明細錄入」，根據「生產企業進料加工貿易免稅證明」或「生產企業進料加工貿易免稅已核銷證明」錄入資料。

　　2. 列印免稅資料

　　執行「申報資料處理—列印申報資料—免稅申報」，輸入所屬期後，點擊確定即可。

　　3. 生成免稅資料

　　執行「申報資料處理—生成上報資料—免稅申報資料—新徵管系統」，輸入所屬期後，點擊確定即可生成資料，然後將生成的資料導入到國稅的申報系統中即可。

三、退稅申報

　　生產企業應在貨物報關出口之日（以出口貨物報關單「出口退稅專用」上的出口日期為準）次月起至次年4月30日前的各增值稅納稅申報期內，收齊有關憑證向稅務局退稅部門申報辦理退稅申報。

1. 錄入退稅資料

執行「退稅資料錄入—退稅明細資料申報錄入」，錄入報關單號碼，自動生成免稅資料，之後執行「納稅匯總表資料錄入」，根據增值稅納稅申報表錄入資料。

2. 列印退稅資料

執行「申報資料處理—列印申報資料—退稅申報」，輸入所屬期和批次，選擇錄入的全部資料，點擊確定即可。

3. 生成退稅資料

執行「申報資料處理—生成上報資料—正式申報資料」，輸入所屬期和批次，選擇錄入的全部資料，點擊確定即可。

四、進料加工企業料件明細申報

進料加工貿易企業核銷之前，須申報進口料件明細：執行「單證證明錄入—進口料件明細申報錄入」，根據該手冊下發生進口業務的進口報關單錄入資料後，進行列印退稅資料與生成退稅資料，流程與上述退稅申報流程相同。

五、預申報資料反饋

將生成的明細申報資料和匯總申報資料，報送稅務局進行預申報。稅務局會生成疑點資訊和單證不齊資訊等反饋資訊，並將資訊反饋到企業。企業執行「反饋資訊處理—稅務機關反饋資訊讀入」，查詢稅務機關反饋的資訊，並對資訊進行處理，然後將最終的資料報送到稅務機關。

六、申報報表列印

執行「免抵退稅申報—列印申報報表」，列印「出口貨物免、抵、退稅申報明細表及匯總表」。

至此，企業當月的申報工作結束。

【88】如何正確進行出口貨物退（免）稅單證管理

為了加強出口貨物退（免）稅業務的管理，大陸國稅總局規定，申報出口貨物退（免）稅應在15天內將出口貨物單證在企業財務部門備案，以便國稅局核查相關單證，以杜絕騙取出口退稅的情況發生。本文著重介紹企業應如何進行出口貨物退（免）稅單證的管理。

一、出口貨物退（免）稅單證備案

根據大陸「國家稅務總局關於出口貨物退（免）稅實行有關單證備案管理制度（暫行）的通知」（國稅發[2005]199號，以下簡稱199號文，其中有部分條款繼續有效）以及國家稅務總局公告[2012]24號規定，出口企業自營或委託出口屬於退（免）增值稅或消費稅的貨物，應按如下辦理備案。

1. 需要備案的單證

出口企業應在申報出口退（免）稅後15日內，將所申報退（免）稅貨物的下列單證，按申報退（免）稅的出口貨物順序，填寫「出口貨物備案單證目錄」，註明備案單證存放地點，以備主管稅務機關核查。

（1）外貿企業購貨合同、生產企業收購非自產貨物出口的購貨合同，包括一筆購銷合同下簽訂的補充合同等。

（2）出口貨物裝貨單。

（3）出口貨物運輸單據（包括：海運提單、航空運單、鐵路運單、貨物承運單據、郵政收據等承運人出具的貨物單據，以及出口企業承付運費的國內運輸單證）。

若有無法取得上述原始單證情況的，出口企業可用具有相似內容或作用的其他單證進行單證備案。除另有規定外，備案單證由出口企業存放和保管，不得擅自損毀，保存期為 5 年。

視同出口貨物及對外提供修理修配勞務，不實行備案單證管理。

2. 單證備案的方式

根據199號文規定，稅務機關應督促出口企業建立備案單證的文件案管理制度，加強對備案單證的日常管理和核查，並將備案單證管理納入稅收管理員的職責範圍。在進行退稅審核、退稅評估、退稅日常檢查時，可向出口企業調取備案單證，進行檢查。同時，各地稅務機關退稅部門應在內部設置專職崗位，負責出口企業備案單證的日常檢查工作。

二、出口貨物退（免）稅單證管理

出口企業應就如下幾個方面，對出口貨物退（免）稅單證進行核查管理。

1. 檢查企業每一筆出口業務是否都簽訂了相應的外銷合同；購貨合同及購銷合同的簽名、印章是否齊全；不得偽造外方簽名，必須取得真實有效的簽名、印章。

2. 企業應注意出口業務流程的先後日期順序。一般真實的出口業務，都是外貿合同、發票日期在前，報關單的出口報關日期在後。除非是採用分期付款結算、賒銷等方式，可以按合同約定收款日期的當天做銷售和開具發票，其餘一般都應在貨物發出的當天做銷售並開具發票。這種情況，企業應當將相應的分期付款、賒銷合同準備齊全，一併備案以備核查之需。

3. 除保證外貿合同、出口貨物明細單、出口貨物裝貨單、出口貨物運輸單、增值稅專用發票、出口報關單內容的一致外，還須考慮上述單據時間先後順序的合理性。

4. 企業若是將公司空白的出口單據交給報關行、貨代公司等外部單位，必須簽訂相應的委託合同或約定合同，並整理歸檔。

5. 企業須注意除外貿合同中有約定質量責任承擔者、結匯責任承擔者以外，企業為了規避出口貨物的質量、結匯或退稅風險而在簽訂購貨合同的同時，又簽訂了代理出口合同的，企業不得將該業務向稅

務機關申報辦理出口貨物退（免）稅。

　　最後提醒的是，根據國家稅務總局、國家外匯管理局、海關總署「關於貨物貿易外匯管理制度改革的公告」（國家外匯管理局公告2012年第 1 號）規定，取消出口收匯核銷單，由逐筆核銷改變為非現場總量核查，但「關於出口貨物勞務增值稅和消費稅政策的通知」（財稅[2012] 39號）規定，仍然對未能在國家稅務總局規定的期限內向稅務機關補齊增值稅退（免）稅憑證的出口貨物勞務，只可以申請免稅或視同內銷，最終都將損失出口退稅利益。

【89】出口退稅的概念、範圍、條件分析

　　出口貨物退稅是國際貿易中已被各國接受的通行作法，其目的是提高本國出口貨物在國際市場競爭力的稅收措施。大陸出口退稅涉及的概念、範圍、條件說明如下。

一、出口退稅的概念

　　出口退稅是指大陸對已報關離境的出口貨物，將其在大陸生產和流通的各環節按稅法規定已經繳納的增值稅和消費稅，退還出口企業的稅收制度。「出口」指報關離境，「退稅」指退增值稅、消費稅。

二、出口退（免）稅的範圍

　　不同類型企業的貿易方式，適用不同的出口退稅政策。生產型企業的一般貿易、進料加工出口產品，適用「免、抵、退」的出口退稅政策，而生產型企業的來料加工、深加工結轉出口產品，適用「免稅不退稅」的出口退稅政策（部分上海地區企業深加工結轉出口產品視同內銷）；貿易企業的一般貿易出口產品，適用「免、退」的出口退稅政策。另外，財稅字[1995]92號、財稅[2002]7號以及「關於出口貨物勞務增值稅和消費稅政策的通知」（財稅[2012]39號）規定，小規模納稅人出口的貨物適用免稅政策：

1. 享受出口退稅的企業範圍

（1）有出口經營權的外貿企業。

（2）有出口經營權的自營生產企業和生產型集團公司。

（3）外商投資企業。

（4）委託外貿企業代理出口的企業。

（5）特准退（免）稅企業。

2. 出口免稅不退稅的貨物範圍

（1）來料加工複出口的貨物。

（2）避孕藥品和用具、古舊圖書、印花稅票等。

（3）有出口捲菸經營權的企業，出口「國家出口捲菸計畫」內的捲菸。

（4）軍品以及軍隊系統企業，出口軍需部門調撥的貨物。

（5）國家規定的其他免稅貨物。

以上企業，雖可能具有進出口經營權，但出口的貨物如屬稅法規定免徵增值稅、消費稅，遵從不徵不退原則，不予辦理出口退稅。

出口享受免徵增值稅的貨物，其耗用的原材料、零部件等支付的進項稅額，包括准予抵扣的運輸費用所含的進項稅額，不能從內銷貨物的銷項稅額中抵扣，應計入產品成本。

3. 不予退免稅的貨物範圍

對有進出口經營權的企業出口的一些特定貨物，雖然已經徵收了增值稅、消費稅，但現行出口貨物退（免）稅辦法規定，除經國家批准屬於進料加工複出口貿易外，不予退還或免徵增值稅、消費稅，例如：援外物資、國家禁止出口的貨物等。國家規定不予退稅的出口貨物，其銷售收入應視同內銷，徵收增值稅。

三、出口退稅的貨物須符合的條件

1. 必須是增值稅、消費稅徵收範圍內的貨物。

大陸出口退稅以徵稅為前提，因此，退稅只能是對已徵稅的出口

貨物退還其已徵的增值稅、消費稅稅額，不徵稅的出口貨物則不能退還上述兩稅，否則所退稅款就沒有來源。不屬於應稅的貨物，則不存在退稅問題。

2. 必須是報關離境出口的貨物。

一般情況下，區別貨物是否報關離境出口，是確定貨物是否屬於退（免）稅範圍的主要標準之一。但須注意大陸現行的出口退稅的特殊性，企業將產品出口至出口加工區、物流園區等海關特殊監管區域，區外企業可以享受出口退稅；但企業將產品出口至保稅區，一般情況下區外企業視同內銷，特殊情況下區外企業完成二次報關、貨物真實離境，才能享受出口退稅。

3. 必須是在財務上做出口銷售處理的貨物。

大陸對出口貨物退（免）稅的規定只能適用於貿易性質的出口貨物，非貿易性質的出口貨物，例如：向國外捐贈、在國外展出、個人在國內購買後自帶離境的已徵增值稅、消費稅的貨物等，是不予退稅的；但值得注意的是，根據「關於出口貨物勞務增值稅和消費稅政策的通知」（財稅[2012]39號）規定，外貿企業可以退稅的依據為購進貨物的增值稅專用發票註明的金額或海關進口增值稅專用繳款書註明的完稅價格，也就是說，貿易公司出口原產地為境外的產品，現在也可以獲得退稅。

4. 特准的貨物範圍。不具備以上三個條件但又具有其特殊性的貨物，按大陸政府特批為準。

【90】出口企業「四自三不見」出口方式含義

　　根據「關於出口企業以『四自、三不見』方式成交出口的產品不予退稅的通知」（國稅發[1992]156號）規定，所謂「四自三不見」業務，是指出口企業違反外貿經營的正常程序，在「客商」或中間人自帶客戶、自帶貨源、自帶匯票、自行報關，和出口企業不見出口貨物、不見供貨貨主、不見外商的情況下，進行所謂的「出口交易」業務，這種交易並無商品，發票和報關單等憑證均為偽造。

一、「四自三不見」出口方式含義

　　「四自三不見」就是先由出口企業向「中間人」出具空白的報關單、出口發票等所有的空白報關出口單證，任其自帶貨物、自帶外商、自帶匯票、自行報關。然後出口企業再憑「中間人」交回來的和另外提供的形式合法但內容虛假的出口貨物報關單、銀行結匯水單、增值稅專用發票、專用繳款書，向主管退稅的稅務機關申報出口退稅。其間出口企業不見出口貨物、不見供貨貨主、不見外商。具體操作方式如下。

　　1. 中間人通過出口企業，取得出口資格及空白的報關單、報關委託書、出口發票等所有的空白報關出口單證。

　　2. 中間人利用上述出口報關所需單證，通過報關行等取得出口報關單。

　　3. 中間人通過黑市購匯，再從境外匯入到出口企業帳戶，由出口企業進行結匯。

　　4. 中間人購買其他企業虛開的增值稅專用發票。

　　5. 出口企業通過虛假帳務處理及上述單證，辦理出口退稅。

二、帶有「四自三不見」特徵的違規經營行為

　　「關於進一步規範外貿出口經營秩序切實加強出口貨物退（免）稅管理的通知」（國稅發[2006]24號）明確指出六種帶有「四自三不

見」特徵的違規經營行為，具體內容如下。

1. 出口企業將空白的出口貨物報關單等出口退（免）稅單證，交由未簽有委託合同的貨代公司、報關行，或國外進口方指定的貨代公司以外的其他單位或個人使用。

2. 出口企業以自營名義出口，其出口業務實質上是由本企業及其投資的企業以外的其他經營者，假借該出口企業名義操作完成。

3. 出口企業以自營名義出口，其出口的同一批貨物既簽訂購貨合同，又簽訂代理出口合同。

4. 出口貨物在海關驗放後，出口企業自己或委託貨代承運人，對該筆貨物的海運提單上的品名、規格等進行修改，造成出口貨物報關單與海運提單有關內容不符。

5. 出口企業以自營名義出口，但不承擔出口貨物的質量、結匯或退稅風險。

6. 出口企業未實質參與出口經營活動，而接受並從事由中間人介紹的其他出口業務，但仍以自營名義出口。

三、從事「四自三不見」業務的後果

根據「出口貨物稅收函調管理辦法」（國家稅務總局公告[2010]11號），對出口業務涉及國家稅務總局預警資訊等情況的，主管退稅機關應要求出口企業填報「出口業務自查表」，並分析有關內容以確認是否存在或涉嫌「四自三不見」業務。

1. 根據「關於出口企業以『四自、三不見』方式成交出口的產品不予退稅的通知」（國稅發[1992]第156號）規定，對出口企業成交的「四自三不見」業務，一律不予辦理退稅。

2. 根據「關於規範出口貿易和退稅程序防範打擊騙取出口退稅行為的通知」（國稅發[1998]084號），及「關於進一步規範外貿出口經營秩序切實加強出口貨物退（免）稅管理的通知」（國稅發[2006]24號），從事「四自三不見」業務將有以下後果：

（1）申報退（免）稅的，一經發現，該業務已退（免）稅款予以追回，未退（免）稅款不再辦理。

（2）騙取出口退稅款的，由稅務機關追繳其騙取的退稅款，並處騙取退稅款1倍以上5倍以下罰款。

（3）對騙取國家出口退稅款的，由省級以上（含本級）稅務機關批准，按規定停止其出口退（免）稅資格，如騙取國家出口退稅款不滿 5 萬元的，可以停止為其辦理出口退稅半年以上 1 年以下；騙取國家出口退稅款 5 萬元以上不滿50萬元的，可以停止為其辦理出口退稅 1 年以上 1 年半以下等等。

（4）涉嫌構成犯罪的，移送司法機關依法追究刑事責任。

【91】影響出口退稅額主要因素介紹

　　加工貿易企業選擇適合的貿易方式和不同的海關特殊監管區域出口，是影響出口退稅額最主要的因素，需要考慮的其他因素有：公司出口產品退稅率、進項稅及產品生產中使用保稅料件多少、不同類型外銷收入的比例、進項稅額轉出的多少等。但上述的其他因素很多是客觀造成的，企業可予綜合考量，選擇最有利的出口貿易方式。

一、貿易方式的選擇

　　選擇不同海關特殊監管區域和不同貿易方式出口，是企業籌畫交易模式最重要的手段，以此實現企業利潤最大化。加工貿易企業可選擇的貿易方式主要有：一般貿易、來料加工、進料加工、國內結轉。

　　按出口退稅政策的規定，一般貿易和進料加工貿易方式出口，可享受「免、抵、退」稅政策，即免徵本企業生產銷售環節增值稅；進項稅額准予抵扣的部分，在內銷貨物的應納稅額中抵扣，抵扣不完的部分實行退稅。來料加工方式出口，可享受複出口貨物、加工費免稅

政策。國內結轉（即深加工結轉），經國稅機關審批同意，可享受免稅不退稅政策。

　　一般來說，「免、抵、退」稅方式對加工貿易企業最有利，當然也不能一概而論，有些企業產品出口退稅率很低、進項稅很少，也可以選擇來料加工和國內結轉，具體需要經過測算分析來確定。

二、出口到不同的海關特殊監管區域

　　目前海關特殊監管區域主要有保稅區、出口加工區、保稅物流園區、物流園區B型、保稅港區、綜合保稅區以及保稅物流中心。按出口退稅政策的規定，加工貿易企業把貨物出口到上述海關特殊監管區域（除保稅區以外），都可以享受出口退稅。唯一特殊的是，貨物出口到保稅區視同內銷，特例須完成二次報關、貨物正式離境，才能享受出口退稅。

三、退稅率

　　不同產品的出口退稅率不同，最高為17%。出口退稅率越高，企業的利益越大；反之則企業的利益越少。其次，由於退稅率為17%，則免抵退稅不得免徵和抵扣稅額為零，出口退稅率越低，則增加免抵退稅不得免徵和抵扣稅額，減少免抵退稅額。由於免抵退稅不得免徵和抵扣稅額結轉至成本，導致企業銷售成本增加，減少企業利潤。

四、不同類型外銷收入的比例及進項稅額轉出

　　一般貿易和進料加工貿易方式出口，享受「免、抵、退」稅政策；來料加工方式出口是加工費免稅；國內結轉享受免稅不退稅政策。按規定，來料加工收入和深加工結轉收入要做進項稅額轉出，而出口退稅就是退還國內採購的進項稅，進項稅額轉出的越多，相應出口退稅越少。進項稅額轉出＝（來料加工收入＋深加工結轉收入）÷營業收入合計×進項稅額。

五、保稅料件額的比例

　　當期免抵退稅不得免徵和抵扣稅額，需要轉出進項稅額至主營業

務成本，由於公司出口的產品存在徵退稅率之差，在非保稅採購價格（不含增值稅）、保稅採購價格相同的情況下，同等銷售價格時，保稅採購的進項稅額轉出較小，即選用保稅採購對公司較為有利。保稅採購和非保稅採購價格的平衡點：非保稅採購材料價格＝保稅採購材料價格×〔1－（徵稅率－退稅率）〕。

【92】生產型企業出口退稅流程簡介

在國際貿易中各國為了鼓勵本國貨物出口，增強本國產品的競爭優勢，基本上都採取出口貨物退（免）稅政策。大陸國稅總局對出口貨物的退稅政策有兩種：一是對外貿企業實行免稅和退稅的辦法；二是對生產企業實行免、抵、退稅辦法。生產型企業辦理出口退稅的基本流程如下。

一、辦理出口退稅資格認定

出口企業應在辦理對外貿易經營者備案登記或簽訂首份委託出口協議之日起30日內，填報「出口退（免）稅資格認定申請表」，提供下列資料到主管稅務機關辦理出口退（免）稅資格認定。

(1) 加蓋備案登記專用章的「對外貿易經營者備案登記表」或「中華人民共和國外商投資企業批准證書」。

(2) 中華人民共和國海關進出口貨物收發貨人報關註冊登記證書。

(3) 銀行開戶許可證。

(4) 未辦理備案登記發生委託出口業務的生產企業提供委託代理出口協議，不須提供第1、2項資料。

(5) 主管稅務機關要求提供的其他資料。

二、辦理增值稅納稅和免稅申報

生產企業提供出口報關單（預錄入單）、出口合同、發票、裝箱

單、報關委託書等資料報關出口,根據發票、出貨單等相關資料,會計上確認外銷收入後,按公司當月進項稅、銷項稅、出口退稅及進項稅轉出金額等,計算當月增值稅金額,並在每月15日之前辦理完增值稅納稅申報。當期應納稅額按下列公式計算:

當期應納稅額＝內銷貨物的銷項稅額－進項稅額－(出口貨物離岸價×外匯牌價－免稅購進原材料價格)×(徵稅率－退稅率)

生產企業辦理增值稅納稅及免稅申報時,應提供下列資料:

1. 「增值稅納稅申報表」及其規定的附表。

2. 退稅部門確認的上期「生產企業出口貨物免、抵、退稅申報匯總表」。

3. 稅務機關要求的其他資料。

三、辦理出口退稅申報

根據「關於發布『出口貨物勞務增值稅和消費稅管理辦法』的公告」(國家稅務總局公告2012年第24號)規定,企業應在貨物報關出口之日(以出口貨物報關單「出口退稅專用」上的出口日期為準,下同)次月起至次年4月30日前的各增值稅納稅申報期內收齊有關憑證,向主管稅務機關申報辦理出口貨物增值稅免抵退稅及消費稅退稅。逾期的,企業不得申報免抵退稅。當期免抵退稅額＝出口貨物離岸價×外匯牌價×退稅率－免稅原材料價格×退稅率。

在計算退稅額時,出口貨物應以離岸價(FOB)計算退稅額。如果出口發票金額以其他價格條件列示,應扣除按會計制度規定允許沖減出口銷售收入的運費、保險費、傭金等。若申報數與實際支付數有差額,在下次申報退稅時調整(或年終清算時一併調整)。

生產企業向退稅部門辦理「免、抵、退」稅申報時,應提供下列憑證資料:

1. 「免抵退稅申報匯總表」及其附表。

2. 「免抵退稅申報資料情況表」。

3.「生產企業出口貨物免抵退稅申報明細表」。

4. 出口貨物退（免）稅正式申報電子數據。

5. 下列原始憑證：

（1）出口貨物報關單（保稅區內的出口企業可提供中華人民共
　　　和國海關保稅區出境貨物備案清單）。

（2）出口發票。

（3）委託出口的貨物，還應提供受託方主管稅務機關簽發的代
　　　理出口貨物證明，以及代理出口協議影本。

（4）主管稅務機關要求提供的其他資料。

　　根據規定，出口退稅申報和增值稅申報基本一致，都在次月15日
內申報即可。

四、取得退稅款

　　公司進行退稅申報後，當期應退稅額及免抵稅額按如下計算。

　　1. 如果當期期末留抵稅額小於等於當期免抵退稅額，則當期應退
稅額等於當期期末留抵稅額。當期免抵稅額＝當期免抵退稅額－當期
應退稅額。

　　2. 如當期期末留抵稅額大於當期免抵退稅額，則當期應退稅額等
於當期免抵退稅額。當期免抵稅額等於零。

　　主管退稅機關根據上述原則，審核確認當月的退稅金額及免抵
金額。江蘇地區一般稅務機關會出具「生產企業出口貨物免、抵、退
稅通知單」，上海地區稅務機關會核發「生產企業出口貨物免、抵、
退稅申報匯總表」。公司取得「通知單」或根據「匯總表」，做以下
帳務處理：借→其他應收款—應收出口退稅（增值稅）；借→應交稅
費—應交增值稅（出口抵減內銷應納稅額）；貸→應交稅費—應交增
值稅（出口退稅）。

【93】貿易公司出口退稅流程簡介

貿易公司出口退稅採取「免退」方法，被認定為增值稅一般納稅人的出口貿易公司，實行增值稅免退稅辦法，即對銷項免稅、進項稅額退稅。貿易公司出口貨物可退增值稅，應依據購進出口貨物增值稅專用發票上所註明的進項金額或海關進口增值稅專用繳款書註明的完稅價格和退稅率計算。貿易公司出口貨物退（免）稅流程如下。

一、先至稅務機關辦理出口貨物退（免）稅認定

辦理條件：具有進出口經營權企業及須辦理特殊退稅的企業，外貿企業應在辦理對外貿易經營者備案登記或簽訂首份委託出口協議之日起30日內，到主管稅務機關辦理出口退（免）稅資格認定，並提供以下資料：

1. 「對外貿易經營者備案登記表」、「中華人民共和國外商投資企業批准證書」。

2. 「企業法人營業執照」（副本）。

3. 「稅務登記證」（副本）。

4. 增值稅一般納稅人申請認定審批表，或增值稅一般納稅人年檢審批表（小規模納稅人不須提供）。

5. 主管海關核發的「自理報關單位註冊登記證明書」。

6. 大陸質量技術監督局核發的「中華人民共和國組織機構統一代碼證」。

7. 銀行開戶許可證。

8. 委託出口協議（無進出口經營權的企業，委託對外貿易經營者出口辦理認定用）。

9. 「出口貨物退（免）稅稅務認定聯繫單」和「出口貨物退（免）稅認定表」各三份。

10. 主管退稅稅務機關要求提供的其他有關證件、資料。

經稅務機關審核通過後，會下發「出口貨物退（免）稅稅務認定聯繫單」、「出口貨物退（免）稅認定表」。

二、申報系統錄入及注意事項

使用外貿企業出口退稅申報系統，錄入出口退稅信息，在退稅系統中生成明細退稅申報數據並進行申報。

三、至稅務機關辦理出口退（免）稅及應當攜帶和提交的資料

根據關於發布「出口貨物勞務增值稅和消費稅管理辦法」的公告（國家稅務總局公告2012年第24號）規定：

1. 「外貿企業出口退稅匯總申報表」。

2. 「外貿企業出口退稅進貨明細申報表」。

3. 「外貿企業出口退稅出口明細申報表」。

4. 出口貨物退（免）稅正式申報電子數據。

5. 下列原始憑證：

（1）出口貨物報關單。

（2）增值稅專用發票（抵扣聯）、出口退稅進貨分批申報單、海關進口增值稅專用繳款書（提供海關進口增值稅專用繳款書的，還須同時提供進口貨物報關單）。

（3）委託出口的貨物，還應提供受託方主管稅務機關簽發的代理出口貨物證明，以及代理出口協議副本。

（4）主管稅務機關要求提供的其他資料。

（5）特殊規定的資料。例如：保稅區貿易型企業除（1）、（2）不提供外，還須提供加蓋海關有關實際離境證明章的出境備案清單、外匯收入憑證。

四、申報結果

提供上述資料20個工作日後，領取「出口退稅審核綜合結果匯總表」。收到出口退稅款後，企業根據銀行退轉的出口退稅憑證進行帳務處理。

　　另外，財稅字[1995]92號、財稅[2002]7號及財稅[2012]39號規定：小規模納稅人出口的貨物適用免稅政策，也就是說，小規模納稅人實行出口免稅不退稅政策。

【94】外貿企業和生產型企業出口退稅差異

　　大陸對外貿企業和生產型企業出口產品實行不同的出口退稅政策，外貿企業出口產品實行「免、退」的出口退稅政策；生產型企業出口產品實行「免、抵、退」、「免稅不退稅」的出口退稅政策。本文僅對外貿企業的「免、退」與生產型企業一般貿易出口的「免、抵、退」，進行對比分析。

一、相關政策

　　1. 外貿企業

　　外貿企業享受「免、退」政策，「免」是指免出口環節的銷項稅額，「退」是指按規定的退稅率退購進環節的進項稅額。

　　一般情況下外貿企業出口貨物只有在同時具備以下三個條件情況下，才能向稅務機關辦理退稅，否則不予辦理。

　　（1）屬於增值稅、消費稅範圍的貨物；（2）報關離境的貨物；（3）在財務上做銷售處理的貨物。

　　2. 生產型企業

　　生產型出口企業自營或委託外貿企業代理出口自產貨物，除另有規定外，以一般貿易、進料加工貿易方式出口產品，實行「免、抵、退」的出口退稅政策。「免、抵、退」稅是指對生產企業出口的自產貨物在生產銷售環節實行免稅，出口貨物所耗用的原材料、零部件等已納稅款在內銷貨物的應納稅額中抵頂，未抵頂完的稅額部分按規定予以退稅的一種退稅方式。

　　生產型企業辦理出口退稅，除了要具備以上提到的三項條件之

外，出口的產品必須是自產產品或視同自產的產品（貨物）。

二、計算方法

1. 外貿企業

外貿企業從增值稅一般納稅人購進的出口貨物，應依據購進出口貨物取得的增值稅專用發票所列明的計稅金額或海關進口增值稅專用繳款書註明的完稅價格（不含稅），和出口貨物適用退稅率，計算其應退稅額。計算公式如下：

應退稅額＝外貿企業購進出口貨物的計稅金額×出口退稅率

上述公式的退稅率，以出口貨物報關單上的商品代碼在退稅率文庫中對應的出口退稅率為準，出口貨物退稅率執行時間，以出口貨物報關單出口退稅聯上註明的海關出口日期為準。

2. 生產型企業

生產型企業實行「免、抵、退」稅，即對本環節增值部分免稅，進項稅額准予抵扣的部分，在內銷貨物的應納稅額中抵扣，抵扣不完的部分實行退稅。計算公式如下：

當期不予抵扣或退稅的稅額＝當期出口貨物離岸價×外匯人民幣牌價×（徵稅率－退稅率）

當期應納稅額＝當期內銷貨物的銷項稅額－（當期進項稅額－當期不予抵扣或退稅稅額）－上期留抵稅額

當期免抵退稅額＝出口貨物離岸價×人民幣外匯牌價×出口貨物退稅率

若當期期末留抵稅額小於等於當期免抵退稅額，則當期應退稅額等於當期期末留抵稅額，當期免抵稅額＝當期免抵退稅額－當期應退稅額。

若當期期末留抵稅額大於當期免抵退稅額，則當期應退稅額等於當期免抵退稅額，當期免抵稅額等於零。

三、外貿企業和生產型企業出口退稅差異

1. 退稅政策差異

外貿企業享受「免、退」政策，外貿企業貨物出口，其出口銷售環節免徵增值稅，退稅是依據其購進的出口貨物的進價和退稅率來計算，徵退稅之差計入企業成本。而生產型企業出口退稅是執行「免、抵、退」政策，出口退稅的稅額取決於出口的離岸價銷售收入、退稅率、進項稅額等，進項抵扣內銷應納稅收外，超過部份才退稅。

2. 自產產品及視同自產產品

外貿企業本身無生產功能，出口的貨物全部是外購產品，除不是大陸生產的產品出口外，皆適用「免、退」政策。根據「關於出口貨物勞務增值稅和消費稅政策的通知」（財稅[2012]39號）規定，上一年度銷售額 5 億元以上的生產企業，外購出口的貨物與本企業自產貨物同類型或具有相關性，視同自產產品出口退稅，如果上一年度銷售額沒有達到 5 億元以上的生產企業，則外購的貨物須與本企業的產品具有配套性、性能相同等特徵方能視同自產產品申報出口退稅。如果均不屬於上述兩種情況的，生產型企業出口非自產的貨物視同內銷徵收增值稅，不能享受出口退稅政策。

3. 城市維護建設稅、教育費附加

大陸「財政部國家稅務總局關於生產企業出口貨物實行免抵退稅辦法後有關城市維護建設稅、教育費附加政策的通知」（財稅[2005]25號）規定：「經國家稅務局正式審核批准的當期免抵的增值稅稅額應納入城市維護建設稅和教育費附加的計徵範圍，分別按規定的稅率徵收城市維護建設稅和教育費附加。」故生產型企業免抵稅額須繳納城市維護建設稅、教育費附加。而外貿企業是按照進項稅額來計算應退稅款，其出口增值部分不計算免抵稅額，因此不須繳納城市維護建設稅、教育費附加。

【95】出口加工區、物流園區、海關特殊監管區域出口退稅比較分析

　　出口退稅指的是原產於大陸的產品，在出口時退還其在大陸生產和流通環節實際繳納的增值稅和消費稅。同時大陸為促進出口貿易的發展，設立了許多海關特殊監管區域，給予關稅和流轉稅的優惠。目前，海關特殊監管區域主要有：保稅區、出口加工區、保稅物流園區、保稅港區、綜合保稅區和保稅物流中心。不同監管區域功能不同，享受的出口退稅政策也有所不同。

一、無出口退稅優惠

　　保稅倉只有保稅倉儲業務的功能，不能進行實質性加工（包裝、分級分類、加刷嘜碼〔即運輸標誌〕、分拆、拼裝等簡單加工除外）或貿易交易。由於入倉的是保稅產品，本身不含稅，故入倉時不存在出口退稅之說。出倉若發往境外，由於本身不含稅，也不存在出口退稅；若發往境內，則視同進口。所以，進出保稅倉的貨物未有出口退稅的優惠政策。

二、離境退稅

　　保稅區主要具有倉儲、貿易加工和出口保稅加工的功能，屬於較早期的海關特殊監管區域，稅收優惠政策相對較弱。從境內區外進入保稅區的產品，要待實際離境時方可辦理出口退稅。

　　有些出口監管倉庫審批時，未有入區退稅優惠政策，也是待貨物實際離境時辦理出口退稅手續。

　　根據關於發布「出口貨物勞務增值稅和消費稅管理辦法」的公告（國家稅務總局公告[2012]24號）規定，保稅區外的生產企業和外貿企業申報退（免）稅時，須提供倉儲企業的出境貨物備案清單。

三、入區退稅但區內不免稅

較前兩類監管區域更具優惠性的是，對於部分允許入庫即可辦理出口退稅手續的出口監管倉庫，符合出口退稅規定的貨物一旦進入相關監管區域，就可以辦理出口退稅。由於出口監管倉庫主要是倉儲功能，未有貿易和生產加工功能，不涉及流通環節的增值稅、消費稅，故未有區內免稅之說。

四、入區退稅且區內交易免稅

就增值稅而言，最為優惠的監管區域是入區即可辦理出口退稅，且區內交易免徵增值稅和消費稅的區域，這樣的監管區域有保稅物流園區、保稅物流中心、出口加工區、保稅港區和綜合保稅區。可以出口退稅的貨物進入出口加工區，即可辦理出口退稅，在區內加工生產的貨物不徵收增值稅和消費稅，而且區內耗用的水電氣可以辦理退稅。須注意的是，凡用於出租、轉讓的廠房，其發生的水電氣不予辦理退稅；水電氣的退稅申報可以按季度辦理。保稅港區和綜合保稅區在享受出口加工區稅收優惠政策的基礎上，由於其具有貿易功能，區內企業間的貿易交易也免增值稅和消費稅。保稅物流園區和保稅物流中心主要是倉儲和貿易功能，區內的商品都是不含稅的保稅商品，故區內交易亦免稅。

五、特別優惠條款

對於具有保稅加工功能的出口加工區、保稅港區和綜合保稅區，區內生產型企業所採購用於生產出口產品、並已經取消出口退稅的成品革、鋼材、鋁材和有色金屬材料（不含鋼坯、鋼錠、電解鋁、電解銅等金屬初級加工產品）等原材料，進區時可以按增值稅法定徵稅率退稅。這些原材料只能用於實質性加工，不能轉售區內非生產型企業、直接出境和以保稅方式出區。

從以上分析來看，綜合保稅區、保稅港區、出口加工區、保稅物流園區和保稅物流中心的出口退稅和增值稅、消費稅免稅政策最為優

惠，然後依次為出口監管倉、保稅區和保稅倉。而從功能看，除保稅區外，其他監管區也基本是按上述順序依次遞減，其中綜合保稅區是大陸目前開放層次最高、政策最優惠、功能最齊全、手續最簡化的特殊開放區域。

【96】出口監管倉庫所存貨物出口退稅問題解析

出口監管倉庫，是指經海關批准設立，對已辦結海關出口手續的貨物進行存儲、保稅物流配送、提供流通性增值服務的海關專用監管倉庫。下面具體分析出口監管倉庫所存貨物的出口退稅問題。

一、出口監管倉庫類型

出口監管倉庫分為出口配送型倉庫和國內結轉型倉庫。

出口配送型倉庫是指存儲以實際離境為目的的出口貨物的倉庫，通常貨物出口至倉庫後再分撥到境外各地。

國內結轉型倉庫是指存儲用於國內結轉的出口貨物的倉庫，通常貨物出口至倉庫後，通過進口報關手續直接從倉庫回流到境內，但也可出口至境外。

二、企業出口至出口監管倉庫貨物的退稅政策

存入出口監管倉庫的貨物，雖視為正式出口貨物，但貨物實際離境或再報關進口前，貨物所有權仍屬出口企業。

1. 入倉即可退稅

對符合無走私或重大違規行為、上一年度入倉貨物實際出倉離境率不低於99%、對入倉貨物實行全程電腦管理等條件的出口監管倉庫，經海關和國家稅務機關批准後可實行「入倉退稅政策」。所謂「入倉退稅政策」，指國內貨物進入出口監管倉庫，視同出口，享受出口退稅政策，即海關在貨物入倉結關後就予以簽發出口貨物報關單證明聯，以辦理出口退稅。具體如下。

（1）貨物存入入倉即予退稅的出口監管倉庫，並辦結出口報關
手續後，由主管海關向出口企業簽發「出口貨物報關單」
（出口退稅專用）。

（2）以轉關運輸方式存入出口監管倉庫的出口貨物，啟運地海
關應在收到出口監管倉庫主管海關確認貨物已實際入倉的
轉關核銷電子回執後，向出口企業簽發「出口貨物報關
單」（出口退稅專用）。

目前，實行「入倉退稅政策」的出口監管倉庫，均為出口配送型
倉庫。

上海與江蘇已具備入倉退稅條件的出口監管倉庫名單（僅為部分）

直屬海關	倉庫名稱	審批時間	離境率
南京海關	太倉新港物流管理中心有限公司出口監管倉庫	2006年8月	100％
南京海關	無錫高新物流中心出口監管倉庫	2007年10月	100％
南京海關	南京出口加工區中外運物流有限公司出口監管倉庫	2007年2月	100％
上海海關	上海五角世貿商城出口監管倉庫	2008年3月	100％
上海海關	虹橋空港出口監管倉庫	2008年4月	100％

2. 實際離境才可退稅

對不實行「入倉退稅政策」出口配送型倉庫及國內結轉型倉庫，
只有在貨物實際離境出口後，才享受出口退稅政策，即海關在貨物實
際離境後才簽發出口貨物報關單證明聯，以辦理出口退稅。

（1）對存入出口監管倉庫的貨物，在貨物實際離境出口後，出
境地海關方予簽發出口退稅專用報關單。報關出口但實際
不離境的，不予辦理出口退稅，海關不得簽發出口退稅專
用報關單。

（2）以轉關運輸方式存入出口監管倉庫的貨物，啟運地海關不予簽發出口退稅專用報關單，出境地海關驗收確認貨物入庫後，按轉關運輸的有關規定，簽發供核銷結案用出口報關單。待貨物實際離境後，方予簽發出口退稅專用報關單，供出口企業辦理出口退稅手續。

此類倉庫如：上海新金橋國際物流有限公司出口監管倉庫、上海威盛國際物流有限公司出口監管倉庫。

3. 特殊情況

已簽發退稅出口專用報關單的入倉貨物，原則上不允許再轉為境內銷售，因特殊原因確須退運或轉為境內銷售，須辦理相關手續。

（1）因故退運的一般貿易出口貨物，應由原發貨人或倉庫經營單位向海關申報進境，並提供原出口單證，經海關審查核實，可以免徵進口稅。已徵的出口稅，不予退還。屬於進口享受減免稅優惠的原材料加工的成品，因故退運國內銷售時，應按規定補稅。

（2）上述退運貨物，海關已簽發出口退稅報關單的，報關單位應向原報關出口地海關，出示當地主管出口退稅的縣級以上稅務機關的證明，證明其貨物未辦理出口退稅或所退稅款已退回稅務機關，海關方予辦理退運手續。

（3）轉入國內市場銷售的貨物，按照大陸國貨複進口貨物的有關規定辦理。

三、保稅倉庫與出口監管倉庫的區別

保稅倉庫，是指經海關批准設立，專門存放保稅貨物及其他未辦結海關手續貨物的倉庫。其與出口監管倉庫的區別為：保稅倉庫貨物進出庫，不視同進出口，主要具保稅功能；出口監管倉庫貨物視同出口，主要用於存放出口商品，不具保稅功能，不可存放進口商品。

【97】出口加工區內企業退稅政策介紹

出口加工區是指經國務院批准，由海關監管的特殊封閉區域，是海關特殊監管區域的一種。與保稅區、物流園區等相比，出口加工區的功能以加工出口為主，俗稱「境內關外」。所謂「境內」，指公司所在之出口加工區位於大陸境內，故適用大陸所有法律法規；所謂「關外」，指公司所在之出口加工區在大陸海關關口以外並受海關監管，即貨物從出口加工區內通過海關關口進入國內企業就視同進口，而國內企業的貨物通過海關關口進入出口加工區內，就視同出口。

根據「關於出口貨物勞務增值稅和消費稅政策的通知」（財稅[2012]39號）規定，對出口加工區內企業（以下簡稱「區內企業」）出口的貨物，不予辦理退稅，區內企業視同在「關外」，進口貨物均免稅、保稅。區外企業銷售給區內企業的貨物，可憑海關簽發的出口貨物報關單（出口退稅專用）和其他現行規定的出口退稅憑證，向稅務機關申報辦理退（免）稅；區內企業在採購環節不產生增值稅，因此一般來說區內企業不享受出口退稅政策。

但是，為了進一步支持出口加工區的發展，大陸國家稅務總局於2002年發布「國家稅務總局關於出口加工區耗用水、電、氣准予退稅的通知」（國稅發[2002]116號，現已失效），規定區內企業生產出口貨物耗用的水、電、氣准予退還所含的增值稅。這部分由區外企業銷售並輸入給區內企業的水、電、氣，區內企業須取得增值稅專用發票，否則不予辦理退稅。法規並規定區內企業水、電、氣應退稅額按下列公式計算：

應退稅額＝增值稅專用發票註明的進項金額×退稅率

水、電、氣的退稅率均為13%，如供應單位按簡易辦法徵收增值稅，退稅率為徵收率。若水、電、氣徵稅率大於退稅率，則無法退稅的進項稅額應計入成本科目。但根據財稅[2012] 39號規定，輸入特殊區

域的水電氣，其退稅率為適用稅率，不再按照13%退稅率退稅，也即不存在無法退稅的進項轉入成本了。對出口加工區企業來說，是一個利多。需要注意的是，區內企業從區外購進的水、電、氣，凡用於出租、出讓廠房的，不予辦理退稅，而區內租賃廠房的企業從區外購進的水、電、氣，用於生產經營的，可辦理退稅。

區內企業須按季填報「出口加工區內生產企業耗用水、電、氣退稅申報表」，並附送下列憑證向主管出口退稅的稅務機關申報辦理退稅手續：

1. 供水、供電、供氣公司（或單位）開具的增值稅專用發票（抵扣聯）。

2. 支付水、電、氣費用的銀行結算憑證（影本加蓋銀行印章）。

主管出口退稅的稅務機關應按季核查區內企業水、電、氣的實際耗用情況，年度終了後，應按清算的規定，對上年水、電、氣的退稅進行清算。

同時為了進一步鼓勵出口，根據大陸財政部、國家稅務總局、海關總署「關於國內採購材料進入出口加工區等海關特殊監管區域適用退稅政策的通知」（財稅[2008] 10號）規定，對區內生產企業在中國大陸國內採購用於生產出口產品的並已經取消出口退稅的成品革、鋼材、鋁材和有色金屬材料（不含鋼坯、鋼錠、電解鋁、電解銅等金屬初級加工產品）等原材料，進區時按增值稅法定徵稅率予以退稅，但對出口企業或其他單位銷售給特殊區域內的生活消費用品和交通運輸工具，以及對取消出口退稅進區並用於建區和企業廠房的基建物資，仍不實行退稅政策。

【98】小規模納稅人是否可以出口退稅

　　小規模納稅人，是指年銷售額在50萬元以下的工業企業，或年銷售額在80萬元以下的商業企業，並且會計核算不健全，不能報送準確稅務資料的納稅人。小規模納稅人目前實行的是3%的增值稅徵收率，小規模納稅人購進貨物及接受勞務，不允許抵扣進項稅，在出口退稅的操作上，政策和流程也有著相關規定。

一、小規模納稅人出口退稅政策

　　大陸財政部、國家稅務總局「關於印發『出口貨物退（免）稅若干問題規定』的通知」（財稅字[1995]92號）規定：「小規模納稅人自營和委託出口的貨物，一律免徵增值稅、消費稅，其進項稅額不予抵扣或退稅。」即小規模納稅人實行的是出口免稅不退稅的政策。

二、小規模納稅人出口退稅認定

　　1. 按照大陸「國家稅務總局關於貫徹『中華人民共和國對外貿易法』、「關於發布『出口貨物勞務增值稅和消費稅管理辦法』的公告」（國家稅務總局公告[2012] 24號）規定，出口企業應在辦理對外貿易經營者備案登記或簽訂首份委託出口協議之日起30日內，填報「出口退（免）稅資格認定申請表」，提供相關資料到主管稅務機關辦理出口退（免）稅資格認定。辦理出口貨物退（免）稅認定手續後，出口的貨物可按規定辦理退（免）稅。

三、小規模納稅人出口免稅申報及核銷

　　小規模納稅人出口免稅申報程序等與一般納稅人不同，其出口貨物免稅申報的程序是先進行免稅，然後在規定的期限內收齊單證辦理核銷。

　　1. 小規模納稅人出口免稅申報

　　小規模納稅人自營或委託出口貨物後，須在次月向主管稅務機關辦理增值稅納稅申報時，提供「小規模納稅人出口貨物免稅申報表」

及電子申報資料。主管稅務機關核對相符後，將申報表的其中一聯簽章並交還。如核對不符，或者企業未按規定報送資料，則將申報資料退回小規模納稅人，由其補正後重新申報。

2. 小規模納稅人出口免稅核銷

小規模納稅人按月收齊有關出口憑證，填寫免稅核銷表格，貨物報關出口之日次月的增值稅納稅申報期內，向主管稅務機關辦理增值稅納稅申報、免抵退稅相關申報及消費稅免稅申報。

3. 出口稅額計算

小規模納稅人出口增值稅應徵稅額，是根據出口貨物離岸價、增值稅徵收率計算，具體計算公式如下：

增值稅應徵稅額＝（出口貨物離岸價×外匯人民幣牌價）÷

（1＋徵收率）×徵收率

以上公式中，出口貨物離岸價（FOB）以出口發票上的離岸價為準（若是委託代理出口，出口發票可以是委託方開具的或受託方開具的）。若以其他價格條件成交，應扣除按會計制度規定允許沖減出口銷售收入的運費、保險費、傭金等。值得注意的是，如果企業沒有按照實際價格申報，稅務機關會按照「中華人民共和國稅收徵收管理法」、「中華人民共和國增值稅暫行條例」等有關規定予以核定。

【99】深加工結轉稅收政策分析

深加工結轉，俗稱「轉廠」，是指加工貿易企業將保稅進口料件加工成產品後，轉至另一加工貿易企業進行下一步或多次加工後再複出口的經營行為。雖然該產品最終已完成出口手續，但由於中間加工環節是在大陸境內完成，因此深加工結轉過程中的稅收政策不同於直接出口，而且各個地方關於深加工結轉的規定還存在差異。

一、稅收政策

深加工結轉根據所在地區不同，出口退稅政策分別適用免稅或徵稅的政策。

（一）免稅不退稅

江蘇、浙江等省及上海，1993年12月31日以前批准設立的外商投資企業的深加工結轉，適用免稅不退稅政策，即企業進口的原材料免稅，加工的產品出口不退稅，該產品耗用的原材料、零部件及運輸費用等對應的進項稅額須計入產品銷售成本處理，具體計算方法如下：

免稅貨物不得抵扣的進項稅額＝免稅項目收入額÷全部銷售收入×當期全部進項稅額

1. 發生深加工結轉的企業，年度末須進行免稅清算，即將上述公式中的資料轉換為全年資料後，再調整進項稅額轉出資料。

2. 在江蘇2010、2011年的增值稅清算表中，當期全部進項稅額，已將當期申報抵扣的固定資產進項稅額進行扣除，因此，只要企業購進的固定資產不是全部生產免稅項目的產品，不用計入轉出進項稅額的基數中，而可以進行留抵退稅或抵扣內銷產品的銷項稅額。

3. 如果能單獨核算免稅項目的進項稅額，則可直接從當期進項稅額中扣減，無須採取上述公式，但須主管稅務機關批准後方可操作。

（二）徵稅政策視同內銷

上海自1993年12月31日以後批准設立的外商投資企業的深加工結

轉，採取視同內銷的政策，即企業加工的產品出口不退稅，該產品耗用的原材料、零部件以及運輸費用等對應的進項稅額，無須計入產品銷售成本處理，可進行正常抵扣，但須計算銷項稅額，計算方法為：

銷項稅額＝免稅銷售收入額÷（1＋17%）×17%

二、免稅申報

月末，企業應將深加工結轉出口報關單資料，錄入免抵退稅申報系統，生成「生產企業免稅貨物申報明細表—間接出口」，連同以下資料辦理免稅申報：

1. 「生產企業出口貨物免抵退稅匯總表」。

2. 加蓋海關簽章（轉出地、轉入地海關簽章）的「中華人民共和國海關加工貿易保稅貨物深加工結轉申請表」。

3. 加蓋海關驗訖章的出口貨物報關單。

4. 經外匯管理部門簽章的出口收匯核銷單。

5. 企業簽章的出口發票。

三、發票管理

由於目前大陸國稅總局對深加工結轉的規定未能統一，存在上述兩種不同的稅收政策，因此各地對於深加工結轉過程中的發票要求也各有其規定。

1. 浙江：浙國稅進[2005]12號規定，出口企業加工貿易深加工結轉環節將不予徵收增值稅，但不得開具增值稅專用發票。

2. 大連：大國稅發[2006]122號規定，生產企業加工貿易深加工結轉收入暫不徵收增值稅，但不得開具增值稅專用發票。

3. 安徽：皖國稅函[2010]197號規定，企業開展進料深加工結轉銷售業務的，在向下一道環節結轉銷售時，可自行選擇開具增值稅專用發票或出口發票方式，並向稅務機關備案。企業確定一種開票方式後，原則上一年內不得變更。下一道環節取得增值稅進項發票可以進行抵扣，如果直接出口則可以用來申請出口退稅，但保稅料件不得抵

扣稅額抵減額則無法同時計算。

可以看出，上述地方均規定深加工結轉如果不徵增值稅，不得開具增值稅專用發票，反之則可以，具有對應關係，不過仍然存在各地稅務機關實務處理政策不一致的情況，企業在適用不同的深加工結轉方式，應先和主管稅務機關溝通稅收政策。

不管是徵稅還是免稅政策，對於深加工結轉來說都不能退稅，因此如果企業退稅率高、國內採購輔材或費用所含的進項稅額較大，可以考慮採取通過物流園區享受出口免抵退稅政策。

【100】深加工結轉的進項稅額轉出解決之道

深加工結轉是加工貿易政策中一種特殊交易模式，其出口稅收政策如果採取免稅不退稅，稅務處理方式為企業進口的原材料免稅，銷售貨物免稅，結轉產品所耗用的原輔料、零部件以及運輸費用等對應的進項稅額不能辦理退稅，須轉出計入產品銷售成本，這無疑增加了企業的營業成本。本文從以下五點來探討解決之道。

一、深加工結轉交易改為通過物流園區（或綜合保稅區）交易

根據大陸「國家稅務總局關於保稅區與港區聯動發展有關稅收問題的通知」（國稅發[2004]117號）規定，對保稅物流園區外企業（以下簡稱區外企業）運入物流園區的貨物視同出口，區外企業憑海關簽發的出口貨物報關單（出口退稅專用）及其他規定憑證，向主管稅務機關申請辦理退（免）稅。因此區外企業無須做進項轉出。

通過物流園區銷售的基本流程為：

1. 區外企業將貨物運至境外公司在物流園區租賃的倉庫中，按出口報關處理視同出口並享受退稅，區內收貨人為物流園區內的倉儲物流公司，物權則必須是第三方境外企業（也可以是物流園區內的貿易

公司）。

2. 第三方境外企業辦妥入園區手續後，可將該批貨物重新按保稅貨物的方式出售給境內區外客戶，區外客戶至物流園區提貨，做進口保稅或是一般貿易進口。

3. 區外企業開立外銷發票給境外公司，境外公司付貨款給區外企業。

4. 境外公司開具發票給區外客戶，並從區外客戶處收取貨款。

需要提醒的是，實務中需要考慮客戶配合度、產品的交期、物流園區的倉儲費用、運輸費用等。同時為了解決報關頻繁所帶來的成本和時間壓力，目前各地海關均在積極推行「分送集報」特殊通關方式，即分批送貨、集中報關，一般是一週集中申報一次，也有一個月集中申報一次的。

二、適當降低國內採購比例，減少進項稅額

當期國內結轉進項轉出金額的大小，主要受當期國內結轉銷售比例和當期取得進項稅額多少兩個因素影響。因此企業在材料保稅、國內採購兩者都允許的情況下，須對二者的採購價格進行分析，假設銷售價格保持不變的情況下，兩者採購價格的平衡點為保稅採購材料成本＝國內採購材料成本＋國內結轉進項轉出。當保稅料件採購成本小於國內採購成本＋國內結轉進項轉出，應儘量採購保稅料件，減少國內採購進項稅額所帶來的轉出成本。

三、改按比例結轉為據實轉出，降低進項轉出金額

根據增值稅暫行條例實施細則第二十六條規定，一般納稅人兼營免稅項目，或者非增值稅應稅勞務而無法劃分、不得抵扣的進項稅額的，按下列公式計算不得抵扣的進項稅額：

不得抵扣的進項稅額＝當月無法劃分的全部進項稅額×當月免稅項目銷售額、非增值稅應稅勞務營業額合計÷當月全部銷售額、營業額合計

　　從上述公式可以得出，無法劃分、不得抵扣的進項稅額，需要按照比例轉出，反之，能劃分清楚的，就無須按照比例轉出。在實務中也得到印證，對國內結轉進項轉出有兩種方式，一種是完全按照國內結轉銷售比例轉出，一種是對能劃分清楚的國內結轉實際耗用的進項稅額予以轉出，對確實無法劃分清楚的進項稅額，再按照國內結轉銷售比例轉出。

　　但要提醒的是，由於據實轉出進項稅額一般小於比例結轉，採用據實轉出的方式需要稅務機關的審批同意。

四、適當提高關聯銷售或其他銷售模式價格，降低國內結轉銷售比例

　　如第二點所述，國內結轉進項轉出金額的大小，還受到當期國內結轉銷售比例因素影響。因此企業如能保證整體利益不受影響，可以適當提高關聯銷售或其他銷售價格，以此降低國內結轉銷售比例，從而減少進項轉出。但是，企業須關注關聯交易可能帶來的稅務風險。

五、國內結轉＋增值稅專用發票模式

　　如果客戶能配合，國內結轉可以採用開具增值稅發票模式進行，稅務上視同內銷繳納銷項稅額，如此進項稅額無須轉出，可以得到合理抵扣。

　　上述五種模式既可以單獨使用，也可以組合使用，具體運用時需要進行實際測算，以保證企業利益最大化。

【101】新發生業務或小型出口企業　　出口退稅演變及計算（上）

　　根據「關於出口貨物勞務增值稅和消費稅政策的通知」（財稅[2012]39號）和「關於發布『出口貨物勞務增值稅和消費稅管理辦法』的公告」（國家稅務總局公告[2012]24號）規定，取消對新發生業務企業及小型企業出口退稅實行12個月的「監管期」，也就是說這類企業在發生第一筆出口退稅業務起就可以申報出口退稅。相關法律演變如下。

一、關於進一步推進出口貨物實行免抵退稅辦法的通知

　　2002年1月23日大陸財政部、國稅總局頒布「關於進一步推進出口貨物實行免抵退稅辦法的通知」（財稅[2002]7號，以下簡稱7號文）第八條規定：「對小型出口企業和新發生出口業務的企業發生的應退稅額，退稅審核期為12個月。對新發生出口業務的企業，12個月以後退稅納入正常分類管理。新發生出口業務的企業是指自發生首筆出口業務之日起未滿12個月的企業。」

二、關於印發「生產企業出口貨物『免、抵、退』稅管理操作規程」　　（試行）的通知

　　2002年2月6日大陸國稅總局頒布「關於印發『生產企業出口貨物「免、抵、退」稅管理操作規程』（試行）的通知」（國稅發[2002]11號，以下簡稱11號文）第二條第五款規定：「新發生出口業務的生產企業自發生首筆出口業務之日起12個月內的出口業務，不計算當期應退稅額，當期免抵稅額等於當期免抵退稅額；未抵頂完的進項稅額，結轉下期繼續抵扣，從第13個月開始按免抵退稅計算公式計算當期應退稅額。」

三、關於出口貨物退（免）稅若干問題的通知

　　2003年11月18日大陸國稅總局頒布「關於出口貨物退（免）稅若

干問題的通知」（國稅發[2003]139號文，以下簡稱139號文）規定：
「八、對新發生出口業務的企業，除本條第二款、第三款規定外，
自發生首筆出口業務之日起12個月內發生的應退稅額，不實行按月退
稅的辦法，而是採取結轉下期繼續抵頂其內銷貨物應納稅額。12個月
後，如該企業屬於小型出口企業，則按本通知第九條有關小型出口企
業的規定執行；如該企業屬於小型出口企業以外的企業，則實行統一
的按月計算辦理免、抵、退稅的辦法。

「註冊開業時間在一年以上的新發生出口業務的企業（小型出
口企業除外），經地市稅務機關核實確有生產能力並無偷稅行為及走
私、逃套匯等違法行為的，可實行統一的按月計算辦理免、抵、退稅
的辦法。

「新成立的內外銷銷售額之和超過500萬元（含）人民幣，且外
銷銷售額占其全部銷售額的比例超過50%（含）的生產企業，如在自
成立之日起12個月內不辦理退稅確有困難的，在從嚴掌握的基礎上，
經省、自治區、直轄市國家稅務局批准，可實行統一的按月計算辦理
免、抵、退稅的辦法。

「九、對財稅[2002]7號文件第八條規定的退稅審核期為12個月的
小型出口企業在年度中間發生的應退稅額，不實行按月退稅的辦法，
而是採取結轉下期繼續抵頂其內銷貨物應納稅額，年底對未抵頂完的
部分一次性辦理退稅的辦法。小型出口企業的標準，由各省（自治
區、直轄市）國家稅務局根據企業上一個納稅年度的內外銷銷售額
之和在200萬元（含）人民幣以上，500萬元（含）人民幣以下的幅度
內，按照本省（自治區、直轄市）的實際情況確定全省（自治區、直
轄市）統一的標準。」

四、關於出口貨物退（免）稅若干問題的通知

2006年7月2日大陸國稅總局頒布「關於出口貨物退（免）稅若
干問題的通知」（國稅發[2006]102號，以下簡稱102號文）第三條規

定：「退稅審核期為12個月的新發生出口業務的企業和小型出口企業，在審核期期間出口的貨物，應按統一的按月計算免、抵、退稅的辦法分別計算免抵稅額和應退稅額。稅務機關對審核無誤的免抵稅額可按現行規定辦理調庫手續，對審核無誤的應退稅額暫不辦理退庫。對小型出口企業的各月累計的應退稅款，可在次年1月一次性辦理退稅；對新發生出口業務的企業的應退稅款，可在退稅審核期期滿後的當月對上述各月的審核無誤的應退稅額一次性退給企業。原審核期期間只免抵不退稅的稅收處理辦法停止執行。」

【102】新發生業務或小型出口企業 出口退稅演變及計算（下）

五、相關法規演變分析

102號文之前的政策，對於以下企業適用特殊規定：

1. 註冊開業時間在1年以上的新發生出口業務的企業，經地市稅務機關核實確有生產能力並無偷稅行為及走私、逃套匯等違法行為。

2. 新成立的內外銷銷售額之和超過500萬元（含）人民幣，且外銷銷售額占其全部銷售額的比例超過50%（含）的生產企業，如在自成立之日起12個月內不辦理退稅確有困難。

若上述企業符合139號文的相關規定，即使在12個月內可以適用「免、抵、退」的政策，我們認為此政策102號文之後符合條件的企業仍可適用。

從上述法規演變來看，新發生出口業務的企業和小型出口企業的退稅審核期皆為12個月，102號文之前二者適用「只免抵不退稅」政策，此政策意味著企業12個月內僅計算免抵退不得免徵和抵扣稅額，不計算應退稅額，當期免抵稅額等於當期免抵退稅額；未抵頂完的進項稅額，結轉下期繼續抵扣，從第13個月開始按免抵退稅計算公式計

算當期應退稅額，相當於從第13個月起開始計算應退稅額。102號文適用「免、抵、退」的政策，此政策意味著企業12個月內可以計算出當月應退稅額，新發生出口業務的企業12個月內的累計應退稅額可在第13個月一次性獲得；小型出口企業12個月內的累計應退稅額可在次年 1 月一次性獲得。102號文與之前的政策相比，企業可提前取得出口退稅款，減少了企業資金占用壓力。

六、出口退稅計算

1. 102號文之前

當期免抵退稅不得免徵和抵扣稅額＝當期出口貨物離岸價×外匯人民幣牌價×（出口貨物徵稅稅率－出口貨物退稅率）－當期免抵退稅不得免徵和抵扣稅額抵減額

當期免抵退稅不得免徵和抵扣稅額抵減額＝免稅購進原材料價格×（出口貨物徵稅稅率－出口貨物退稅率）

當期期末留抵稅額＝銷項稅額－（進項稅額－免抵退稅不得免徵和抵扣稅額）

當期免抵退稅額＝出口貨物離岸價×外匯人民幣牌價×出口貨物退稅率－當期免抵退稅額抵減額

當期免抵退稅額抵減額＝免稅購進原材料價格×出口貨物退稅率

12個月內企業當期免抵稅額等於當期免抵退稅額，從第13個月開始按免抵退稅計算公式計算當期應退稅額。

2. 102號文

當期免抵退稅不得免徵和抵扣稅額＝當期出口貨物離岸價×外匯人民幣牌價×（出口貨物徵稅稅率－出口貨物退稅率）－當期免抵退稅不得免徵和抵扣稅額抵減額

當期免抵退稅不得免徵和抵扣稅額抵減額＝免稅購進原材料價格×（出口貨物徵稅稅率－出口貨物退稅率）

當期期末留抵稅額＝銷項稅額－（進項稅額－免抵退稅不得免徵

和抵扣稅額）

　　當期免抵退稅額＝出口貨物離岸價×外匯人民幣牌價×出口貨物退稅率－當期免抵退稅額抵減額

　　當期免抵退稅額抵減額＝免稅購進原材料價格×出口貨物退稅率

（1）當期期末留抵稅額≦當期免抵退稅額時，

　　　　當期應退稅額＝當期期末留抵稅額

　　　　當期免抵稅額＝當期免抵稅額－當期應退稅額

　　　　當期應退稅額＝當期免抵退稅額

（2）當期期末留抵稅額＞當期免抵退稅額時，

　　　　當期免抵稅額＝0

　　　　當期應退稅額＝當期免抵稅額

　　12個月內企業可計算當期應退稅額，但12個月內仍無法獲得出口退稅。新發生出口業務的企業12個月內的累計應退稅額，可在第13個月一次性獲得；小型出口企業12個月內的累計應退稅額，可在次年1月一次性獲得。

七、取消某些監管期

　　「關於出口貨物勞務增值稅和消費稅政策的通知」（財稅[2012] 39號）和「關於發布『出口貨物勞務增值稅和消費稅管理辦法』的公告」（國家稅務總局公告[2012] 24號），24號公告將上述139號文、102號文予以廢止，因此取消對新發生業務企業及小型企業出口退稅實行12個月的「監管期」，也就是說這類企業在發生第一筆出口退稅業務就可以申報出口退稅。

【103】貿易方式適用的出口退稅政策及計算方法

實務中常見的貿易方式有一般貿易、進料加工、來料加工、深加工結轉。出口退稅政策有「免、抵、退」、「免稅不退稅」、「免退」。不同貿易方式適用的出口退稅政策及其計算方法分析如下。

一、貿易方式的定義

1. 一般貿易：指單邊輸入關境或單邊輸出關境的進出口貿易方式，其交易的貨物是企業單邊售定的正常貿易的進出口貨物。

2. 進料加工：指進口料件由經營企業付匯進口，製成品由經營企業外銷出口的經營活動。

3. 來料加工：指進口料件由境外企業提供，經營企業不需要付匯進口，按照境外企業的要求進行加工或者裝配，只收取加工費，製成品由境外企業銷售的經營活動。

4. 深加工結轉：指加工貿易企業將保稅進口料件加工的產品，轉至另一加工貿易企業進一步加工後複出口的經營活動。

二、適用的出口退稅政策

貿易方式	適用的出口退稅政策	備註
一般貿易	生產企業採「免、抵、退」 貿易公司採「免退」	
進料加工	免、抵、退	
來料加工	免稅不退稅	
深加工結轉	免稅不退稅	上海地區「視同內銷」處理

三、計算方法

1. 「免、抵、退」定義

「免」是指生產企業出口自產貨物免徵生產銷售環節的增值稅；

「抵」是指生產企業出口自產貨物所耗用的原材料、零部件、燃料、動力等所含應予退還的進項稅額，抵頂內銷貨物的應納稅額；「退」是指按照上述過程確定的實際應退稅額符合一定標準時，即生產企業出口的自產貨物在當月內應抵頂的進項稅額大於應納稅額時，對未抵頂完成的部分予以退稅。

　　2. 計算方法

　　（1）免抵退稅不得免徵和抵扣稅額＝當期出口貨物離岸價×外匯人民幣牌價×（出口貨物徵稅率－出口貨物退稅率）－免抵退稅不得免徵和抵扣稅額抵減額

　　（2）免抵退稅不得免徵和抵扣稅額抵減額＝免稅購進原材料價格×（出口貨物徵稅率－出口貨物退稅率）

　　（3）當期應納稅額＝銷項稅額－（進項稅額－免抵退稅不得免徵和抵扣稅額）－上期期末留抵稅額

註：當期應納稅額＞0時，不涉及退稅的問題；當期應納稅額＜0時，即為「當期期末留抵稅額」，再根據下面的計算得出當期應退稅額。

　　（4）免抵退稅額＝出口貨物離岸價×外匯人民幣牌價×出口貨物退稅率－免抵退稅額抵減額

　　（5）免抵退稅額抵減額＝免稅購進原材料價格×出口貨物退稅率

　　（6）當期期末留抵稅額≦當期免抵退稅額時，

　　　　當期應退稅額＝當期期末留抵稅額

　　　　當期免抵稅額＝當期免抵退稅額－當期應退稅額

　　（7）當期期末留抵稅額＞當期免抵退稅額時，

　　　　當期應退稅額＝當期免抵退稅額

　　　　當期免抵稅額＝0

　　3. 舉例：某自營出口的生產企業為增值稅一般納稅人，出口貨物徵稅率為17％，退稅率為15％。本月有關經營業務為：購入原材料一

批，取得的增值稅專用發票註明價款300萬元，進項稅額51萬元，貨已驗收入庫；免稅進口料件一批，支付國外買價200萬元，料件已驗收入庫。本月內銷貨物不含稅銷售額150萬元，本月出口貨物離岸價為100萬美元，市場匯率 1 美元＝6.6227元人民幣。上月月末留抵稅額為 6 萬元。

計算該企業本月「免、抵、退」稅額如下：

（1）免抵退稅不得免徵和抵扣稅額抵減額＝200×（17%－15%）＝ 4（萬元）

（2）免抵退稅不得免徵和抵扣稅額＝100×6.6227×（17%－15%）－4＝9.25（萬元）

（3）當期應納稅額＝150×17%－（51－9.25）－6＝－22.25（萬元）（註：即為「當期期末留抵稅額」）

（4）免抵退稅額抵減額＝200×15%＝30（萬元）

（5）免抵退稅額＝100×6.6227×15%－30＝69.34（萬元）

（6）當期期末留抵稅額22.25萬元＜免抵退稅額69.34萬元

當期應退稅額＝22.25（萬元）

當期免抵稅額＝69.34－22.25＝47.09（萬元）

【104】不同貿易方式下
出口貨物不予出口退稅的稅務處理

出口企業包括生產企業和貿易企業兩大類，目前，生產企業出口貨物增值稅執行「免、抵、退」稅政策，貿易企業出口貨物增值稅執行「免、退」稅政策；如出口貨物為消費稅應稅產品，生產企業消費稅執行免稅政策，貿易企業執行退稅政策。但在企業貨物出口後，由於各種原因，出口企業可能不能享受上述政策，而需要視同內銷計提銷項稅額或徵收增值稅、消費稅等。

一、不予出口退稅的情況

根據「關於出口貨物勞務增值稅和消費稅政策的通知」（財稅[2012] 39號）規定，下列出口貨物勞務，不適用增值稅退（免）稅和免稅政策，視同內銷貨物情形包括：

1. 出口企業出口或視同出口由財政部和國家稅務總局根據國務院決定予以取消出口退（免）稅的貨物。

2. 出口企業或其他單位銷售給特殊區域內的生活消費用品和交通運輸工具。

3. 出口企業或其他單位因騙取出口退稅，被稅務機關停止辦理增值稅退（免）稅期間出口的貨物。

4. 出口企業或其他單位提供虛假備案單證的貨物。

5. 出口企業或其他單位增值稅退（免）稅憑證有偽造或內容不實的貨物。

6. 出口企業或其他單位未在國家稅務總局規定期限內申報免稅核銷以及經主管稅務機關審核不予免稅核銷的出口捲菸。

7. 出口企業或其他單位具有「四自三不見」情形之一的出口貨物勞務。

二、一般貿易方式下出口貨物不予出口退稅的稅務處理

（一）一般納稅人出口上述貨物

1. 視同內銷計提銷項稅額

銷項稅額＝出口貨物離岸價格×外匯人民幣牌價÷（1＋法定增值稅稅率）×法定增值稅稅率

2. 已轉入成本的進項稅額處理

生產企業如已按規定計算免抵退稅不得免徵和抵扣稅額，並已轉入成本科目的，可從成本科目轉入進項稅額科目。貿易企業如已按規定計算徵稅率與退稅率之差，並已轉入成本科目的，可將徵稅率與退稅率之差及轉入應收出口退稅的金額，轉入進項稅額科目，並取得

「外貿企業出口視同內銷徵稅貨物進項稅額抵扣證明」後進行抵扣。

　　3. 已計算免抵退或已辦理出口退稅的處理

　　對已計算免抵退稅的，生產企業應在申報納稅當月沖減調整免抵退稅額；對已辦理出口退稅的，出口企業應在申報納稅當月向稅務機關補繳已退稅款。

　　（二）小規模納稅人出口上述貨物

　　不涉及進項稅額的處理，只須計算應納增值稅稅額即可：

　　應納稅額＝（出口貨物離岸價格×外匯人民幣牌價）÷（1＋徵收率）×徵收率

　　（三）出口的上述貨物為應稅消費品

　　1. 生產企業：須計算繳納消費稅

　　（1）採用從價定率辦法的應納消費稅稅額＝（出口貨物離岸價格×外匯人民幣牌價）÷（1＋法定增值稅稅率或徵收率）×消費稅稅率

　　（2）採用從量定額辦法的應納消費稅稅額＝銷售量×單位消費稅額

　　2. 貿易企業：不退還已繳納的消費稅。

三、進料加工方式下出口貨物不予出口退稅的稅務處理

　　銷項稅額＝（出口貨物離岸價－出口貨物耗用的進料加工保稅進口料件金額）÷（1＋適用稅率）×適用稅率

　　出口貨物若已按徵退稅率之差計算不得免徵和抵扣稅額並已經轉入成本的，相應的稅額應轉回進項稅額。

　　（1）出口貨物耗用的進料加工保稅進口料件金額＝主營業務成本×（投入的保稅進口料件金額÷生產成本）

　　主營業務成本、生產成本均為不予退（免）稅的進料加工出口貨物的主營業務成本、生產成本。當耗用的保稅進口料件金額大於不予退（免）稅的進料加工出口貨物金額時，耗用的保稅進口料件金額為

不予退（免）稅的進料加工出口貨物金額。

（2）出口企業應分別核算內銷貨物和增值稅徵稅的出口貨物的
生產成本、主營業務成本。未分別核算的，其相應的生產
成本、主營業務成本由主管稅務機關核定。

進料加工手冊經海關核銷後，出口企業應對出口貨物耗用的保稅
進口料件金額進行清算。清算公式為：

清算耗用的保稅進口料件總額 ＝ 實際保稅進口料件總額 － 退
（免）稅出口貨物耗用的保稅進口料件總額 － 進料加工副產品耗用
的保稅進口料件總額

若耗用的保稅進口料件總額與各納稅期扣減的保稅進口料件金額
之和存在差額時，應在清算的當期相應調整銷項稅額。當耗用的保稅
進口料件總額大於出口貨物離岸金額時，其差額部分不得扣減其他出
口貨物金額。

【105】運保傭對出口退稅的影響

企業貨物在外銷過程中經常伴隨著運費、保險費、傭金的發生，
下面具體分析其對出口退稅的影響。

一、運保傭的含義

1. 運費：指國際貨物運輸代理業發票或國際貨物運輸發票上所註
明的海運費、空運費、陸運費。

2. 保險費：指保險公司開具的出口運輸保險單、保險費結算清單
等單證上所註明的保險費。

3. 傭金：指根據出口合同規定的傭金率和付傭方式支付的明傭和
暗傭。

二、常用的貿易術語及含義

「國際貿易術語解釋通則」中共有13個貿易術語，其中使用最多是裝運港交貨的三種術語，即FOB、CFR和CIF。三種價格術語交貨點均為裝運港船舷，風險點均以在裝運港越過船舷即從賣方轉移至買方，但其定價構成不同。

1. FOB（Free On Board）：離岸價格，是由買方負責租船訂艙，辦理保險，支付運費、保險費。

2. CFR（Cost And Freight）：成本加運費，CFR＝FOB＋運費。

3. CIF（Cost, Insurance and Freight）：成本加保險費加運費，CIF＝FOB＋保險費＋運費。

三、運保傭對出口退稅的影響

1. 「免、抵、退」稅的計稅依據

「關於出口貨物勞務增值稅和消費稅政策的通知」（財稅[2012]39號）規定，生產企業出口貨物勞務（進料加工複出口貨物除外）增值稅退（免）稅的計稅依據，為出口貨物勞務的實際離岸價（FOB）。實際離岸價應以出口發票上的離岸價為準，但如果出口發票不能反映實際離岸價，主管稅務機關有權予以核定。

即生產企業出口貨物的銷售收入，以FOB價做為記帳基礎，並以此為計稅依據計算「免、抵、退」稅。無論出口貨物採用何種價格成交，會計上均按實際成交價做出口收入，對以CIF價或CFR價成交的，按實際支付的境外運費、保險費、傭金沖減出口貨物銷售收入，按月辦理「免、抵、退」稅手續。

實務中，以CIF價或CFR價成交的，蘇州地區生產企業按上述規定操作，而上海地區生產企業按實際發生的境外運費、保險費、傭金進行扣除，並提供相應的單據（影本），如不能提供影本，按照CIF價的95%核定申報的出口收入。

須注意的是，支付的境外運費、保險費、傭金不得沖減內銷收入

計算銷項稅額。

2. 出口貨物的帳務處理

由於在實際操作中，貨物出口有的按FOB價，有的按CIF價進行結算，按CIF價結算的業務，在按規定做銷售時，須支付的境外運保費經常還未支付，實際FOB價在當月無法確定，為了如實反映企業的實際收入情況，保證「免、抵、退」稅計算的準確性，根據會計制度規定，企業在貨物出口後，無論是按什麼價格結算，應按出口發票上的金額做出口收入，實際支付境外運費、保險費和傭金時，在取得發票和支付憑證的當月，沖減出口收入。

3. 運保傭沖減出口銷售收入對出口退稅的影響

（1）實際支付境外運費、保險費和傭金時，尚未進行出口退稅申報：直接按沖減外銷收入後的金額，進行出口退稅申報。

（2）實際支付境外運費、保險費和傭金時，已進行了出口退稅申報：由於之前已按出口發票上的金額確認了外銷收入，並申報了出口退稅，則實際支付境外運費、保險費和傭金時，在取得發票和支付憑證的當月沖減出口收入，進行出口退稅申報；涉及不予抵扣稅額的，按沖減金額同步計算不予抵扣稅額，將已轉出進項稅額轉回。

【106】實耗法、購進法對出口退稅的影響

　　雖然「免、抵、退」的定義在大陸出口退稅政策上一致，但浙江、上海、江蘇三地在出口退稅計算過程中，涉及保稅料件組成計稅價格的確認方法卻各有堅持，浙江稅務對保稅料件組成計稅價格採用「購進法」，上海及江蘇稅務則採用「實耗法」。

　　浙江的「購進法」定義，為企業根據稅務機關審核的「進口報關單」做為確認保稅料件組成計稅價格的依據，也就是保稅料件組成計稅價格為實際進口保稅材料金額，手冊核銷後，企業根據海關核銷的相關資料調整保稅料件組成計稅價格。另外，浙江稅務機關規定，免抵退稅額不得免徵和抵扣的稅額大於零時，可結轉至主營業務成本，反之則應在次月當做免抵退稅不得免徵和抵扣稅額的抵減額。如果企業當月被稅務機關認可的保稅料件組成計稅價格大於當月出口收入時，不僅延遲免抵退稅額不得免徵和抵扣稅額結轉至主營業務成本，同時，免抵退稅額為負數，即使企業期末留抵稅額為負數也無法獲得出口退稅。浙江企業只有在期末留抵稅額為負數，且免抵退稅額為正數時，可獲得出口退稅。

　　至於上海及江蘇的「實耗法」，是企業按照加工貿易手冊備案的計畫進口總值、計畫出口總值，計算出保稅材料的計畫分配率（計畫分配率＝計畫進口總值÷計畫出口總值），再計算保稅料件組成計稅價格＝出口收入×計畫分配率。手冊核銷後，企業根據海關核銷的相關資料計算實際分配率，並根據實際與計畫分配的差異，調整保稅料件組成計稅價格。在此方法下，免抵退稅額將始終為正數，企業在期末留抵稅額為負數且有免抵退稅額時，可獲得出口退稅。

　　舉例來說，某企業在2011年1至6月所發生經濟業務如下：

1. 手冊計畫進口保稅材料600萬元，計畫出口收入1,500萬元。
2. 1月、4月分別進口保稅材料300萬元。

3. 每月採購非保稅材料100萬元，取得增值稅進項稅額17萬元。

4. 每月領用保稅材料100萬元。

5. 1至5月分別領用非保稅材料66萬元、發生工資製造費用42萬元；6月領用非保稅材料70萬元、發生工資及製造費用40萬元。

6. 當月投入產品全部完工且全部銷售，每月出口收入250萬元。

7. 產品退稅率為13%，企業出口產品可在次月取得「出口報關單退稅聯」並進行退稅申報，企業的所得稅率為25%。

如果該企業在浙江，則2011年1至7月出口退稅及淨利如下：

單位：人民幣萬元

月份	免抵退稅不得免徵和抵扣稅額	期末留抵稅額	免抵退稅額	應退稅額	毛利	企業所得稅	淨利
1月	10.00	-7.00	-		32.00	8.00	24.00
2月	-	-24.00	-	-	42.00	10.50	31.50
3月	8.00	-33.00	26.00	26.00	34.00	8.50	25.50
4月	10.00	-14.00	32.50	14.00	32.00	8.00	24.00
5月	-	-17.00	-	-	42.00	10.50	31.50
6月	8.00	-26.00	26.00	26.00	32.00	8.00	24.00
7月	-	-	32.50	-	-	-	-
合計	36.00	-121.00	117.00	66.00	214.00	53.50	160.50

若該企業位於上海及江蘇，2011年1至7月出口退稅及淨利如下：

單位：人民幣萬元

月份	免抵退稅不得免徵和抵扣稅額	期末留抵稅額	免抵退稅額	應退稅額	毛利	企業所得稅	淨利
1月	10.00	-7.00	-		32.00	8.00	24.00
2月	6.00	-18.00	19.50	18.00	36.00	9.00	27.00

月份	免抵退稅不得免徵和抵扣稅額	期末留抵稅額	免抵退稅額	應退稅額	毛利	企業所得稅	淨利
3月	6.00	-11.00	19.50	11.00	36.00	9.00	27.00
4月	6.00	-11.00	19.50	11.00	36.00	9.00	27.00
5月	6.00	-11.00	19.50	11.00	36.00	9.00	27.00
6月	6.00	-11.00	19.50	11.00	34.00	8.50	25.50
7月	-4.00	-4.00	19.50	4.00	4.00	1.00	3.00
合計	36.00	-65.00	117.00	66.00	214.00	53.50	160.50

　　從上面兩個表格可以發現以下差異：

　　1. 浙江企業1至3月應退稅額為26萬元；上海及江蘇企業1至3月應退稅額為29萬元，即1至3月浙江企業比上海及江蘇企業少獲得出口退稅3萬元。

　　2. 浙江企業1至6月應退稅額為66萬元；上海及江蘇企業1至6月應退稅額為62萬元，即1至6月浙江企業比上海及江蘇企業多獲得出口退稅4萬元。

　　3. 浙江企業1至6月應納企業所得稅為53.5萬元；上海及江蘇企業1至6月應納企業所得稅為52.5萬元，即1至6月浙江企業比上海及江蘇企業多繳納企業所得稅 1 萬元。

　　結論是，上海及江蘇的企業比浙江企業更容易均衡獲得出口退稅，從而減少企業資金占用成本；其次是浙江企業比上海企業延遲將免抵退稅不得免徵和抵扣稅額結轉至主營業務成本，使浙江企業比上海企業提前繳納企業所得稅。因此，從持續經營角度來看這些差異，雖然只是時間上的不同，卻會影響企業實際資金的運營。

【107】出口產品視同自產產品退稅注意事項

根據「關於出口貨物勞務增值稅和消費稅政策的通知」（財稅 [2012] 39號）的規定，生產企業出口自產貨物和視同自產貨物，以及列名生產企業出口非自產貨物，免徵增值稅，相應的進項稅額抵減應納增值稅額，未抵減完的部分予以退還。本文將重點介紹視同自產產品或貨物退稅的注意事項。

一、可視同自產貨物適用增值稅退（免）稅政策者

持續經營以來從未發生騙取出口退稅、虛開增值稅專用發票或農產品收購發票、接受虛開增值稅專用發票（善意取得虛開增值稅專用發票除外），且同時符合下列條件的生產企業出口的外購貨物，可視同自產貨物適用增值稅退（免）稅政策：

1. 已取得增值稅一般納稅人資格。

2. 已持續經營 2 年及 2 年以上。

3. 納稅信用等級A級。

4. 上一年度銷售額 5 億元以上。

5. 外購出口的貨物與本企業自產貨物同類型或具有相關性。

二、未取得增值稅一般納稅人資格者

持續經營以來從未發生騙取出口退稅、虛開增值稅專用發票或農產品收購發票、接受虛開增值稅專用發票（善意取得虛開增值稅專用發票除外），但不能同時符合上述第一條規定的條件的生產企業，出口的外購貨物符合下列條件之一的，可視同自產貨物申報適用增值稅退（免）稅政策：

1. 同時符合下列條件的外購貨物：

（1）與本企業生產的貨物名稱、性能相同。

（2）使用本企業註冊商標，或境外單位或個人提供給本企業使用的商標。

（3）出口給進口本企業自產貨物的境外單位或個人。

2. 與本企業所生產的貨物屬於配套出口，且出口給進口本企業自產貨物的境外單位或個人的外購貨物，符合下列條件之一的：

（1）用於維修本企業出口的自產貨物的工具、零部件、配件。

（2）不經過本企業加工或組裝，出口後能直接與本企業自產貨物組合成成套設備的貨物。

3. 經集團公司總部所在地的地級以上國家稅務局認定的集團公司，其控股的生產企業之間收購的自產貨物以及集團公司與其控股的生產企業之間收購的自產貨物。

4. 同時符合下列條件的委託加工貨物：

（1）與本企業生產的貨物名稱、性能相同，或者是用本企業生產的貨物再委託深加工的貨物。

（2）出口給進口本企業自產貨物的境外單位或個人。

（3）委託方與受託方必須簽訂委託加工協議，且主要原材料必須由委託方提供，受託方不墊付資金，只收取加工費，開具加工費（含代墊的輔助材料）的增值稅專用發票。

5. 用於本企業中標項目下的機電產品。

6. 用於對外承包工程項目下的貨物。

7. 用於境外投資的貨物。

8. 用於對外援助的貨物。

9. 生產自產貨物的外購設備和原材料（農產品除外）。

實務中企業視同自產產品申報退稅時，需要進行逐筆審批。如上海市稅務機關就規定，企業在退稅申報時進行逐筆舉證說明，提供相應的貿易合同、增值稅專用發票、公司合同及章程、縣級以上政府主管部門批准集團成員企業證明資料等相關資料。

三、生產企業自行出口與通過貿易企業出口的比較

若公司收購的視同自產產品退稅率小於17%，且毛利率較高時，

可通過貿易公司出口以獲得更高的毛利。生產企業將貨物內銷給貿易企業時，生產企業銷售毛利＝內銷不含稅售價－外購不含稅成本；貿易企業將貨物出口後，貿易企業銷售毛利＝出口收入－採購不含稅成本－採購不含稅成本×（徵稅率－退稅率）。兩者合計毛利＝內銷不含稅售價－外購不含稅成本＋出口收入－採購不含稅成本－採購不含稅成本×（徵稅率－退稅率），由於生產企業的內銷不含稅售價等於貿易企業採購不含稅成本，即兩者合計毛利＝出口收入－外購不含稅成本－內銷不含稅售價×（徵稅率－退稅率）。

　　在其他因素不變的前提下，生產型企業內銷不含稅價格越低，就可使生產企業、貿易企業合計毛利越大。在實務中，生產型企業、貿易企業皆屬於獨立法人，若二者屬於關聯方，也須避免交易價格過低而造成生產型企業關聯交易的稅務風險。

【108】出口視同內銷徵稅的幾種情況及計算方法

一、視同內銷貨物的情形

　　根據「關於出口貨物勞務增值稅和消費稅政策的通知」（財稅[2012]39號）規定，下列出口貨物勞務，不適用增值稅退（免）稅和免稅政策，視同內銷貨物情形包括：

　　1. 出口企業出口或視同出口由財政部和國家稅務總局根據國務院決定予以取消出口退（免）稅的貨物。

　　2. 出口企業或其他單位銷售給特殊區域內的生活消費用品和交通運輸工具。

　　3. 出口企業或其他單位因騙取出口退稅被稅務機關停止辦理增值稅退（免）稅期間出口的貨物。

　　4. 出口企業或其他單位提供虛假備案單證的貨物。

　　5. 出口企業或其他單位增值稅退（免）稅憑證有偽造或內容不實

的貨物。

6. 出口企業或其他單位未在國家稅務總局規定期限內申報免稅核銷以及經主管稅務機關審核不予免稅核銷的出口捲菸。

7. 出口企業或其他單位具有「四自三不見」情形之一的出口貨物勞務（「四自三不見」指：自帶客戶、自帶貨源、自帶匯票、自行報關；不見進口產品、不見供貨貨主、不見外商，這些情況有騙稅嫌疑）。

8. 未在國家稅務總局規定的期限內申報增值稅退（免）稅的出口貨物勞務且放棄免稅的。

9. 未在規定期限內申報開具「代理出口貨物證明」且放棄免稅的的出口貨物勞務。

10. 已申報增值稅退（免）稅，卻未在國家稅務總局規定的期限內向稅務機關補齊增值稅退（免）稅憑證的出口貨物勞務且放棄免稅的。

二、視同內銷相應稅額計算

銷項稅額＝（出口貨物離岸價－出口貨物耗用的進料加工保稅進口料件金額）÷（1＋適用稅率）×適用稅率

出口貨物若已按徵退稅率之差計算不得免徵和抵扣稅額並已經轉入成本的，相應的稅額應轉回進項稅額。

（1）出口貨物耗用的進料加工保稅進口料件金額＝主營業務成本×（投入的保稅進口料件金額÷生產成本）

主營業務成本、生產成本均為不予退（免）稅的進料加工出口貨物的主營業務成本、生產成本。當耗用的保稅進口料件金額大於不予退（免）稅的進料加工出口貨物金額時，耗用的保稅進口料件金額為不予退（免）稅的進料加工出口貨物金額。

（2）出口企業應分別核算內銷貨物和增值稅徵稅的出口貨物的生產成本、主營業務成本。未分別核算的，其相應的生產

成本、主營業務成本由主管稅務機關核定。

進料加工手冊經海關核銷後，出口企業應對出口貨物耗用的保稅進口料件金額進行清算。清算公式為：

清算耗用的保稅進口料件總額＝實際保稅進口料件總額－退（免）稅出口貨物耗用的保稅進口料件總額－進料加工副產品耗用的保稅進口料件總額

若耗用的保稅進口料件總額與各納稅期扣減的保稅進口料件金額之和存在差額時，應在清算的當期相應調整銷項稅額。當耗用的保稅進口料件總額大於出口貨物離岸金額時，其差額部分不得扣減其他出口貨物金額。

一般納稅人發生出口貨物視同內銷徵稅的情況，生產企業如已按規定計算免抵退稅不得免徵和抵扣稅額並已轉入成本科目的，可從成本科目轉入進項稅額科目；外貿企業如已按規定計算徵稅率與退稅率之差並已轉入成本科目的，可將徵稅率與退稅率之差及轉入應收出口退稅的金額轉入進項稅額科目。

對於外貿企業而言，納稅人還須在規定期限內辦理「外貿企業出口視同內銷徵稅貨物進項稅額抵扣證明」，並在取得該證明後的下一個徵收期申報納稅時，向主管徵稅的稅務機關申請抵扣須視同內銷的出口貨物購入時相應的進項稅額。超過申報時限的，不予抵扣。

另外，進料加工複出口業務，若不能滿足出口退稅條件且未申請免稅的，視同內銷時應繳納的銷項稅額，原來的計算方法是與小規模納稅人處理方法一致，即按出口離岸價格／（1＋徵收率）×徵收率計算。39號文對此重新規定為按差額計算如下：

銷項稅額＝（出口貨物離岸價－出口貨物耗用的進料加工保稅進口料件金額）÷（1＋適用稅率）×適用稅率

【109】代理出口貨物的稅收分析

代理出口貨物是指企業委託外貿企業或其他出口企業，為其代辦出口貨物銷售的一種出口業務。代理出口的受託單位對出口貨物不做進貨和自營出口銷售的帳務處理，不負擔出口貨物的盈虧。企業與委託企業之間不用進行貨款結算，受託企業不用進行出口退稅的有關帳務處理。在代理出口業務中，受託方收取一定比例的手續費。委託企業屬自營出口銷售。

一、代理出口貨物稅收規定

（一）生產型委託企業

委託方為有進出口經營權生產企業的，其委託代理出口貨物比照生產企業的自營出口貨物，除另有規定者外，一律實行「免、抵、退」稅的辦法。「免、抵、退」稅，即對出口業務增值部分免稅，進項稅額准予抵扣的部分，在內銷貨物的應納稅額中抵扣，抵扣不完的部分實行退稅。基本計算公式如下：

當期免抵退稅不得免徵和抵扣稅額＝當期出口貨物離岸價×外匯人民幣牌價×（出口貨物徵稅率－出口貨物退稅率）

當期期末留抵稅額＝銷項稅額－（進項稅額－免抵退稅不得免徵和抵扣稅額）

當期免抵退稅額＝出口貨物離岸價×外匯人民幣牌價×出口貨物退稅率

1. 當期期末留抵稅額≦當期免抵退稅額時，

   當期應退稅額＝當期期末留抵稅額

   當期免抵稅額＝當期免抵稅額－當期應退稅額

   當期應退稅額＝當期免抵退稅額

2. 當期期末留抵稅額＞當期免抵退稅額時，

   當期免抵稅額＝0

當期應退稅額＝當期免抵稅額

生產企業外購貨物，除符合「關於出口貨物勞務增值稅和消費稅政策的通知」（財稅[2012]39號）規定的，可視同自產產品或貨物辦理退稅的外購貨物以外，委託出口企業代理出口時，則不予辦理退稅，此部分業務視同內銷貨物計提銷項稅額或徵收增值稅，並按照以下公式計提銷項稅額：

銷項稅額＝出口貨物離岸價格×外匯人民幣牌價÷（1＋法定增值稅稅率）×法定增值稅稅率

（二）貿易型委託企業

委託企業是有出口經營權的貿易公司，實行「免、退」政策。「免」是指免出口環節的銷項稅額，「退」是指按規定的退稅率退購進環節的進項稅額，待貨物出口收匯後，稅務機關再將貨物在之前市場流通環節所負擔的增值稅稅款，連同在出口環節繳納的增值稅稅款一起退還給企業。

代理出口貨物的應退稅款，應依據該貨物增值稅專用發票的金額和相關退稅率計算確定。基本計算公式如下：

應退稅額＝外貿收購不含增值稅購進金額×退稅率

對無出口經營權的貿易公司委託出口企業代理出口，則不予辦理退稅。

二、代理出口退稅流程

委託企業和受託企業簽訂代理出口協議後，由受託企業報關並辦理出口收匯核銷，開具出口發票，把退稅聯及記帳聯交給委託方退稅和記帳用，根據關於發布「出口貨物勞務增值稅和消費稅管理辦法」的公告（國家稅務總局公告[2012]24號）規定，委託出口的貨物，受託方須自貨物報關出口之日起至次年4月15日前，向主管稅務機關申請開具「代理出口貨物證明」，並將其及時轉交委託方，逾期的，受託方不得申報開具「代理出口貨物證明」

值得注意的是，受託企業若未在規定期限內申報開具「代理出口貨物證明」，根據24號公告規定適用增值稅免稅政策的出口貨物勞務，出口企業或其他單位如果放棄免稅，實行按內銷貨物徵稅的，應向主管稅務機關提出書面報告，一旦放棄免稅，36個月內不得更改。應視同內銷貨物計提銷項稅額或徵收增值稅，但只要委託方企業已按視同內銷的貨物計提了增值稅銷項稅額，或申報繳納增值稅，則受託企業就不再進行徵稅。

另外，與代理出口相對應的買斷出口，就是受託企業用全款買下貨物的所有權，然後進行貨物出口並辦理「免、退」，不收取代理出口的手續費，受託企業賺取的是銀行外幣結算額、退稅與買斷外匯額之間的差價。

【110】固定資產進項稅額抵扣實務分析

根據「中華人民共和國增值稅暫行條例」（國務院令538號）、「關於全國實施增值稅轉型改革若干問題的通知」（財稅[2008]170號）等法規，涉及的固定資產進項稅抵扣實務重點分析如下。

一、固定資產進項稅抵扣的條件

1. 納稅人允許抵扣的固定資產進項稅額，是指納稅人2009年1月1日以後（含1月1日）實際發生，並取得2009年1月1日以後開具的增值稅扣稅憑證上註明的，或者依據增值稅扣稅憑證計算的增值稅稅額。

2. 取得固定資產增值稅專用發票、海關進口增值稅專用繳款書和運輸費用結算單據，必須自該專用發票、專用繳款書、運輸費用結算單據等開具之日起180日內，到稅務機關認證，並於認證通過的當月，按照增值稅有關規定核算當月進項稅額申報抵扣。

3. 必須是一般納稅人購進的固定資產，其進項稅額在符合國家有關規定的前提下，才可以抵扣。小規模納稅人購進固定資產其進項

稅，在任何條件下均不允許抵扣。

二、不能進行固定資產進項稅抵扣的情況

1. 用於非增值稅應稅項目。非增值稅應稅項目即營業稅應稅項目，如一般納稅人將購進的固定資產用於營業稅項目，其固定資產進項稅不得抵扣。

2. 免徵增值稅項目、集體福利或者個人消費。

3. 納稅人自用的應徵消費稅的摩托車、汽車、遊艇等。

4. 非正常損失的固定資產進項稅額不得抵扣。非正常損失是指因管理不善造成被盜、丟失、霉爛變質的損失，但不包含自然災害。

5. 以建築物或構築物為載體的附屬設備和配套設施，其進項稅額不得在銷項稅額中抵扣。「關於固定資產進項稅額抵扣問題的通知」財稅[2009]113號文明訂，附屬設備和配套設施指：給排水、採暖、衛生、通風、照明、通訊、瓦斯、消防、中央空調、電梯、電氣、智慧化樓宇設備和配套設施。另外，改建、擴建、修繕、裝飾不動產均屬不動產在建工程，其取得的進項稅額也不得從銷項稅額中抵扣。

三、固定資產進項稅抵扣的特別情況

1. 不同貿易方式對固定資產進項稅抵扣的影響

對於可抵稅或退稅的貿易方式，如內銷、一般貿易出口或進料加工複出口，由於固定資產進項稅可以按規定進行抵扣或退稅，對企業的稅負或利潤都沒有影響。但對於免稅不退稅的貿易方式，如生產免稅產品、來料加工複出口、深加工結轉（江蘇地區）等，固定資產進項稅一般須做轉出處理。另值得注意的是，昆山、蘇州等地區在年底企業增值稅年度清算表中，並未要求做固定資產進項稅轉出。

2. 進口免稅設備解除海關監管補繳進口環節增值稅抵扣

根據「關於進口免稅設備解除海關監管補繳進口環節增值稅抵扣問題的批復」（國稅函[2009]158號），補繳的關稅可計入設備成本核算；補繳的增值稅，可從銷項稅額中抵扣。

3. 進料加工企業不作價設備的進項稅處理

進料加工企業不作價設備取得海關專用繳款書，根據「中華人民共和國增值稅暫行條例實施細則」及「中華人民共和國增值稅暫行條例實施細則」，進料加工企業進口不作價設備，海關代徵增值稅後是否可申報進項抵扣問題，大陸國稅總局沒有明文規定可否抵扣。因此，在具體操作上作法不一，有的地方稅務機關不允許抵扣，有的地方稅務機關暫時給予抵扣。

【111】進出口關稅分析

關稅是指貨物進出關境時徵收的稅收，包括進口關稅和出口關稅，其中進口關稅的設置較為複雜，涉及各種不同的優惠政策，稅率有較大差異。大陸的進口關稅稅率大體上來說，包括普通稅率和優惠稅率，其中優惠稅率包括最惠國稅率、關稅配額稅率、協定稅率、特惠稅率和暫定稅率。出口關稅則只有出口稅率和暫定稅率。

一、最惠國稅率

原產於共同適用最惠國待遇條款的世界貿易組織成員的進口貨物，原產於與中國簽訂含有相互給予最惠國待遇條款的雙邊貿易協定的國家或地區的進口貨物，及原產於中國境內的進口貨物，適用最惠國稅率。根據最惠國待遇原則，最惠國稅率一般不得高於普通稅率。

二、協定稅率

協定關稅是兩個或兩個以上國家，用締結條約或貿易協定的方式，相互給予某種優惠待遇的關稅制度。大陸目前與亞太、東盟（即東協）、智利、巴基斯坦等包括港澳台在內的21個國家和地區，簽有自由貿易協定或類似優惠關稅實施計畫，符合原產地標準的指定進口貨物實行優惠的協定稅率。協定稅率一般低於最惠國稅率。另外，從2011年開始，大陸對原產於台灣的500多個稅則號下的進口商品，適用

協定稅率，實現 3 年內關稅逐步降為0。

三、特惠稅率

　　特惠關稅是指進口國對從特定的國家或地區進口的全部或部分商品，給予特別優惠的低稅或減免稅待遇，但其他國家或地區不能根據最惠國待遇原則，要求享受這種優惠待遇。特惠稅率一般低於最惠國稅率和協定稅率。大陸目前對老撾（即寮國）等東南亞 4 國、蘇丹等非洲30國、葉門等 7 國，共41個聯合國認定的最不發達國家，實施特惠稅率，除孟加拉和老撾進口的部分產品特惠關稅不為零（但均低於最惠國關稅）外，其他執行中的特惠稅率均為零。

四、普通稅率

　　原產於以上一、二、三所列國家或地區之外的貨物，或原產地不明的貨物，適用普通稅率。

五、暫定稅率

　　關稅暫定稅率是在進口優惠稅率和出口稅率的基礎上，對進口的某些重要工農業生產原材料和機電產品關鍵部件，以及出口的部分資源性產品實施的更為優惠的關稅稅率。

　　適用最惠國稅率的進口貨物有暫定稅率的，應當適用暫定稅率；適用協定稅率、特惠稅率的進口貨物有暫定稅率的，應當從低適用稅率；適用普通稅率的進口貨物，不適用暫定稅率。

　　適用出口稅率的出口貨物有暫定稅率的，應當適用暫定稅率，即使暫定稅率較高；部分商品制定有特別稅率的，則執行特別稅率。

六、關稅配額稅率

　　關稅配額對貨物進口絕對數額不加限制，而對在一定時期內、在規定數額以內的進口貨物，給予低稅、減稅或免稅待遇，而超過配額的進口商品即徵收原來的相應稅率。

　　大陸海關每年末發布次年度關稅實施方案，並出版「中華人民共和國進出口稅則」。企業進出口貨物時應根據貨物HS編碼、原產地

證明結合稅則，查找適用稅率，並繳納進出口關稅。大陸大部分產品出口都是免稅，但也有部分國家限制出口的商品如化肥、金屬礦石、煤、木漿等，徵收出口關稅。

最後，以幾個稅則號為例，列明不同優惠稅率的優惠幅度。

以供嬰幼兒食用的零售包裝食品為例，中國與巴基斯坦的協定稅率為12.6%，高於暫定稅率，所以從巴基斯坦進口的該商品適用較低的暫定稅率5%；以甜餅乾為例，從老撾進口的協定稅率是0%，特惠稅率是7.5%，所以適用較低的協定稅率。

稅則號	商品名稱	普通稅率%	最惠國稅率%	協定稅率%	特惠稅率%	暫定稅率%	配額稅率%
10011000	小麥	180	65	-	-	-	1
19011000	供嬰幼兒食用的零售包裝食品	40	15	0-12.6	-	5	-
19053100	甜餅乾	80	15	0-12.4	0-7.5	-	-

【112】保稅料件報廢及折價銷售的稅務處理

保稅料件由於種種原因無法生產成品而形成的料件報廢，可向主管海關申請退運、補繳關稅及增值稅後報廢和折價內銷等方式處理。

一、保稅料件退運

（一）退運的海關規定

1. 保稅料件退運出口，海關監管方式為加工貿易料件複出口，具體分：

（1）來料加工料件複出口，監管方式代碼「0265」。

（2）來料加工邊角料複出口，監管方式代碼「0865」。

（3）進料加工料件複出口，監管方式代碼「0664」。

（4）進料加工邊角料複出口，監管方式代碼「0864」。

企業保稅料件退運無須繳納關稅、增值稅，憑退運報關單辦理手冊核銷。

2. 需要注意的是：

（1）保稅料件在未實質加工情況下退運，方能申請辦理「加工料件複出口」方式，如果保稅料件已加工而須運至境外，須按規定辦理出口手續。

（2）根據「中華人民共和國海關對保稅物流園區的管理辦法」（署令134號），區外原進口貨物需要退運出境的，不得經過園區進出境或者進入園區存儲，也就是說，退運時貨物不能退到保稅物流園區，必須退往境外。

（二）退運的稅務規定

根據「關於發布『出口貨物勞務增值稅和消費稅管理辦法』的公告」（國家稅務總局公告2012年第24號）規定，發生本年度退運的，在當期用負數沖減原免抵退稅申報數據；發生跨年度退運的，應全額補繳原免抵退稅款，並按現行會計制度的有關規定進行相應調整。

二、保稅料件報廢、折價內銷

（一）保稅料件報廢、折價銷售的海關規定

1. 補繳關稅、增值稅

保稅料件如果須選擇境內報廢或折價銷售，需要補繳關稅及進口環節增值稅，完稅價格的確認方法如下：

（1）進料加工保稅料件內銷時，海關按照原料件進口時的價格為基礎，審查確定完稅價。

（2）來料加工保稅料件內銷時，海關以接受內銷申報的同時或大約同時進口的，與料件相同或者類似的貨物的進口成交價格為基礎，審查確定完稅價格。

2. 繳納緩稅利息

緩稅利息計息期限的起始日期，為內銷料件所對應的加工貿易合同項下首批料件進口之日，終止日期為海關填發稅款繳款書之日。緩稅利息率，參照大陸人民銀行公布的活期存款利率調整執行。

保稅料件補繳關稅和增值稅後，關務部門應及時向海關申請調整手冊餘料。

（二）保稅料件報廢、折價銷售的稅務處理規定

1. 保稅料件報廢的稅務處理規定

（1）所得稅

保稅料件的報廢，根據「企業資產損失所得稅稅前扣除管理辦法」（國家稅務總局公告[2011]25號）第五條規定，企業發生的資產損失，應按規定的程序和要求，向主管稅務機關申報後，方能在稅前扣除。未經申報的損失，不得在稅前扣除；第八條規定，企業資產損失按其申報內容和要求的不同，分為清單申報和專項申報兩種申報形式。而保稅料件的報廢損失不屬於清單申報內容，應採取專項申報的方式進行。由於補繳的關稅、緩稅利息等也構成料件的成本，故能否所得稅前列支，視稅務申報結果為準。

（2）增值稅

企業保稅料件報廢轉內銷補繳的增值稅，根據「中華人民共和國增值稅暫行條例」第十條規定，非正常損失的在產品、產成品所耗用的購進貨物的進項稅額，不能從銷項稅額中扣除。另根據「中華人民共和國增值稅暫行條例實施細則」第二十四條的規定，非正常損失是指因管理不善造成被盜、丟失、霉爛變質的損失。因此，如果報廢保稅材料屬於上述規定的非正常損失，則補繳的進項稅額不能抵扣。

2. 折價內銷的稅務處理規定

由於折價內銷屬於企業的銷售行為，且折價銷售收入需要繳納增值稅，所以補繳的進口增值稅可以進項稅額抵扣，關稅及緩稅利息計入成本費用即可。如主管稅務機關認為折價銷售交易的價格不合理，

有權根據市場價格調整應納稅所得額。

【113】ECFA政策下進口貨物的關稅優惠分析

2010年6月29日，大陸與台灣簽署了「海峽兩岸經濟合作框架協議」（簡稱ECFA），並於2010年9月12日正式生效。大陸和台灣都是WTO的成員（台灣以單獨關稅區的名義參加WTO），在ECFA生效前，兩岸間的進出口貿易適用的是最惠國稅率；ECFA生效後，雙方同意就許多貨物實施早期收穫計畫，排定明確的時間表實施降稅。

根據ECFA，從2011年1月1日開始，大陸對557個稅則號下的進口商品適用協定稅率，執行降稅計畫，實現3年內關稅逐步調降為零。

從大陸方面的早期收穫產品清單看，受惠產品主要是農產品、化學工業品、紡織品、賤金屬、機器設備、汽車零配件及自行車。這些產品要享受優惠關稅稅率，必須滿足原產地的規定。在判斷原產地時，有許多值得注意的問題。

1. 非完全獲得產品適用的原產地一般規則

對於非完全獲得產品適用的特定原產地規則，主要是稅則歸類改變、區域價值成分和加工工序標準。如果是養殖產品（從卵或魚苗養成），要求在台灣養殖時間必須超過6個月；茶葉僅限原產於台灣的原料生產而來；其他商品或者要求區域價值成分不少於40%、45%或50%，或者要求稅則號前2碼、4碼或6碼發生改變，或者稅則歸類改變與區域價值成分要求兩者取其一，或者兩者同時滿足。

區域價值成分（RVC）計算公式如下：

$$區域價值成分 = \frac{貨物船上交貨價格（FOB）－非台灣原產材料價格（CIF）}{貨物船上交貨價格（FOB）} \times 100\%$$

2. 稅則歸類改變的例外

對於不符合稅則歸類改變的非台灣原產材料，如果按上述公式核定其價值不超過貨物離岸價格（FOB）的10%，即區域價值成分不低於90%的，該產品也被視為原產於台灣。比如稅則號為84213921的工業用靜電除塵器，要求稅則號前 4 位元發生改變，其原料中稅則號為84219990的其他過濾、淨化裝置用零件為美國進口，兩者稅則號前 4 碼未發生變化，不符合稅則歸類改變的要求，一般來說，這個除塵器的原產地不能被認為是台灣，但如果原料價值不超過除塵器價值的10%，仍然可以認為除塵器原產地為台灣。

3. 原產於大陸的原材料

原產於大陸的原材料A在台灣進行生產，該原材料構成產品B的一部分，則產品B將被視為原產於台灣，但不包括茶葉類產品。茶葉類產品原材料僅限於從台灣完全收穫。舉例來說，台灣某產品C的原材料35%從日本進口，45%從大陸進口，台灣製造成本占20%，則區域價值成分為65%（45%＋20%），符合區域價值成分的規定，產品C將被視為原產於台灣，儘管在台灣本土的製造成本只占20%。

4. 直接運輸

享受優惠稅率的產品，必須是在兩岸間直接運輸。只有基於地理原因或運輸要求而必須途經第三方，並且該貨物在第三方未發生貿易、商業或消費的情況，除裝卸、重新包裝或使貨物保持良好狀態所需的處理外，貨物在該第三方未經任何其他處理，這樣的運輸方式也被認為是直接運輸，但須第三方海關出具相應證明文件。

5. 貿易商所屬地

只要貨物滿足原產地的要求，出口商是在台灣還是第三地，並不影響該貨物享受協定關稅稅率。

在ECFA生效前，大陸對原產於台灣的鳳梨、木瓜、蓮霧等15種水果，以及帶魚、捲心菜等19種農產品，執行零關稅稅率。這34種農產品並不包括在ECFA協議中，ECFA生效後，零關稅稅率的規定仍然

是有效的，其原產地標準為在台灣地區完全獲得，即水產品為在台灣地區養殖或由台灣籍漁船在遠洋、近海捕撈，蔬菜水果為在台灣地區收穫、採摘或採集。

【114】出口加工區企業邊角料處置的海關、稅務及帳務處理

邊角料，是指加工貿易企業從事加工複出口業務，在加工過程中產生的、無法再用於加工該合同項下出口製成品，且屬於海關核定的單耗範圍內，數量合理的廢、碎料及下腳料。出口加工區加工貿易企業的邊角料處理有其特殊的政策。

一、海關規定

為了完善出口加工區功能和政策，大陸「海關總署環境保護部商務部質檢總局關於出口加工區邊角料、廢品、殘次品出區處理問題的通知」（署加發[2009]172號），就出口加工區邊角料、廢品出區處理做了規定：

1. 出口加工區內企業產生的邊角料、廢品等，原則上應複運出境。

2. 對出口加工區企業產生的有價值邊角料、廢品出區內銷的具體操作，比照區外加工貿易邊角料內銷的相關規定辦理。

實務操作中，出口加工區內企業申請邊角料、廢品出區內銷，海關按照出口加工區內企業申請內銷邊角料、廢品的報驗狀態，歸類後適用的稅率和審定的價格計徵稅款，具體步驟如下：

（1）出口加工區內企業填寫「出口加工區保稅加工廢料出區審批表」，向出口加工區管理局及相關環保部門提出申請。

（2）出口加工區內企業憑出口加工區管理局及環保部門批准後的審批表，向監控科申請辦理廢料內銷出區手續。

（3）出口加工區內企業憑出口加工區管理局、環保部門、海關三方批准的「出口加工區保稅加工廢料出區審批表」及「出口加工區加工貿易徵稅聯繫單」，填寫「進口貨物報關單」，以「進料邊角料內銷」貿易方式，向通關科申請辦理報關手續。

（4）出口加工區內企業憑進口報關單向查驗科辦理廢料出區的卡口驗放手續。

二、稅務處理

1. 出口加工區內企業申請內銷邊角料，海關按照內銷邊角料的報驗狀態，歸類後適用的稅率和審定的價格徵收關稅、增值稅。

2. 按「出口加工區稅收管理暫行辦法」，出口加工區外企業運入出口加工區的貨物視同出口，由區外企業辦理出口退稅，區內企業僅能享受生產過程中水、電、氣的退稅。而內銷邊角料時，出口加工區內企業是關稅、增值稅的納稅主體，但由於區內企業無增值稅發票，也不能代開增值稅發票，只能開具形式發票給區外廢料收購企業，區外廢料收購企業無法取得增值稅發票也就無法抵扣進項稅，而區內企業繳納的增值稅、關稅只能計入自己的成本。

三、帳務處理

邊角料收入可以計入營業收入或其他業務收入，對應的邊角料成本及補繳的關稅、增值稅，計入營業成本或其他業務成本。

四、無商業價值邊角料的處理

無商業價值的邊角料和廢品出區以處置方式銷毀，或者屬於禁止進口的固體廢物須出區進行利用或處置，由出口加工區內企業向出口加工區管委會和所在地（市）級環保部門申請，並提交如下資料：

1. 轉移固體廢物出區處置申請書。

2. 產生單位和處置單位的處置合同。

3. 處置單位經年檢合格的營業執照。

4. 轉移的區內固體廢物的產生過程及工藝、成分分析報告、物理化學性質登記表。

5. 單位處置廢物方式的說明。包括廢物處置設施的地點、類型、處理能力及處置過程中產生的廢氣、廢水的處理方法等介紹資料。

6. 處置單位能對區內固體廢物進行對環境無害化處置的資料。

須強調的是，出口加工區海關將上述資料匯總審核後辦理免稅出區審批手續，如有必要，將會同相關部門對貨物監督銷毀；銷毀貨物的出區監管實行「一批一放」。

五、注意事項

1. 未經海關許可，出口加工區內邊角料不得擅自銷售和處理。

2. 邊角料出區銷售後，須辦理保稅料件核銷手續。

3. 申請內銷邊角料時，商務主管部門免予審批，企業直接報主管海關核准並辦理內銷手續。

4. 向海關申請內銷邊角料可免徵緩稅利息。

5. 向海關申請內銷邊角料免於提交許可證。

【115】海關監管減免稅貨物移作他用之涉稅分析

海關監管減免稅貨物，是指大陸海關根據政策規定，准予減免稅進口使用於特定地區、特定企業、特定用途的貨物。進口減免稅貨物在海關監管年限內如進行轉讓、抵押、質押、移作他用或者其他處置，須經海關許可。

一、移作他用的情形

將減免稅貨物移作他用，一般包括以下情形：

1. 將減免稅貨物交給減免稅申請人以外的其他單位使用。

2. 未按照原定用途、地區使用減免稅貨物。

3. 未按照特定地區、特定企業或者特定用途使用減免稅貨物的其

他情形。

　　須注意的是，企業以鼓勵類項目進口的機器設備用於生產非鼓勵類產品，或將減免稅貨物轉讓給關聯方企業或分公司使用，均須經海關許可。

二、移作他用的涉稅處理

　　（一）經海關許可

　　將減免稅貨物移作他用時，減免稅申請人應當按照移作他用的時間，補繳關稅及增值稅，具體計算方法如下。

　　1. 計算完稅價格

　　補稅的完稅價格，以海關審定的貨物原進口時的價格為基礎，按照減免稅貨物已進口時間與監管年限的比例進行折舊，計算公式：

$$補稅的完稅價格＝海關審定的貨物原進口時的價格×(1-\frac{減免稅貨物已進口時間}{監管年限×12})$$

　　其中：

　　（1）減免稅貨物已進口時間，自減免稅貨物放行之日起按月計算。不足 1 個月但超過15日，按 1 個月計算；不超過15日，不予計算。

　　（2）已進口時間的截止日期，按以下規定確定：

　　A. 轉讓貨物的，以海關接受申請人申請辦理補稅手續之日做為截止日。

　　B. 未經海關批准擅自轉讓貨物的，以貨物實際轉讓之日做為截止日；轉讓之日不能確定的，則以海關發現之日做為截止日。

　　C. 在海關監管年限內，申請人發生破產、撤銷、解散或者其他依法終止經營情形，已進口時間的截止日期為申請人破產清算之日，或者被依法認定終止生產經營活動的日期。

　　2. 計算補稅金額

　　補繳關稅金額＝補稅的完稅價格×關稅稅率

補繳增值稅金額＝（補稅的完稅價格＋補繳的關稅）×進口增值稅稅率

在辦理移作他用手續時，如移作他用時間不能確定，應當提交相應的稅款擔保，稅款擔保不能低於剩餘監管年限應補繳稅款總額。

舉例：

外資A公司於2008年10月20日進口設備一台，價值100萬美元，2011年5月欲將該設備轉賣給內資企業B公司，已知該設備關稅稅率10%，則該設備須補稅金額計算如下：

（1）補稅設備的完稅價格＝1,000,000×6.5294×（1－32÷5×12）＝3,047,053.33元

（2）補繳關稅金額＝3,047,053.33×10%＝304,705.33元

（3）補繳增值稅金額＝（3,047,053.33＋304,705.33）×17%＝569,798.97元

註：匯率適用海關接受申報辦理手續之日的稅率和匯率（海關每月使用的計徵匯率，為上一個月第三個星期三中國人民銀行公布的外幣對人民幣的基準匯率）。

另外，補繳的關稅，可計入設備成本核算；補繳的增值稅，根據「關於進口免稅設備解除海關監管補繳進口環節增值稅抵扣問題的批復」（國稅函[2009]158號），可從銷項稅額中抵扣。

（二）未經海關許可

減免稅貨物移作他用未經海關許可的，除須按上述計算方法繳納關稅、增值稅外，海關還可處貨物價值5%以上30%以下罰款，有違法所得的，沒收違法所得。

值得注意的是，未經海關許可移作他用被海關處罰，罰款金額不予所得稅前列支。若企業有上市意願，處罰事項一旦被認定為重大違法違規，則須延遲3年上市申請，對企業上市進度影響極大。

【116】國際貿易中須關注的反傾銷稅重點

傾銷是指一個國家的產品以低於正常價值的出口價格，進入另一個國家的貿易行為，反傾銷則是指對外國商品在本國市場上的傾銷所採取的抵制措施。一般對傾銷的外國商品除徵收一般進口稅外，再增收附加稅，使其不能廉價出售，這種附加稅就是反傾銷稅。反傾銷稅的金額不應超過傾銷幅度。

界定是否為傾銷，是否需要徵反傾銷稅，有三個重要資料需要確定：正常價值、出口價格和傾銷幅度。

進口產品的正常價值，是指同類產品在出口國國內市場的正常貿易過程中的可比價格，如果沒有可比價格，則以同類產品出口到適當的第三國（地區）的可比價格，或者在原產國（地區）的生產成本加合理費用、利潤（成本加成法），為正常價值。進口產品的出口價格，一般是指進口商實際支付或應當支付的價格。傾銷幅度是指進口產品的出口價格低於其正常價值的幅度，即將出口價格與正常價值進行比較。如果比較時需要進行貨幣轉換，其匯率一般應採用銷售當日的匯率。確定傾銷幅度時採用的正常價值，應是加權平均正常價值，出口價格應是全部可比出口交易的加權平均價格，或者正常價值與出口價格在逐筆交易的基礎上進行比較。

傾銷幅度的計算公式為：

$$傾銷幅度 = \frac{正常價值 - 出口價格}{出口價格} \times 100\%$$

企業在面臨傾銷指控時，往往比較被動。為抗訴傾銷指控，企業須提供許多資料，因此在日常管理和會計核算中，應有所準備。

一、規範生產成本的會計核算

在確定進口產品的正常價值時，會考慮成本加成法，即以生產成本加合理費用、利潤做為正常價值，其中成本核算要符合大陸的公認

會計原則。企業在進行成本核算時，要在符合會計準則的基礎上，儘量細化和規範。特別要注意的是，關於固定資產、無形資產、長期待攤費用等資本性支出的攤銷期限、分攤依據、減資準備的計提等等，要有充分的證據證明其合理性，並且要求會計處理方法有延續性。同時，企業會計文件的歸檔要規範，與成本、銷售有關的單據，如採購訂單（合同）、採購發票、入庫單、領料單、成本分攤計算表、銷售訂單（合同）、銷售發票、出庫單、裝箱單、提單、報關單等等，都須有序歸檔管理。

二、建立競爭對手會計資訊平台

通過各種方法蒐集和分析競爭對手的財務資訊和非財務資訊，如產品類別、銷售價格、生產工藝等，瞭解其利潤水平。競爭對手主要是指國內及國外市場上同類產品或同一大類產品的廠商。

三、以成本核算為基礎制定價格

在制定出口銷售價格時，要以成本核算為基礎，發揮會計在出口定價中的控制作用，也使企業更準確把握出口產品的利潤水平。同時還須根據國際市場價格及時調整出口價格，因為價格是第一敏感因素。

四、分散交易

建議企業分散通過第三地控股公司進行交易，規避過於集中某一國家或某一公司而容易遭到的反傾銷起訴。

當企業確實受到傾銷指控時，可以向提出傾銷指控的主管機構提出價格承諾，以規避反傾銷調查，但更重要的是積極應訴，面對歸零法的裁決，要積極向WTO上訴，要儘早瞭解反傾銷答卷的要求，做好應訴資料的準備工作，尋找對自己更為有利的替代國資料。通過積極應訴，往往能駁回傾銷指控中不合理之處，比如不承認企業的會計處理、不承認企業的市場經濟地位、選擇不具有可比性的第三國價格等，從而降低傾銷幅度，甚至撤銷傾銷指控。

【117】免抵稅額對城建稅、教育費附加的影響分析

根據大陸「財政部、國家稅務總局關於生產企業出口貨物實行『免、抵、退』稅辦法後有關城市維護建設稅教育費附加政策的通知」（財稅[2005]25號）規定，自2005年1月1日起，經國務院正式審核批准的當期免抵的增值稅稅額，應納入城市維護建設稅和教育費附加的計徵範圍，分別按規定的稅（費）率徵收城市維護建設稅和教育費附加。但國稅發[1994]38號規定，外商投資企業和外國企業暫不徵收城建稅和教育費附加，因此，25號文實施後對外資企業無影響。

2010年10月29日，大陸國務院發布「國務院關於統一內外資企業和個人城市維護建設稅和教育費附加制度的通知」（國發[2010]35號），規定自2010年12月1日起，對外商投資企業、外國企業及外籍個人也開始徵收城建稅和教育費附加，並明確了與之相牴觸的各項規定同時廢止。按照上述規定，自2010年12月1日起，外資生產型企業出口產品產生的免抵稅額，須做為繳納城建稅、教育費附加的稅基。

生產型企業以來料加工、深加工結轉的貿易方式出口產品時，適用「免稅不退稅」出口退稅政策；貿易公司以一般貿易的貿易方式出口產品時，適用「免、退」出口退稅政策。上述出口皆不會產生免抵稅額。按照以上分析，只有生產型企業以一般貿易、進料加工的貿易方式出口產品時，可能會產生免抵稅額。

生產型企業以一般貿易、進料加工的貿易方式出口產品時，適用「免、抵、退」出口退稅政策，免抵稅額計算過程如下：

　　1. 免抵退稅不得免徵和抵扣稅額＝當期出口貨物離岸價×外匯人民幣牌價×（出口貨物徵稅稅率－出口貨物退稅率）－免抵退稅不得免徵和抵扣稅額減額

　　2. 免抵退稅不得免徵和抵扣稅額抵減額＝免稅購進原材料價格×（出口貨物徵稅稅率－出口貨物退稅率）

3. 期末留抵稅額＝銷項稅額－（進項稅額－免抵退稅不得免徵和抵扣稅額）

4. 免抵退稅額＝出口貨物離岸價×外匯人民幣牌價×出口貨物退稅率－免抵退稅額抵減額

5. 免抵退稅額抵減額＝免稅購進原材料價格×出口貨物退稅率

6. 當期期末留抵稅額≦當期免抵退稅額時，

　　當期應退稅額＝當期期末留抵稅額

　　當期免抵稅額＝當期免抵退稅額－當期應退稅額

7. 當期期末留抵稅額＞當期免抵退稅額時，當期免抵稅額＝0

從上述城建稅、教育費附加相關政策的演變以及計算過程分析可以瞭解到，企業在計算當期城建稅、教育費附加的稅基，除包括當期應納的消費稅、營業稅、增值稅外，還應包括當期國家稅務局退稅機關已審批的「免、抵」稅額。若能對免抵稅額進行規劃，則可以延遲繳納城建稅、教育費附加。建議如下：

（1）採購貨物取得的增值稅進項稅額儘量提前認證、抵扣，即增加當期期末留抵稅額。

（2）延遲出口退稅申報時間，在產品出口報關之日起至次年4月30日之前推遲出口退稅申報，即降低當期免抵退稅額，但須注意出口退稅款項也會相應推遲。

（3）注意計劃分配率的正確性。如果計劃分配率較實際分配率低，則容易造成當期免抵稅額高，先行繳納城建稅和教育費附加，待手冊核銷按實際分配率清算免抵稅額時，以前因較低的計劃分配率導致多繳納的城建稅和教育費附加可能無法退回。

由於免抵稅額與進項稅額、銷項稅額、出口產品退稅率、出口收入、保稅材料、退稅申報時間等有關，上述建議只能延遲產生免抵稅額，屬於時間性差異，不屬於永久性差異，故無法減少免抵稅額。

【118】免稅設備不同處置方法涉稅分析

免稅設備，通常指的是依照大陸有關法律法規，在海關通關環節給予關稅減免優惠措施的進口設備。根據「中華人民共和國海關進出口貨物減免稅管理辦法」（海關總署令179號，以下簡稱「管理辦法」）等法律法規的規定，免稅設備進口後不屬於結關放行，仍是海關監管貨物。監管年限內，未經海關許可，企業不得擅自將免稅設備轉讓、抵押、質押、移作他用或者進行其他處置。對於免稅設備使用期間不同的處置方法涉稅問題，分析如下。

一、監管期內的處置

1. 變更使用地點

在海關監管年限內，免稅設備應當在主管海關核准的地點使用。須變更使用地點的，申請人應向主管海關提出申請，說明理由，經海關批准後方可變更使用地點。異地監管的減免稅貨物在異地使用結束後，申請人應及時向轉入地海關申請辦結異地監管手續，經轉入地海關審核同意並通知主管海關後，申請人應當將免稅設備運回主管海關管轄地。這種變更使用場所只要在海關進行備案，不須補繳稅款。

2. 出售

（1）免稅設備轉讓給享受同等減免稅優惠待遇的其他企業

須經海關批准並辦理結轉手續，設備轉出企業減免稅額度不予恢復；轉入企業按設備在轉出企業的使用時間折舊後的價格，扣減減免稅額度。結轉設備的監管期限，以原進口放行之日起連續計算。

依據署稅發[2009]168號規定，對於2009年6月30日及以前進口，且已按照有關規定免徵進口環節增值稅的免稅設備，在辦理上述結轉手續時，不須考慮增值稅轉型政策因素，即按照轉入企業使用的原稅收優惠政策可以免徵進口環節增值稅的，在結轉時轉出企業不須補繳原免稅設備的進口環節增值稅，但仍須根據現行固定資產的出售規

定，按照4%徵收率減半徵收增值稅。

（2）免稅設備以非結轉方式轉讓給一般企業

應當以海關審查確定的該貨物原進口時的價格，扣除折舊部分價值做為完稅價格繳稅。計算公式：

完稅價格＝海關確定的原進口完稅價格×（1－補稅時實際已進口的時間÷監管年限×12）

補繳關稅金額＝補稅的完稅價格×關稅稅率

補繳增值稅金額＝（補稅的完稅價格＋補繳的關稅）×進口增值稅稅率

上述公式中，「海關確定的原進口完稅價格」包括設備的貨款、運抵境內輸入地點起卸前的運輸及其相關費用、保險費。補稅時實際已進口的時間按月計算，不足 1 個月但是超過15日的，按照 1 個月計算；不超過15日的，不予計算。

另外，根據大陸國家稅務總局「關於進口免稅設備解除海關監管補繳進口環節增值稅抵扣問題的批復」（國稅函[2009]158號）規定，在2008年12月31日前免稅進口的自用設備，由於提前解除海關監管，從海關取得2009年1月1日後開具的海關進口增值稅專用繳款書，增值稅額准予從銷項稅額中抵扣。如果設備再轉售，應當按照增值稅適用稅率計算繳納增值稅。

3. 免稅設備改變用途、出租等移作他用

根據「管理辦法」規定，企業如須將免稅設備用於非進口時約定用途產品的生產，即改變用途，須事先經海關批准同意，並按照移作他用的時間補繳相應稅款或稅款擔保部分，補繳稅款金額計算方式與出售時計算稅款方式一致。

4. 退運

因品質或規格等原因，進口設備自進口放行之日起 1 年內原狀退貨複運出境的，企業按規定提交「進口報關單」等有關單證和證明文

件，經海關確認後辦理出口申報手續，退運不徵收出口關稅。

二、監管期限屆滿後的處置

免稅設備海關監管年限屆滿時，自動解除監管，無須辦理解除監管手續，也無須補繳稅金。如果日後出售，按照出售固定資產繳納增值稅即可。

1. 銷售自己使用過的2009年1月1日以後購進或者自製的固定資產，按照適用稅率徵收增值稅。

2. 2008年12月31日以前未納入擴大增值稅抵扣範圍試點的納稅人，銷售自己使用過的2008年12月31日以前購進或者自製的固定資產，按照4%徵收率減半徵收增值稅。

【119】合併分立過程中的稅務實務分析

企業合併分為控股合併、吸收合併和新設合併，企業分立分為新設分立和存續分立。以下主要從吸收合併和存續分立兩個角度，來談談企業合併或分立過程中涉及的稅務實務。

一、所得稅

根據「關於企業重組業務企業所得稅處理若干問題的通知」（財稅[2009]59號）規定，企業合併或分立的所得稅處理規定如下：

1. 優惠政策

在企業吸收合併中，合併後的存續企業性質及適用稅收優惠的條件未發生改變的，可繼續享受合併前該企業剩餘期限的稅收優惠，其優惠金額按存續企業合併前一年應納稅所得額（虧損計為零）計算。

在企業存續分立中，分立後的存續企業性質及適用稅收優惠的條件未發生改變的，可以繼續享受分離前該企業剩餘期限的稅收優惠，其優惠金額按該企業分立前一年的應納稅所得額（虧損計為零），乘以分立後存續企業資產占分立前該企業全部資產的比例計算。

同時「企業重組業務企業所得稅管理辦法」（國家稅務總局公告[2010]4號）也補充規定，對符合特殊性稅務處理的企業合併，合併前各企業剩餘的稅收優惠年限不一致的，合併後企業每年度的應納稅所得額，應統一按合併日各合併前企業資產占合併後企業總資產的比例進行劃分，再分別按相應的剩餘優惠計算應納稅額。

2. 虧損彌補

（1）一般性稅務處理，被合併企業的虧損不得在合併企業結轉彌補，同時企業分立相關企業的虧損也不得相互結轉彌補。

（2）對符合特殊性稅務處理合併或分立。每年可由合併企業彌補的被合併企業虧損的限額＝被合併企業淨資產公允價值×截止合併業務發生當年年末國家發行的最長期限的國債利率。被分立企業未超過法定彌補期限的虧損額，可按分立資產占全部資產的比例進行分配，由分立企業繼續彌補。

二、增值稅

根據大陸「國家稅務總局關於納稅人資產重組有關增值稅問題的公告」（國家稅務總局公告[2011]13號）規定，納稅人通過合併、分立等方式，將全部或者部分實物資產以及與其相關聯的債權、負債轉讓給其他單位等，不屬於增值稅的徵稅範圍，其中涉及的貨物轉讓，不徵收增值稅。

同時實務中，跨地區合併時被合併企業帳面尚待抵扣的留抵進項，一般地方主管稅務機關不允許該留抵稅額帶到合併企業中。對分立企業的增值稅進項留抵是否允許分拆到被分立後的企業中，目前大陸官方並無明文確定，實務中一般主管稅務機關也不允許。

三、營業稅

根據大陸「國家稅務總局關於轉讓企業產權不徵營業稅問題的批

復」（國稅函[2002]165）指出，轉讓企業產權的行為不屬於營業稅徵收範圍，不應徵收營業稅。另外某些地方還專門提出規定，例如「江蘇省地稅局關於企業改組改制中有關營業稅若干徵稅問題的通知」（蘇地稅發[2000]044號），明確指出對企業在合併、兼併過程中發生的土地使用權、不動產所有權的轉移行為，不徵收營業稅。

根據「關於納稅人資產重組有關營業稅問題的公告」（國家稅務總局公告[2011] 51號）規定，納稅人在資產重組過程中，通過合併、分立、出售、置換等方式，將全部或者部分實物資產以及與其相關聯的債權、債務和勞動力一併轉讓給其他單位和個人的行為，不屬於營業稅徵收範圍，其涉及的不動產、土地使用權轉讓，不徵收營業稅。

四、土地增值稅

根據大陸財稅字[1995]48號「關於土地增值稅一些具體問題規定的通知」指出，在企業兼併中，對被兼併企業將房地產轉讓到兼併企業中的，暫免徵收土地增值稅。但同時提醒的是，根據大陸國家稅務總局「關於以轉讓股權名義轉讓房地產行為徵收土地增值稅問題的批復」（國稅函[2000]687號）的規定，股權轉讓過程中，其轉讓股權形式表現的資產，主要是土地使用權、地上建築物及附著物，應按土地增值稅的規定徵稅。

五、契稅

根據大陸「財政部、國家稅務總局關於企業改制重組若干契稅政策的通知」（財稅[2008]175號）規定，截止2011年12月31日，企業合併或分立過程中的土地、房產權屬轉移，免徵契稅。

六、印花稅

根據財稅[2003]183號規定，以合併或分立方式成立的新企業，凡原已貼花的部分可不再貼花，未貼花的部分和以後新增加的資金按規定貼花。

最後，合併或分立過程中還須關注加工貿易手冊是否已核銷完

畢、出口退稅款項是否已收回以及海關監管設備移轉等。

【120】海關特殊監管區無法辦理出口退稅風險分析

海關特殊監管區域是指保稅區、出口加工區、保稅物流園區、保稅港區、綜合保稅區、保稅物流中心等。實務中，有些企業的深加工結轉業務，在通過海關特殊監管區域出貨時，由於部分手續或單證上的疏忽，導致因不符合出口退稅條件，而被稅務機關按內銷要求補稅甚至罰款。台商在涉及海關特殊監管區域的出口退稅事項時，應特別關注以下重點：

一、享受出口退稅前須先符合的條件

1. 必須是已報關且真實離境的貨物，憑證為海關的出口報關單退稅聯。

2. 必須是財務上已做為銷售處理的貨物，憑證為發票。

但也有特殊政策值得台商留意，從海關特殊監管區域外進入區內的貨物，雖未真實離境，也可視同已離境享受出口退稅。

二、發票流、物流、資金流須一致

目前，企業通過海關特殊監管區域出貨並享受出口退稅的交易模式有三種，一是加工貿易企業直接將貨物銷售給在海關特殊監管區域內註冊的企業，發票開立和貨款收取均與海關特殊監管區域內的企業往來；其次是加工貿易企業在名義上將貨物銷售給境外企業，發票開立和貨款均與境外企業往來，但由於海關特殊監管區域形式較多，執行出口退稅政策上各地存在差異，但發票流、物流、資金流三者須一致的要求均相同。單以昆山為例，昆山市國稅局2007年7月28日發文規定，企業出口至保稅物流園區及保稅物流中心的貨物，其發票流、物流、資金流不一致時，不符合免抵退稅政策且應視同內銷徵稅。

因此，台商應避免出現以下情況導致無法申請出口退稅：

　　1. 取得報關單出口退稅專用聯，但簽訂合同、開具發票、貨款資金等均與國內企業往來。

　　2. 取得報關單出口退稅專用聯，其合同、發票均與境外企業或物流園區內註冊的企業之間往來，但資金仍與大陸境內企業來往。

三、與保稅區企業進行交易不能享受出口退稅

　　境內區外企業與保稅區企業進行交易不能享受出口退稅，但根據「關於發布『出口貨物勞務增值稅和消費稅管理辦法』的公告」（國家稅務總局公告[2012] 24號）規定，運入保稅區的貨物，如果屬於出口企業銷售給境外單位、個人，境外單位、個人將其存放在保稅區內的倉儲企業，離境時由倉儲企業辦理報關手續，海關在其全部離境後，簽發進入保稅區的出口貨物報關單的，保稅區外的生產企業可以申報出口退稅，但除了提供出口貨物報關單、出口發票等資料外，還須提供倉儲企業的出境貨物備案清單。確定申報退（免）稅期限的出口日期，以最後一批出境貨物備案清單上的出口日期為準。

四、加工貿易企業與保稅區貿易公司在物流園區設立的非獨立核算分公司進行交易的出口退稅問題

　　加工貿易企業與保稅區貿易公司在物流園區設立的非獨立核算分公司進行交易，由於最終利益由保稅區貿易公司獲得，實質上也是與保稅區貿易公司交易，即使貨款由物流園區分公司支付，其反映的法律關係也是加工貿易企業與保稅區貿易公司之間的關係，存在稅務機關不予辦理出口退稅風險，但如果是獨立核算的分公司則不存在此類問題。

【121】加工貿易進口設備稅收政策演變分析（上）

　　自1992年大陸海關總署頒布了「海關對外商投資企業進出口貨物監管和徵免稅辦法」至2011年5月海關總署公告[2011]30號，加工貿易進口設備的稅收政策經過了數次變化，加工貿易進口設備涉及的進口關稅、增值稅政策主要演變過程如下。

一、1996年4月1日前

　　1996年4月1日前批准設立的外商投資企業，均可按照1992年海關總署頒布「海關對外商投資企業進出口貨物監管和徵免稅辦法」規定，以投資總額內的資金進口的機器設備、零部件和其他物料，免徵關稅和進口環節增值稅。

二、1996年4月1日至1997年12月31日

　　1995年12月26日，大陸國務院頒布了「關於改革和調整進口稅收政策的通知」（國發[1995]34號），規定自1996年4月1日起，對新批准設立的外商投資企業投資總額內進口的設備和原材料，一律按法定稅率徵收關稅和進口環節稅。在此之前已依法批准設立的外商投資企業，在規定的寬限期內，可繼續享受減免關稅和進口環節稅的優惠，即對投資總額在3,000萬美元（含3,000萬美元，不包括國發[1995]34號下發之日後追加的投資）以上的項目進口的設備和原材料，1997年12月31日前仍按原規定執行；對投資總額在3,000萬美元以下的項目進口的設備和原材料，1996年12月31日前仍按原規定執行。

三、1998年1月1日至2002年9月30日

　　1997年12月29日，大陸國務院頒布了「關於調整進口設備稅收政策的通知」（國發[1997]37號），規定自1998年1月1日起，對國家鼓勵發展的外商投資項目進口設備，在規定範圍內，免徵關稅和進口環節增值稅。其中：

　　1. 對於符合「外商投資產業指導目錄」鼓勵類和限制乙類並轉讓

技術的外商投資項目，在投資總額內進口的自用設備，除「外商投資項目不予免稅的進口商品目錄」所列商品以外，免徵收關稅和進口環節增值稅。

2. 對符合上述規定的項目，按照合同隨設備進口的技術及配套件、備件，也免徵關稅和進口環節增值稅。

3. 對1996年4月1日至1997年12月31日按國家規定程序批准設立的外商投資項目的進口設備，從1998年1月1日起，除規定明確不予免稅的進口商品外，免徵進口關稅和進口環節增值稅，由項目單位憑原批准的文件到其主管海關辦理免稅手續。

四、2002年10月1日至2007年7月19日

2002年9月4日，大陸財政部、國家計委、國家經貿委、外經貿部、海關總署、國家稅務總局聯合頒布「關於調整部分進口稅收優惠政策的通知」（財稅[2002]146號），規定自2002年10月1日起：

1. 1996年4月1日以前，經批准的外商投資項目在剩餘額度內進口的商品，統一按照國發[1997]37號規定的稅收政策執行，即在項目額度或投資總額內進口的自用設備，除「國內投資項目不予免稅的進口商品目錄」、「外商投資項目不予免稅的進口商品目錄」所列商品外，免徵進口關稅和進口環節增值稅。

2. 調整「外商投資產業指導目錄」中，「產品全部直接出口的允許類外商投資項目」（簡稱「全部出口項目」）政策的實施辦法。

（1）自政策調整實施之日起，新批准的全部出口項目項下進口設備，一律照章徵收進口關稅和進口環節增值稅。自項目投產之日起，由外經貿部會同有關部門組成聯合核查小組，對產品直接出口情況進行核查，核查期 5 年。經核查後如情況屬實，每年返還已納稅額的20%，5 年內全部返還；如情況不實，當年稅款不再返還，同時追繳該項目已返還的稅款，並依法予以處罰。

（2）政策調整實施之日前已批准的全部出口項目，仍須繼續進口該項目項下設備的，仍執行免稅政策。但自項目投產之日起5年核查期內，有關部門須對產品直接出口情況進行調查；政策調整實施之日前已批准的全部出口項目完成了設備進口的，對政策調整實施之日前的產品出口情況不再核查，在政策調整實施之日後的剩餘核查期內，對產品出口情況有選擇地進行調查。

【122】加工貿易進口設備稅收政策演變分析（中）

前文中財稅[2002]146號同時明訂，自2002年10月1日起，一般不再受理和審批個案減免進口稅項目的申請，對生產性原材料、國務院規定一律不予減免稅的20種商品，以及各地為舉辦大型活動所須進口的車輛，一律不予免稅。其他確須減免進口稅的商品，由財政部會同有關部門從嚴把握，報國務院審批。

五、2007年7月20日至2008年12月31日

2007年7月13日，大陸海關總署、發展改革委、財政部、商務部頒布「關於針對海關在執行相關進口稅收優惠政策適用問題」（[2007]35號公告），規定自2007年7月20日起：

1. 外商投資企業所投資的項目符合「外商投資產業指導目錄」中鼓勵類，或「中西部地區外商投資優勢產業目錄」的產業條目，其在投資總額內進口的自用設備及隨設備進口的配套技術、配件、備件，除「外商投資項目不予免稅的進口商品目錄」所列商品外，免徵關稅和進口環節增值稅。

2. 2002年4月1日以前批准的外商投資限制乙類項目，以及1996年4月1日以前批准的外商投資項目，仍可享受外商投資項目進口稅收優惠政策。但外商投資項目（包括鼓勵類項目），其項目單位須於2007

年12月31日前按照現行規定，持項目確認書或其他相關資料，向海關申請辦理減免稅備案手續，並於2010年12月31日前向海關申請辦理項目項下進口自用設備的減免稅審批手續。逾期，海關不再受理上述減免稅備案和審批申請。

六、2009年1月1日至今

1. 2008年12月25日，大陸財政部、海關總署、國家稅務總局頒布公告[2008]43號，規定：

（1）自2009年1月1日起，對國發[1997]37號中，國家鼓勵發展的外商投資項目進口的自用設備、加工貿易外商提供的不作價進口設備，以及按照合同隨上述設備進口的技術及配套件、備件恢復徵收進口環節增值稅，在原規定範圍內繼續免徵關稅；自2009年1月1日起，對軟體生產企業、積體電路生產企業以及其他比照國發[1997]37號執行的企業和項目，進口設備及其配套技術、配件、備件一律恢復徵收進口環節增值稅，在原規定範圍內繼續免徵關稅。

（2）對2008年11月10日以前獲得「國家鼓勵發展的內外資項目確認書」的項目，於2009年6月30日及以前申報進口的設備及其配套技術、配件、備件，按原規定繼續執行免徵關稅和進口環節增值稅的政策，2009年7月1日及以後申報進口的，一律恢復徵收進口環節增值稅，符合原免稅規定的，繼續免徵關稅。

2. 2008年12月31日，海關總署公告[2008]103號規定：

（1）項目投資主管部門在2008年11月9日及以前已經出具「項目確認書」，其項目項下進口的自用設備以及按照合同隨設備進口的技術及配套件、備件，於2009年6月30日及以前向海關申報進口的，在符合原有關免稅規定範圍內，繼續免徵關稅和進口環節增值稅。

（2）項目投資主管部門在2008年11月10日至同年12月31日期間
　　　出具「項目確認書」，其項目項下進口的自用設備以及按
　　　照合同隨設備進口的技術及配套件、備件，在2009年1月1
　　　日及以後向海關申報進口的，一律恢復徵收進口環節增值
　　　稅，在符合原有關免稅規定範圍內繼續免徵關稅、海關根
　　　據上述「項目確認書」，在2008年12月31日及以前出具的
　　　「進出口貨物徵免稅證明」予以作廢，進口單位須重新向
　　　海關申請出具免徵關稅、照章徵收進口環節增值稅的「徵
　　　免稅證明」。因重新出具「徵免稅證明」而產生的滯報
　　　金，按規定予以免徵。

【123】加工貿易進口設備稅收政策演變分析（下）

前文海關總署公告[2008]103號還規定：

（3）對按照國發[1997]37號執行進口稅收優惠政策的1997年12月
　　　31日及以前審批、核准或備案的外商投資項目以及自有資
　　　金項目，和經認定的軟體生產企業、積體電路生產企業進
　　　口的自用設備及按照合同隨設備進口的技術及配套件、備
　　　件，海關在2008年12月31日及以前出具的「徵免稅證明」在
　　　有效期內繼續有效，但不得延期。

（4）對加工貿易外商提供的不作價設備，在2008年12月31日及以
　　　前已經辦理了加工貿易手冊備案，並且在2009年6月30日及
　　　以前向海關申報進口的，在符合原有關免稅規定範圍內繼
　　　續免徵關稅和進口環節增值稅。自2009年1月1日起，海關
　　　辦理不作價設備加工貿易手冊備案或備案變更，一律徵收
　　　進口環節增值稅，在符合原有關免稅規定範圍內繼續免徵
　　　關稅。

3. 2011年5月12日，海關總署公告[2011]30號規定，自發布之日起：

（1）經認定的軟體企業進口所需的自用設備，以及按照合同隨設備進口的技術（含軟體）及配套件、備件，不須出具確認書，不占用投資總額，除「外商投資項目不予免稅的進口商品目錄」和「國內投資項目不予免稅的進口商品目錄」所列商品外，免徵進口關稅，照章徵收進口環節增值稅。

（2）軟體企業和積體電路設計企業需要臨時進口的自用設備（包括開發測試設備、軟硬體環境、樣機及部件、元器件等），經地市級商務主管部門確認，軟體企業和積體電路設計企業可以向海關申請上述設備按暫時進境貨物監管，其進口稅收按現行法規執行。

七、西部地區

「關於深入實施西部大開發戰略有關稅收政策問題的通知」（財稅[2011]58號）規定，自2011年1月1日起，對西部地區外商投資鼓勵類產業及優勢產業的項目，在投資總額內進口的自用設備，在政策規定範圍內免徵關稅。該鼓勵類產業企業是指以「西部地區鼓勵類產業目錄」中規定的產業項目為主營業務，且其主營業務收入占企業收入總額70%以上的企業。

八、五類企業

1. 1999年11月22日，大陸海關總署頒布了「關於進一步鼓勵外商投資有關進口稅收政策的通知」（署稅[1999]791號），明確規定：

（1）對已設立的鼓勵類和限制乙類外商投資企業、外商投資研究開發中心、先進技術型和產品出口型外商投資企業（即稱五類企業，但目前限制乙類已取消，因此實際上只有四類企業）技術改造，在原批准的生產經營範圍內，進口國

內不能生產或性能不能滿足需要的自用設備及其配套的技
術、配件、備件，可按國發[1997]37號的規定免徵進口關稅
和進口環節稅。其中，資金來源指五類企業投資總額以外
的自有資金，即企業儲備基金、發展基金、折舊和稅後利
潤。

（2）外商投資設立的研究開發中心，在投資總額內進口國內不
能生產或性能不能滿足需要的自用設備及其配套的技術、
配件、備件，可按國發[1997]37號的規定免徵進口關稅和
進口環節稅。其中，該研究開發中心應是經國家計委、國
家經貿委、外經貿部以及各省、自治區、直轄市、計畫單
列市計委、經貿委、外經貿廳局批准，設立在外商投資企
業內部或單獨設立的，專門從事產品或技術開發的研究機
構。

　2. 大陸海關總署公告[2008]103號規定，自2009年1月1日起，對
「海關總署關於進一步鼓勵外商投資有關進口稅收政策的通知」（署
稅[1999]791號）中規定的外商投資企業和外商投資設立的研究開發中
心進行技術改造，以及按「中西部地區外商投資優勢產業目錄」批准
的外商投資項目進口的自用設備及其配套技術、配件、備件，恢復徵
收進口環節增值稅，在原規定範圍內繼續免徵關稅。

【124】違反出口退稅規定的法律責任分析

　　為了鼓勵企業出口，大陸提出對除明確規定不予退稅或不符合出口退稅條件的貨物外，退還已徵的增值稅、消費稅。對於違反出口退稅規定，騙取國家出口退稅款的，將按稅收徵管法和刑法相關規定予以處罰。

一、違反出口退稅規定，不符合退稅主體的幾種情形

　　可以享受出口退稅的主體，必須具備進出口經營權的單位，國稅發[2006]24號規定自2006年3月1日起，凡自營或委託出口業務中，出現以下行為，不得申請出口退稅：

　　1. 出口企業以自營名義出口，但不承擔出口貨物的質量、結匯或退稅風險，即出口貨物發生質量問題時不承擔外方的索賠責任（合同中有約定質量責任承擔者除外）；不承擔未按期結匯導致不能核銷的責任（合同中有約定結匯責任承擔者除外）；不承擔因申報出口退稅的資料、單證等出現問題而造成不退稅責任。

　　2. 出口企業以自營名義出口，其出口業務實質上是由本企業及其投資的企業以外的其他經營者（或企業、個體經營者及其他個人），假借該出口企業名義操作完成。

　　3. 出口貨物在海關驗放後，出口企業自己或委託貨代承運人對該筆貨物的海運提單（其他運輸方式的，以承運人交給發貨人的運輸單據為準）上的品名、規格等進行修改，造成出口貨物報關單與海運提單有關內容不符。

　　4. 出口企業將空白的出口貨物報關單、出口收匯核銷單等出口退（免）稅單證，交由除簽有委託合同的貨代公司、報關行，或由國外進口方指定的貨代公司（提供合同約定或者其他相關證明）以外的其他單位或個人使用。

　　5. 出口企業以自營名義出口，其出口的同一批貨物既簽訂購貨合

同，又簽訂代理出口合同（或協議）。

　　6. 出口企業未實質參與出口經營活動，接受並從事由中間人介紹的其他出口業務，但仍以自營名義出口。

　　7. 其他違反國家有關出口退稅法律法規的行為。

二、不符合退稅條件騙取出口退稅的行為

　　1. 對不符合申請進出口經營權條件的企業，或有上述七種情形之一，騙取出口貨物退稅資格的。

　　2. 將未納增值稅、消費稅或者屬免稅貨物，做為已稅貨物出口申請退稅。

　　3. 以虛構已稅貨物出口事實為目的，偽造或者簽訂虛假的買賣合同；以偽造、變造或者其他欺騙手段取得出口貨物報關單、出口收匯核銷單、出口貨物專用繳款書等有關出口退稅單據、憑證；虛開、偽造、非法購買增值稅專用發票或者其他可以用於出口退稅款的發票；其他虛構已稅貨物出口事實的行為。

　　4. 雖有貨物出口，但以多報或以高退稅率品名錯報等方式，虛構該貨物的品名、數量、單價等要素，騙取未實際納稅部分出口退稅款的行為。

　　5. 其他手段騙取國家出口退稅款的。

三、法律責任

　　根據「關於發布『出口貨物勞務增值稅和消費稅管理辦法』的公告」（國家稅務總局公告[2012]24號）規定，出口企業和其他單位以假報出口或者其他欺騙手段，騙取國家出口退稅款，由主管稅務機關追繳其騙取的退稅款，並處騙取稅款一倍以上五倍以下的罰款；構成犯罪的，依法追究刑事責任。

　　對騙取國家出口退稅款的，由省級以上（含本級）稅務機關批准，按下列規定停止其出口退（免）稅資格：

　　1. 騙取國家出口退稅款不滿 5 萬元的，可以停止為其辦理出口退

稅半年以上 1 年以下。

2. 騙取國家出口退稅款 5 萬元以上不滿50萬元的，可以停止為其辦理出口退稅 1 年以上 1 年半以下。

3. 騙取國家出口退稅款50萬元以上不滿250萬元，或因騙取出口退稅行為受過行政處罰、 2 年內又騙取國家出口退稅款數額在30萬元以上不滿150萬元的，停止為其辦理出口退稅 1 年半以上 2 年以下。

4. 騙取國家出口退稅款250萬元以上，或因騙取出口退稅行為受過行政處罰、 2 年內又騙取國家出口退稅款數額在150萬元以上的，停止為其辦理出口退稅 2 年以上 3 年以下。

5. 停止辦理出口退稅的時間以省級以上（含本級）稅務機關批准後做出的「稅務行政處罰決定書」的決定之日為起始日。

對沒有直接騙取出口退稅，而是協助他人騙取出口退稅的，「稅收徵管法實施細則」第九十三條規定，為納稅人、扣繳義務人非法提供銀行帳戶、發票、證明或其他方便，導致騙取國家出口退稅款，稅務機關除沒收其違法所得外，可處騙取的稅款一倍以下罰款。

大陸刑法第二百零四條規定，以假報出口或者其他欺騙手段，騙取國家出口退稅款，數額較大的，處 5 年以下有期徒刑或者拘役，並處騙取稅款一倍以上五倍以下罰金；數額巨大或者有其他嚴重情節的，處 5 年以上10年以下有期徒刑，並處騙取稅款一倍以上五倍以下罰金；數額特別巨大或者有其他特別嚴重情節的，處10年以上有期徒刑或無期徒刑，併處騙取稅款一倍以上五倍以下罰金或沒收財產。

| 第四篇 |

綜合篇

【125】加工貿易企業必須取得的各項證照 及辦理流程（上）

　　經營企業在簽訂加工貿易合同後，應辦理進出口經營權的備案登記，並取得「進出口貨物收發貨人註冊登記證書」、「加工貿易企業經營狀況及生產能力證明」、「加工貿易業務批准證」等各項證照，以下介紹辦理各證照的基本流程。

一、進出口經營權備案登記

　　1. 登錄商務局網站，填寫「對外貿易經營者備案登記表」。簽字蓋章後，連同營業執照副本、組織機構代碼證、批准證書等影本到商務局提交書面資料，7 天後領取「對外貿易經營者備案登記表」。

　　2. 新成立企業憑商務局頒發的「對外貿易經營者備案登記表」，到公司所在區縣工商局辦理備案登記手續。原已註冊成立的企業，在登錄備案登記之前，必須先到工商局辦理經營範圍變更手續。

　　3. 到所在區縣國稅局、地稅局，分別辦理經營範圍的備案登記或變更手續。

　　4. 到所屬區縣管轄海關辦理備案登記手續。

　　5. 到出入境檢驗檢疫局辦理註冊備案登記，出口企業如需要可申請原產地證書。

二、進出口貨物收發貨人註冊登記

　　1. 向所在地海關提交資料：

　　（1）進出口貨物收發貨人註冊登記申請書。

　　（2）「企業法人營業執照」（副本）。

　　（3）「對外貿易經營者備案登記表」。

　　（4）「中華人民共和國外商投資企業批准證書」、「中華人民共和國台港澳僑投資企業批准證書」。

　　（5）「國稅登記證」（副本）。

（6）銀行開戶證明（基本帳戶）。

（7）「組織機構代碼證」（副本）。

（8）企業章程。

（9）「報關單位情況登記表」以及「報關單位管理人員情況登
　　　記表」。

（10）其他與註冊登記有關的文件資料。

2. 主管海關審核資料真實性及是否齊全。

3. 審核無誤核發「進出口貨物收發貨人註冊登記證書」。

三、電子口岸入網

　　向中國電子口岸申請聯合審批，取得入網許可，購IC卡、軟體、
讀卡器、購買95199上網卡，從而成為中國電子口岸正式會員。辦理
流程如下。

　　1. 攜以下資料至電子口岸分中心辦理資料初審，預錄入：

（1）中國電子口岸企業情況登記表。

（2）中國電子口岸企業IC卡登記表。

（3）中華人民共和國組織機構代碼證。

（4）企業法人營業執照。

（5）外商投資企業稅務登記證。

（6）對外貿易經營者備案登記表或中華人民共和國外商投資企
　　　業批准證書。

（7）中華人民共和國海關進出口貨物收發貨人註冊登記證書。

（8）外匯核銷員證號。

　　2. 分別到省級技監局組織機構代碼管理中心、工商局、省國稅局
辦理上網審核。

　　3. 至電子口岸分中心辦理制卡，交款，領取設備。

　　4. 分別到省級商務局、主管外匯局、當地主管海關等單位，辦理
上網授權。

四、加工貿易電子聯網審批管理系統「安全認證證書」

根據「商務部關於統一使用加工貿易電子聯網審批管理系統的通知」（商機電函[2003]56號），加工貿易企業統一使用加工貿易電子聯網審批管理系統進行網上申報，企業須申領「安全認證證書」（即「CA證書」）。申領程序為：

1. 企業從電子商務中心駐當地代表處，領取或從網站下載CA證書申請表。

2. 企業填寫申請表。

3. 企業將申請表、「加工貿易企業經營狀況及生產能力證明」影本、企業法人營業執照（副本）影本、組織機構代碼證（副本）影本、辦理人身分證影本交到電子商務中心駐當地代表處。

4. 代表處接到企業申請後，將安全證書製作完畢並交給企業。

【126】加工貿易企業必須取得的各項證照及辦理流程（下）

六、加工貿易企業經營狀況及生產能力證明

1. 申報程序

（1）企業登錄商務部加工貿易企業辦事單位網站，下載「加工貿易企業經營狀況及生產能力證明」相應表格（書面填寫、網上錄入）。

（2）企業完成書面填報後，須攜帶相關資料一併送至所在地加工貿易主管部門進行審核。

（3）主管部門委派人員實地進行勘察，核實企業的經營狀況及生產能力等情況。

（4）審核通過後，企業可領取「加工貿易企業經營狀況及生產能力證明」。

2. 辦理中須提供的主要資料

（1）「營業執照」。

（2）「外商投資企業批准證書」。

（3）上年度審計報告。

（4）有進出口經營權的企業提供進出口資格證書。

（5）無進出口經營權的企業提供「組織機構代碼證」。

（6）已經填寫的「加工貿易企業經營狀況及生產能力證明表」。

3. 辦理期限

收到符合要求的資料和查驗企業符合條件的，3個工作日內出具證明。

七、加工貿易業務批准證

1. 申報程序

（1）企業使用加工貿易管理系統填報相關表格。

（2）遞交申報資料。

（3）主管部門審核，並將審核意見經加工貿易管理系統反饋給企業。

（4）審核通過後，簽發「加工貿易業務批准證」。

2. 辦理中須提供的主要資料

（1）「加工貿易業務批准證申請表」。

（2）「加工貿易進口料件申請備案清單」。

（3）「出口成品備案清單」。

（4）「出口製成品及對應進口料件消耗備案清單」。

（5）加工貿易進出口合同。

（6）外商投資企業批准證書有效影本。

（7）工商營業執照副本有效影本。

（8）最近一期的驗資報告。

（9）企業所屬行政區外經貿部門出具的加工貿易經營狀況及生

產能力證明。

經審核各項單證、單耗資料以及「加工貿易業務批准證申請表」相關資料真實齊全的，且確具有加工複出口能力的經營企業，由加工貿易商務主管部門審核簽發「加工貿易業務批准證」。

八、加工貿易手冊備案

1. 向所在地主管海關提交申請資料：

（1）「加工貿易業務批准證」。

（2）「加工貿易企業經營狀況和生產能力證明」。

（3）經營企業對外簽訂的合同或者協議。

（4）企業填報的合同預錄入呈報表。

（5）海關需要的其他單證以及海關要求的其他文件。

2. 符合加工貿易貨物備案要求的，海關按備案料件金額簽發「銀行保證金台帳開設聯繫單」，企業向主管海關所在地中國銀行申請辦理保證金台帳設立手續。

3. 銀行根據海關簽發的「銀行保證金台帳開設聯繫單」，為加工貿易企業開設保證金台帳，簽發「銀行保證金台帳登記通知單」。

4. 備案地主管海關經審查後按照「加工貿易業務批准證」所規定內容予以備案，向企業核發「中華人民共和國海關加工貿易手冊」。

九、加工貿易保稅進口料件內銷批准證

1. 適用企業範圍

因故不能按規定加工複出口，而須將保稅進口料件或其製成品在國內銷售，或轉用於生產內銷產品的經營企業。

2. 申報程序

（1）企業使用加工貿易管理系統填報相關表格。

（2）遞交申報資料。

（3）主管部門審核，並將審核意見經加工貿易管理系統反饋給企業。

（4）審核通過後簽發「加工貿易保稅進口料件內銷批准證」。

3. 辦理中須提供的主要資料

（1）詳細陳述已核銷情況和轉內銷原因的內銷申請報告。

（2）具備內銷條件的相應證明。

（3）「加工貿易保稅進口料件內銷申請表」和「進口料件內銷清單」。

（4）「海關加工貿易登記手冊」。

【127】外資企業加工貿易申請流程及注意事項

外資企業要在大陸做加工貿易，其主要流程是向商務、海關、外匯、稅務等部門申請備案或核准，具體流程及須提供的資料如下。

一、向商務部門申請加工貿易批准證

外資企業向商務部門申請取得「加工貿易業務批准證」時，須提供下列資料：書面申請報告及「加工貿易業務申請表」；批准證書和工商營業執照；商務主管部門出具的「加工企業生產能力證明」；進出口合同；經營企業與加工企業的加工協議以及其他證明文件等。

此外還須注意：

1. 如果是首次辦理加工貿易業務，企業憑「對外貿易經營者備案登記表」、工商營業執照副本、經營狀況及生產能力證明，要先辦理加工貿易資格確認手續，並辦理「加工貿易CA證書和電子鑰匙」，安裝加工貿易聯網審批系統企業端。

2. 商務部門審批時，按商品種類將加工貿易分為禁止類、限制類和允許類，按加工貿易企業是否有違規等分為A、B、C、D四類。允許類商品（除C類企業外）的加工貿易，實行銀行保證金台帳「空轉」制度，D類外資企業暫停1年的加工貿易經營權，在此期間內不得進出口，也不實行銀行保證金台帳制度。

3. 如保稅進口料件因故轉為內銷，須到商務部門辦理批准文件。

二、向海關辦理加工貿易手冊

外資企業取得「加工貿易業務批准證」後，應向所在地主管海關辦理貨物備案手續。企業應當提交下列單證辦理：「加工貿易業務批准證」；「加工貿易加工企業生產能力證明」；經營企業對外簽訂的合同；如果是委託加工，應當提交經營企業與加工企業簽訂的委託加工合同，及加工企業的「加工貿易加工企業生產能力證明」；海關認為需要提交的其他證明文件。

經海關審核單證齊全有效，海關將自接受備案申請之日起5個工作日內，核發加工貿易手冊。如果是生產型企業且在海關有註冊、具有加工貿易經營資格，企業可以向主管海關提出申請，實施聯網監管，即實施電子手冊或電子帳冊。

此外還須注意：

1. 外資企業取得出口經營權後，應當到海關辦理「中國電子口岸」入網手續。如果是首次來海關辦理備案手續，海關將派員下廠進行實地查看，即驗廠。

2. 企業辦理備案手續，應當如實申報貿易方式、單耗、進出口口岸，以及進口料件和出口成品的商品名稱、商品編號、規格型號、價格和原產地等。

3. 核銷

紙本手冊及電子手冊企業：應當自加工貿易手冊項下最後一批成品出口，或者手冊到期之日起30日內，向海關報核。

電子帳冊企業：海關根據聯網企業的生產情況和海關的監管需要，確定核銷週期，在核銷期週期結束之日起30日內完成報核。

4. 辦理分冊：若企業認為有必要，可向海關申請辦理分冊。

三、向稅務機關辦理出口退稅登記

外資企業還要向國稅局辦理出口退稅登記，辦理時應填報「出口

企業退稅登記表」並提供以下資料：法人營業執照或工商營業執照；
稅務登記證副本；進出口企業資格證書；海關自理報關單位註冊登記
證明書；增值稅一般納稅人申請認定審批表；稅務機關要求的其他資
料，例如「加工貿易業務批准證」、加工貿易手冊、貿易合同等。

　　企業在貨物出口並按會計制度的規定在財務上做銷售後，先向徵
稅部門辦理免、抵稅申報，再向退稅部門辦理退稅申報。

四、向外匯局申請核銷單

　　根據「國家外匯管理局關於印發貨物貿易外匯管理法規有關問
題的通知」（匯發[2012]38號）規定，企業依法取得對外貿易經營權
後，須持「貨物貿易外匯收支企業名錄登記申請書」、法定代表人簽
字並加蓋企業公章的「貨物貿易外匯收支業務辦理確認書」及下列資
料有效原件及加蓋企業公章的影本，到所在地外匯局辦理「貿易外匯
收支企業名錄」登記手續，外匯局審核有關資料無誤後為其辦理名錄
登記手續。

　　1.「企業法人營業執照」或「企業營業執照」副本。

　　2.「中華人民共和國組織機構代碼證」。

　　3.「對外貿易經營者備案登記表」，依法不需要辦理備案登記的
可提交「中華人民共和國外商投資企業批准證書」或「中華人民共和
國台、港、澳投資企業批准證書」等。

　　4. 外匯局要求提供的其他資料。

　　無對外貿易經營權的企業，確有客觀需要開展貿易外匯收支業務
的，辦理名錄登記時可免於提交「對外貿易經營者備案登記表」。

【128】加工貿易中應注意的流程辦理時限

　　企業在加工貿易活動中主要涉及海關、外匯、稅務等部門，在各個環節的流程中，政府部門都有法定的辦理時限，進出口企業務必及時瞭解，否則可能會給企業帶來損失。常見事項辦理時限列舉如下。

　　1. 30日內辦理出口退稅資格認定

　　依據國家稅務總局公告2012年第24號規定，出口企業應在辦理對外貿易經營者備案登記或簽訂首份委託出口協議之日起30日內，填報「出口退（免）稅資格認定申請表」，到主管稅務機關辦理出口退（免）稅資格認定。

　　2. 次年4月30日前辦理出口退（免）稅

　　出口企業將貨物報關離境並按規定做出口銷售後，在每月1至15日（逢節假日順延）內，向稅務機關辦理增值稅納稅和免、抵稅申報。在辦完增值稅納稅申報後，應於每月15日前，再向稅務機關辦理退稅申報。

　　根據國家稅務總局公告2012年第24號規定，企業應在貨物報關出口之日（以出口貨物報關單「出口退稅專用」上的出口日期為準）次月起至次年4月30日前的各增值稅納稅申報期內收齊有關憑證，向主管稅務機關申報辦理出口貨物增值稅免抵退稅及消費稅退稅。逾期未申報的，可申請免稅或視同內銷貨物予以徵稅。

　　3. 到期日30日內辦理海關手冊核銷

　　實施紙本或電子手冊的出口企業，應自加工貿易手冊項下最後一批成品出口，或加工貿易手冊到期之日起30日內，向海關報核。報核時手冊餘料等可以結轉入下一本手冊，海關應自受理報核之日起30日內予以核銷並出具「加工貿易手冊結案通知書」，出口企業憑海關簽發的「通知書」原件等資料，再到主管退稅機關辦理手冊核銷手續。

　　4. 加工貿易相關單證留存 3 年

加工貿易貨物備案單證，必須自加工貿易手冊核銷結案之日起留存 3 年。

5. 貨物入境14日內，貨物出境 1 天前，向海關申報

進口貨物的收貨人應當自運輸工具申報進境之日起14日內，出口貨物的發貨人應當在貨物運抵海關監管區後、裝貨的24小時以前，向海關申報。進口貨物的收貨人超過14日向海關申報，由海關徵收滯報金，超過 3 個月未向海關申報，進口貨物由海關提取依法變賣處理。

6. 60日內開具「代理出口貨物證明」

出口企業代理其他企業出口後，除另有規定者外，須在自貨物報關出口之日起60天內，憑出口貨物報關單（出口退稅專用）、代理出口協議，向主管稅務機關申請開具「代理出口貨物證明」，並及時送交委託出口企業。

【129】加工貿易過程中的進出口資訊如何傳遞

「中國電子口岸」將進出口業務資訊流、資金流、貨物流等電子底帳資料，集中存放到口岸公共資料中心，為各行政管理部門提供執法資料聯網核查，並為企業及仲介服務機構提供網上辦理進出口業務服務的資料交換平台，加工貿易進出口資訊的傳遞與管理也通過電子口岸進行。大陸電子口岸已與海關、商檢、國稅、外匯等行政部門聯網，提供海關報關、加工貿易、出口退稅等業務功能。電子口岸提供的服務及進出口資訊的傳遞介紹如下。

一、報關申報

報關企業通過電子口岸系統可以進行報關單的錄入、申報、修改、複製、查詢和統計等功能。

1. 錄入報關單資訊

（1）下載進出口企業的徵免稅證明、加工貿易手冊或加工區備

案清單。

（2）錄入報關單數據。

（3）提交資訊並上傳到資料中心。

2. 對報關單是否符合邏輯、填報是否符合規範進行審核。

3. 申報確認報關單資訊。

報關企業列印出經海關審核通過的報關單，並攜帶其他單證到海關辦理其他通關手續。

二、網上支付

網上支付系統與銀行等相關業務系統相連接，為報關企業提供網上繳納進出口稅費服務。

1. 報關企業在電子口岸查詢稅費通知後，在網上發出支付指令。

2. 銀行按支付指令直接從用戶的預儲帳戶中劃轉稅費。

3. 報關企業繳納稅費後可直接辦理通關手續。

三、出口退稅

出口退稅系統將出口退稅報關單電子底帳資料保存在電子口岸資料中心，在企業確認後，再將該電子底帳資料傳送給國稅局。

1. 企業操作員查詢已結關報關單資訊。

2. 企業前往海關列印紙本出口退稅報關單。

3. 海關系統將所有已列印的報關單資料傳輸至中國電子口岸資料中心。

4. 企業提交報送申請。

5. 系統將企業確認的出口退稅報關單電子資料傳輸至國稅局。

6. 企業持相關紙本單據向主管國稅局申請出口退稅，國稅局查詢本系統傳輸的出口退稅報關單數據，核對企業的紙本單據，進行出口退稅操作。

【130】收匯核銷與辦理出口退稅的關係及演變過程

出口貨物收匯核銷是辦理出口退稅的重要前提。隨著管理需求的變化和科技的發展，出口退稅與收匯核銷的法規和辦事流程也有較大變化。

一、1995年5月31日前

企業辦理出口退稅時不須提供收匯核銷單。根據「出口貨物退（免）稅管理辦法」（國稅發[1994]31號）和「國家稅務總局、國家外匯管理局關於利用出口收匯核銷電子資料進行出口退稅電子化管理的通知」（1993年6月15日發布）的規定，企業辦理出口退稅時，不須向稅務局報送收匯核銷單和銀行收匯單，外匯管理部門向稅務局提供出口收匯核銷的電子資料，稅務機關以出口收匯核銷電子資料做為出口退稅的主要依據之一。同時，企業須將銀行收匯單按月裝訂成冊，由稅務機關每半年清查一次，並在年度終了後對上一年度出口收匯情況進行清算。

二、自1995年6月1日至2003年9月30日

企業須在貨物出口之日起180天內，向主管稅務機關申報退稅（提供「出口收匯核銷單」或「遠期收匯備案證明」）。

根據「國務院關於調低出口退稅率加強出口退稅管理的通知」（1995年5月26日發布）和「出口收匯核銷管理辦法補充規定」（1995年6月26日發布），企業辦理出口退稅時，必須附送已辦完核銷手續的出口收匯核銷單。

1. 出口單位必須如實填寫出口收匯核銷單（含出口退稅專用聯），並按「出口收匯核銷管理辦法」（1990年12月9日發布）及補充規定辦理收匯核銷手續。

2. 報關時，海關應逐票核對報關單與出口收匯核銷單的內容、對應的編號是否一致，審核驗放出口貨物後在關單和核銷單上蓋「驗訖

章」。

3. 外匯指定銀行收匯時須在收帳憑證上填寫對應的核銷單編號，並向出口企業提供收匯核銷專用聯。

4. 外匯局辦理收匯核銷手續，並在核銷單出口退稅專用聯上簽註淨收匯額、幣種、日期，加蓋「已核銷章」後，將該聯退還企業。

出口企業自貨物報關出口之日起90天內，向主管國稅機關申報退稅，如未按以上規定向主管國稅機關申報，則該出口貨物視同內銷貨物計算徵稅。

三、自2003年10月1日起

根據「出口收匯核銷管理辦法實施細則」（匯發[2003]107號）的規定，外匯局對出口企業實行分類管理，分別採用自動核銷、批次核銷和逐筆核銷的管理方式，其中自動核銷企業不須向稅務局報送收匯核銷單（退稅聯），由稅務局根據接收的電子資料和外匯局提供的已核銷清單辦理出口退稅。

四、自2005年11月1日起

試點企業申請出口退稅免予向稅務局提供紙本收匯核銷單（見「國家稅務總局國家外匯管理局關於試行申報出口退稅免予提供紙本出口收匯核銷單的通知」國稅函[2005]1051號及後續規定）。目前，已在江蘇省、浙江省、上海市、四川省、山東省、天津省及深圳市、大連市、廈門市開展試點。實務中，上海地區的貿易公司仍須向稅務機關提供出口核銷單後，方可獲得出口退稅。

五、自2008年6月1日起

出口企業收匯核銷的日期有如下變更（遠期收匯除外）：

1. 出口企業向稅務機關提供出口收匯核銷單的日期，由報關出口之日起180天內調整為210天。

2. 免予提供紙本出口收匯核銷單的企業，其「核銷日期」不應超過「出口日期」210天。

六、自2009年7月起

跨境貿易人民幣結算試點企業申報以人民幣結算的出口貨物退稅時，不必提供出口收匯核銷單，但應單獨向稅務局申報。

七、自2011年12月1日起

根據「關於貨物貿易外匯管理制度改革試點的公告」（國家外匯管理局公告[2011]2號）的規定，自2011年12月1日起，在部分地區進行如下試點：

1. 對企業的貿易外匯管理方式，由現場逐筆核銷改變為非現場總量核查。

2. 對試點地區企業實施動態分類管理，分為A、B、C三類。其中A類企業可憑進口報關單、合同或發票等任何一種能夠證明交易真實性的單證，在銀行直接辦理付匯，出口收匯無須聯網核查。

3. 試點地區出口企業申報出口退稅時，不再提供紙本出口收匯核銷單。

4. 試點期間，試點地區企業出口報關仍按現行規定提供出口收匯核銷單。

八、自2012年8月1日起

根據「關於貨物貿易外匯管理制度改革的公告」（國家外匯管理局公告[2012]1號）規定，自2012年8月1日起報關出口的貨物（以海關「出口貨物報關單『出口退稅專用』」註明的出口日期為準），出口企業辦理出口報關時不再提供核銷單，申報出口退稅時不再提供核銷單。稅務局參考外匯局提供的企業出口收匯信息和分類情況，依據相關規定，審核企業出口退稅。

【131】來料加工企業保稅料件管理核算實務

　　來料加工是一種特殊的加工貿易方式，其實物管理、帳務處理、稅收政策也有其特殊之處，企業核算中應關注如下。

一、實物管理

　　加工貿易貨物監管辦法規定，加工保稅進口料件不得串換。也就是說來料加工貿易項下進口的料件，只能「專料專用」，即使是同品種、同規格、同數量的保稅料件與非保稅料件間也不得串換。因此，保稅料件與非保稅料件應分倉庫保管，若客觀條件無法分倉庫存放，至少要分不同區域管理，不同區域應有明顯界限。這裡所說的保稅料件，包括原料、出口成品、邊角料、剩餘料件、殘次品和副產品等。

　　另外，公司應至少半年或一年組織相關部門進行實物盤點，財務人員亦可不定期進行抽盤，以確保帳實相符。

二、料件收發存核算

　　存貨收發存數量核算，可在ERP中設置不同的物料編碼方式，在帳務上將保稅進口料件和其他採購料件進行區分。一般做法是在物料編碼中給出一個欄位定義其貿易性質，如該欄位上「1」定義為非保稅料件，「2」為保稅料件。原料入庫單、領料單、成品繳庫單、出庫單等，也應標明保稅品、手冊號、庫別等訊息。

　　需要強調的是，若企業沒有使用ERP，財務人員仍應對來料加工料件進行數量收發存核算，以免出現財務失控狀況。

三、收入明細帳的設置

　　由於來料加工收取的加工費免繳增值稅，其收入須與應稅收入嚴格區分，否則不能享受免稅優惠。為此，企業在核算來料加工的加工費收入時，可以在收入科目下設置「來料加工」的二級科目，或通過輔助核算進行。

四、帳務處理

1. 原材料

由於加工企業只收取加工費，無須支付保稅料件進口費用，在收到保稅料件時，一般不須做帳務處理，相應生產過程中完工入庫到最後實現銷售階段，都不核算保稅料件的成本。

2. 加工費成本

加工費成本包括三部分：直接材料、直接人工和製造費用。

（1）直接材料（領用非保稅料件）

　　　　借：生產成本—來料加工—XX成品—直接材料

　　　　貸：原材料—XX材料

（2）直接人工

　　　　借：生產成本—來料加工—XX成品—直接人工

　　　　貸：應付職工薪酬

（3）製造費用

　　　　借：生產成本—來料加工—XX成品—製造費用

　　　　貸：製造費用—XX費用

3. 結轉產成品

　　　借：產成品—來料加工—XX成品

　　　貸：生產成本—來料加工—XX成品—直接材料

　　　貸：生產成本—來料加工—XX成品—直接人工

　　　貸：生產成本—來料加工—XX成品—製造費用

4. 實現銷售收入時核算收入並結轉銷售成本

　　　借：應收帳款

　　　貸：主營業務收入—來料加工—XX成品

　　　借：主營業務成本—來料加工—XX成品

　　　貸：產成品—來料加工—XX成品

5. 進項稅額轉出

借：主營業務成本—來料加工

貸：應交稅費—應交增值稅－進項稅額轉出

在實務中，具體到物料編號的明細帳分錄，一般可通過不同形式的匯總表代替明細帳分錄而編制總帳分錄（ERP系統的，則可根據領料單、入庫單等自動生成總帳憑證），至於總帳分錄是否按項目大類核算，則由企業根據不同的需求予以編制。

五、其他

1. 來料加工貿易為免稅項目，所以加工過程中耗用的非保稅料件、水電費等含稅成本中包含的增值稅進項稅額，不能用於一般貿易的抵扣，需要進項轉出，計入來料加工貿易的成本。實務中一般按照來料加工收入占全部銷售收入的比重，轉出當期進項稅額。另外，來料加工貿易所使用固定資產對應的進項稅額也應轉出，但在實務中各地稅務機關對此要求不一，江蘇也有些來料加工企業的固定資產相關進項稅額做為留抵項目，未轉出。

2. 如果企業同時經營來料加工業務和一般貿易或進料加工業務，更須關注直接人工和製造費用的合理分配。如果直接人工不能直接計入單個產品成本，可採用BOM中的標準工時進行分攤，或者按實際工時分攤；製造費用可按BOM中的標準製造費用進行分攤；如果沒有BOM，直接人工和製造費都可按實際工時分攤。

3. 保稅料件一般由來料供應商承擔保險責任。保稅料件如果發生被盜、盤虧、非正常損耗等非不可抗力原因造成的損失，須按原值補繳關稅、進口環節增值稅和消費稅；如果是不可抗力原因造成的損失，可以向海關申請核銷並免稅。

【132】不同企業間如何進行來料與進料的轉換

部分企業由於產品退稅率較低或者其他原因，採用來料加工的貿易方式，但如果客戶採取進料加工方式，則需要在將產品賣給客戶時，將來料加工的貿易方式轉變為進料加工。

一、通過物流園區、出口加工區等進行轉換

企業可選擇將產品交到物流園區、出口加工區等具備物流功能的海關特殊監管區域，貨物進入這些區域後視同出口，企業仍可享受來料加工免稅不退稅的稅收政策，不會給企業的稅賦帶來影響。

貨物交到這些區域後，由於物權仍屬於境外公司，客戶可以「進料加工」方式申請進口報關，支付境外公司貨款，公司則收取工繳費。

須注意的是，採取該種方式，貨物須真實進入物流園區、出口加工區等，境外有物權的公司還需要與這些區域內的物流企業簽訂倉儲協議，客戶也須每進口一批貨物進行一次進口報關，這些手續都會給企業及客戶帶來物流、報關費用增加及其他諸如交貨及時性等問題。

二、選擇「來料轉進料」的貿易方式

1. 企業進行「來料轉進料」

企業可以在將產品賣給客戶時，申請將「來料加工」轉為「進料加工」，向海關提交如下資料即可辦理：

（1）商務主管部門簽發的「加工貿易業務批准證變更證明」。

（2）經營企業關於變更的書面申請資料。

（3）加工貿易變更合同。

（4）變更預錄入呈報表。

（5）加工貿易合同變更審批表。

（6）海關需要的其他證明文件和資料。

經海關批准，企業將保稅料件由「來料轉進料」後，即可採取將加工貨物深加工結轉或出口至物流園區等方式交付客戶。須注意的

是，深加工結轉適用免稅不退稅政策，出口至物流園區則適用免抵退稅政策，企業需要考慮對自身稅賦的影響。

來料加工轉進料加工，在辦理海關報關手續後，企業可根據合同約定付款條件辦理進口付匯。根據企業選擇的是深加工結轉還是出口到物流園區，分別收取貨款並進行收匯核銷。

2. 客戶進行「來料轉進料」

企業也可以在將產品交付客戶時，由客戶申請「來料轉進料」，企業進行出口報關，貿易方式為「來料結轉」，客戶進行進口報關，貿易方式為「進料深加工」。

根據「關於貨物貿易外匯管理制度改革的公告」（國家外匯管理局公告[2012]1號）規定，企業可以憑報關單、合同、發票等任一種能夠證明交易真實性的單證在銀行直接辦理付匯，並直接收匯。

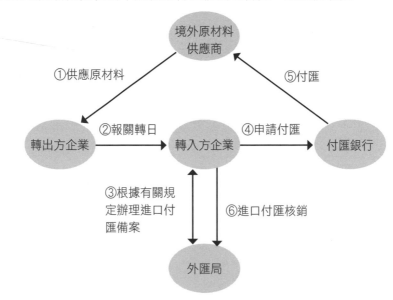

根據上圖，轉出方企業收取境外原材料供應商的工繳費，轉入方企業支付境外原材料供應商的貨款。

　　由客戶進行「來料轉進料」操作，對公司原貿易方式沒有任何影響，因此也不會帶來稅賦的變化，因此是「來料轉進料」公司的第一考慮，其次則是公司自己進行「來料轉進料」，但須注意貿易方式變化帶來的稅賦影響。

【133】企業出口退稅如何進行帳務處理

　　生產型企業以一般貿易、進料加工方式出口貨物，適用「免、抵、退」退稅政策。

一、帳務設置

　　企業應在二級科目「應交增值稅」下設置三級科目「出口退稅」、「進項稅額轉出」、「出口抵減內銷產品應納稅額」等，並按規定進行核算。

　　1.「出口退稅」記載企業出口的貨物，在向海關辦理報關出口手續後，憑出口報關單等有關憑證，向稅務機關申報辦理出口退稅而應收的出口退稅款，即「生產企業出口貨物免、抵、退稅申報表」中第16欄「免抵退稅額」。

　　2.「出口抵減內銷產品應納稅額」核算企業按照規定計算的當期出口貨物免抵退稅額和實際可退稅金額的差額，即「生產企業出口貨物免、抵、退稅申報表」中第21欄「當期免抵稅額」。

　　3.「進項稅額轉出」核算企業出口貨物因徵稅率及退稅率不同，計算出的出口貨物的差額稅款抵減免稅購進原材料的差額稅款後的金額，應做進項轉出計入成本，即「生產企業出口貨物免、抵、退稅申報表」中第11欄「免抵退稅不得免徵和抵扣稅額」。

二、主要帳務處理

　　1. 計算當期出口貨物不予免徵、抵扣和退稅稅額＝當期出口貨物離岸價×人民幣外匯牌價×（徵稅率－退稅率）

借：主營業務成本

貸：應交稅金——應交增值稅（進項稅額轉出）

2. 計算應納稅額或期末留抵稅額＝當期內銷貨物的銷項稅額－（當期進項稅額－當期免抵退稅不得免徵和抵扣稅額）－上期留抵稅額

（1）計算結果＞0，則為本期應納稅額，需要繳納增值稅，不予退稅。

借：應交稅金——應交增值稅（轉出未交增值稅）

貸：應交稅金——未交增值稅

（2）計算結果＜0，則為期末留抵稅額，只有本期期末有留抵稅額的情況下才可退稅，但實際能退回多少金額，還須先計算免抵退稅額。

免抵退稅額＝當期出口貨物離岸價×人民幣外匯牌價×退稅率

A. 期末留抵稅額＜免抵退稅額，則本期免抵退稅額無法全部退回，實際應收到的出口退稅金額以期末留抵稅額為限，差額計入「出口抵減內銷產品應納稅額」。

借：其他應收款——應收出口退稅款

應交稅金——應交增值稅（出口抵減內銷產品應納稅額）

貸：應交稅金——應交增值稅（出口退稅）

B. 期末留抵稅額＞免抵退稅額，實際應收到的出口退稅金額為免抵退稅額。

借：其他應收款——應收出口退稅款

貸：應交稅金——應交增值稅（出口退稅）

3. 實際收到退稅款

借：銀行存款

貸：其他應收款——應收出口退稅款

需要注意的是，上述帳務處理均未考慮保稅料件，如果有保稅料件，則存在免抵退稅額抵減額和不予抵扣稅額抵減額的概念，「免抵

退稅額抵減額」直接減少免抵退稅額，而「不予抵扣稅額抵減額」則反映在帳務處理中體現為對進項稅額轉出的增減。其中昆山和上海對不予抵扣稅額抵減額的核算存在差異：

（1）昆山

A. 當期出口後根據出口貨物離岸價×（徵稅率－退稅率）計算進項稅額轉出。

B. 當企業收集齊書面的報關單和外銷發票後，報送稅務機關審核，並根據稅務機關的「生產企業進料加工貿易免稅證明」或「生產企業進料加工貿易免稅核銷證明」，計算不予抵扣稅額的抵減額，並做分錄。

借：主營業務成本（紅字或藍字，即「生產企業進料加工貿易免稅證明」、「生產企業進料加工貿易免稅核銷證明」中的「不予抵扣稅額抵減額」，如果為正數則為紅字，如果是負數則為藍字）

貸：應交稅金－應交增值稅（進項稅額轉出）（紅字或藍字）

（2）上海

A. 當期出口後根據出口貨物離岸價×（1－計畫分配率）×徵退稅率之差計算進項稅額轉出。和昆山的區別是，昆山是根據稅務機關的免稅證明來計算，因此昆山地區企業須特別注意報關單和外銷發票的及時收集，避免因免稅證明取得較晚，不能計算不予免抵退抵減額，造成資金占用。

B. 根據稅務機關下發的「生產企業出口貨物免、抵、退稅申報匯總表」中，當月「免抵退稅不得免徵和抵扣稅額」的差異數，來計算調整進項稅額轉出。分錄同上。

另外，生產型企業出口自產的應稅消費品，依據實際出口的數量免徵消費稅，但不退稅。

【134】財務核算時如何避免海關風險

　　加工貿易通常包括來料加工和進料加工，因其在海關進口環節沒有交繳增值稅、關稅，海關對其監管較嚴，根據「海關對加工貿易貨物監管辦法」（海關總署168號令）規定，加工貿易企業應當設置符合海關監管要求的帳簿、報表及其他有關單證，記錄與本企業加工貿易貨物有關的進口、存儲、轉讓、銷售、加工、損耗和出口等情況。在保稅料件的財務核算方面，應注意如下幾個重點。

一、保稅與非保稅要分開管理，保稅料件定期盤點

　　同一料號存貨可能國內採購、一般貿易、來料加工或進料加工等多種形式並存，企業對保稅（來料、進料）與非保稅（內採、一般貿易）料件在ERP編碼原則、ERP倉別、實物保管、生產流轉、帳務核算等方面，務必要分開，未經海關審批補稅，不得在ERP系統中進行保稅料件與非保稅料件互相調庫。

　　除了保稅與非保稅要分開管理外，保稅料件也要定期盤點，保證帳面數量（財務、倉庫）、手冊餘料（關務）和實物數量（倉庫）的一致。倉庫最少半年一次，對保稅的原材料、在產品及產成品進行盤點，與財務帳進行核對，並通過BOM表對在產品及產成品所耗用保稅料件進行換算，與手冊餘料進行核對。如果有差異要及時找到原因，強化倉庫、生產現場等管理。

二、加強內部控制、準確核算邊角料

　　因手冊餘料一般屬於關務管理，實物數量屬於倉庫管理，帳面數量屬於財務、記帳員等管理，保稅料件車間流轉屬於生產管理，為了達到三帳平衡，需要諸多部門充分溝通，加強內控，互通資訊。進口料件及出口成品的核算相對比較容易，一般以報關單為準，但對於邊角料、剩餘料件、殘次品、副產品等財務核算就比較繁雜，這要求生產現場、倉庫等相關部門要及時把相關資訊傳遞給財務部門，準備核

算邊角料、剩餘料件的數量金額，以免核算不準，違反海關規定而受到處罰。

三、加強生產控制，規範單耗管理

　　單耗一般是根據以前的經驗資料向海關申報，但在實務中，經常會出現產品設計變更，在生產環節可能因進料品質、生產程序控制等原因造成不良品、報廢品的波動，這些都會影響單耗的變化。企業要加強生產控制，避免計畫分配率與實際分配率存在較大的差異。

四、履行必要的審批手續

　　如果因加工出口產品急需保稅料件與非保稅料件之間串換，必須事前經海關核准，補稅後，倉庫才可以從保稅倉調撥到非保稅倉，財務也要及時進行帳務處理。保稅料件與非保稅料件之間的串換限同品種、同規格、同數量，且不以牟利為原則。來料加工保稅進口料件不得串換。

　　保稅成品做為樣品贈送客戶或少量轉為內銷，企業財務往往會因為其「小量小額多批次」的特點，不去海關辦理補徵稅款及緩稅利息，而是在手冊核算時彙總一併處理，這種操作會帶來較大的海關風險。

五、財務要準確核算保稅貨物實際已進口時間

　　海關對減稅或者免稅進口的固定資產會設定監管期限，如果在監管期限內移作他用，會涉及補繳關稅及增值稅問題。其補稅時完稅價格按如下公式計算：

$$完稅價格＝該貨物原進口時的價格 \times \left(1 - \frac{補稅時實際已進口的時間（月）}{監管年限 \times 12}\right)$$

　　從上述公式可以看出，貨物實際進口時間及截止時間對補繳金額有較大影響。實際進口時間一般以報關單為準，而非投入使用日期。

六、財務核算資料至少保存三年

　　報關單證、進出口單證、合同以及與進出口業務直接有關的其他

資料，應當自進出口貨物放行之日起保管 3 年。對於通過電腦記帳、核算的，其電腦儲存和輸出的會計紀錄視同會計資料，應當列印成書面紀錄並完整保管。

　　加工貿易企業未按照規定設置或者編制帳簿、單證等有關資料的，由海關責令限期改正，逾期不改正，處 1 萬元以上 5 萬元以下的罰款，對違法所得處50%以上三倍以下罰款。

【135】出口貿易企業外匯套保實務操作（上）

　　大陸2005年7月開始實行有管理的浮動匯率制度，進出口貿易面臨匯率波動的風險。面對匯率風險，有三種避險方式：遠期外匯交易（包括外匯貨幣掉期交易）、外匯期貨交易和外匯期權交易，均可達到套期保值的目的。

一、遠期外匯交易

　　遠期外匯交易是指交易雙方在成交後並不立即辦理交割，而是事先約定幣種、金額、匯率、交割時間等交易條件，到期才進行實際交割的外匯交易。按照外匯管理規定可辦理即期結售匯的外匯收支，均可通過外匯指定銀行（以下簡稱銀行）辦理遠期結售匯業務。銀行可以根據自身要求，與企業簽訂遠期結售匯業務合約，合約的期限不超過1年，合約一般包括以下內容：（1）遠期結匯或售匯所依據的外匯收入的來源或外匯支出的用途；（2）遠期結匯或售匯的幣種、金額、匯率和期限。合約到期時，如果企業不能提供結售匯所需的有效憑證，合約不得履行，企業須承擔違約責任。

　　如果遠期結售匯業務需要提前交割，或者由於資金不足，需要延期交割，可以通過外匯掉期交易對原來約定的交割日期進行調整。外匯掉期交易，是指在約定期限內交換約定數量人民幣與外幣本金，同時定期交換兩種貨幣利息的交易。銀行在企業掉期履約換出外匯資金

時，按照即期結匯的管理規定審核企業交付的資金和憑證；企業可以通過掉期業務直接以人民幣換入外匯，但外匯的使用應符合外匯管理規定。

外匯遠期合約到期履約時，按即期結售匯規定辦理結售匯手續。

二、外匯期貨交易

外匯期貨交易是金融期貨的一種，是在期貨交易所內，交易雙方通過公開競價達成在將來規定的日期、地點、價格，買進或賣出規定數量外匯的合約交易。目前大陸的外匯期貨交易平台還在籌備中，尚無明確推出時間表。

三、外匯期權交易

外匯期權交易是指交易雙方在規定的期間按商定的條件和一定的匯率，就將來是否購買或出售某種外匯的選擇權進行買賣的交易。外匯期權不同於外匯遠期交易，後者合約持有人有義務在到期日執行買賣外匯合約，前者合約持有人可選擇執行或不執行合約。按合約的可執行日期，期權交易分美國式期權和歐洲式期權。若期權能夠在期滿日之前執行，稱為美國式期權；若只能在期滿日執行，稱歐洲式期權。從2011年4月1日起，企業通過銀行可辦理普通歐洲式期權業務。

期權業務的外匯收支範圍和交易期限與外匯遠期交易相同，期權的行權也被視為遠期結售匯履約。企業只能通過銀行買入期權，除對買入期權進行反向平倉外，不能賣出期權。期權簽約前，企業須向銀行提供基礎的商業合同以供審查。

舉例來說，假設甲公司於2011年5月9日出口銷售1,000萬美元，根據合約將於2011年8月9日收到貨款。甲公司為規避匯率風險，可以向銀行買入期限為 3 個月、面值1,000萬美元的美元／日元看跌／看漲外匯期權，約定到期行權匯率為79.60（協定匯率），期權費10萬美元（假設期權費率為1%）。8月9日美元兌日元即期匯率為77.46（參考匯率），甲公司選擇行權，則甲公司可實現收益JPY2,140萬元

〔1,000×（79.60－77.46）〕，折合人民幣為177.6萬元，扣除期權費RMB64.4萬元（USD10萬×當日即期匯率6.44），實際收益RMB113.2萬元。如果協定匯率低於77.46，甲公司行權將造成損失，故選擇不行權，則將損失RMB64.4萬元的期權費。

【136】出口貿易企業外匯套保實務操作（下）

　　本文以案例說明遠期外匯交易和外匯掉期交易相結合的操作，及相關會計處理。以下金額未經說明，均為人民幣。

　　某公司A於2010年10月10日與B公司簽訂一項出口銷售合約，11月19日交貨，約定2011年2月19日收款，金額為100萬美元。A公司為規避美元的匯率風險，以上述應收帳款為抵押，在11月19日按遠期匯率水平與銀行簽訂一份遠期結售匯合約，在2011年2月19日按約定的匯率6.6017向銀行售出100萬美元。到了2011年1月份，A被告知要到3月18日才能收到貨款，遠期結售匯合約到期將無法履行，此時A可以與銀行再簽訂一份掉期合約，約定在2月19日按匯率6.6017以人民幣換入100萬美元，在3月18日按相同匯率以100萬美元換入人民幣，同時A按年利率4%向銀行支付美元利息，按年利率0.6%從銀行收取利息。這樣就將2月19日的頭寸轉換到3月18日，達到遠期結售匯合約展期的目的。展期的次數和期限，可由A與銀行自行約定。

　　以下表格為上述交易涉及的匯率：

日期	遠期匯率	即期匯率
2010-11-19	6.6017	6.6408
2010-12-31	6.5637	6.6227
2011-2-19	-	6.5781
2011-3-18	-	6.5668

（1）如果A公司未簽外匯遠期合約，則到2011年2月19日實際結算時，產生匯兌損失6.27萬元〔100×（6.6408－6.5781）〕。

（2）如果A公司未簽外匯遠期合約，且是在2011年3月18日收到貨款並結匯，則匯兌損失7.4萬元〔100×（6.6408－6.5668）〕。

（3）如果A公司簽訂了外匯遠期合約，能如期收到貨款，不須做掉期業務，則到2011年2月19日實際結算時，A公司實際發生匯兌損失3.91萬〔100×（6.6408－6.6017）〕，比未做外匯遠期合約損失減少2.36萬元（6.27－3.91）。

（4）如果A公司簽訂了外匯遠期合約，且做了如上的掉期業務，則2011年2月19日遠期合約到期時無須履約，到3月18日收到貨款履約時，A公司實際發生匯兌損失3.91萬〔100×（6.6408－6.6017）〕，同時發生掉期業務利息淨支出1.86萬（100×4%÷12×6.5668－100×6.6017×0.6%÷12），合計發生支出5.77萬元，比未做外匯遠期合約和掉期業務的損失減少1.63萬元（7.4－5.77）。

　　非即期外匯交易，都應以實際需求和套期保值為目的，不應以投機為目的，相應的會計處理適用套期保值的方法。外匯遠期合約的會計處理，可按公允價值套期處理，也可按現金流量套期處理。下面按公允價值套期，詳述上述業務的會計處理。本例中，外匯遠期合約為套期工具，應收帳款—B公司為被套期項目。

（1）2010年11月19日實現銷售時，

借：應收帳款—B公司USD100萬／664.08萬

貸：主營業務收入664.08萬

（成本結轉略）

（2）2010年11月19日簽訂外匯遠期合約，當日該合約公允價值為

零，應收帳款的公允價值與帳面價值一致，不須進行套期損益的帳務處理，但應確認套期保值項目如下：

借：被套期項目－應收帳款－B公司USD100萬／664.08萬

貸：應收帳款－B公司USD100萬／664.08萬

（3）2010年12月31日年度終了，須對外匯遠期合約公允價值進行評估，該合約公允價值為3.45萬元〔100×（6.6017－6.5637）÷（1＋2×6%÷12），假定人民幣市場利率為6%〕；應收帳款公允價值為662.27萬元（100×6.6227），其公允價值減少1.81萬元，應進行以下帳務處理：

借：套期工具－遠期外匯合同3.45萬

貸：套期損益3.45萬

借：套期損益1.81萬

貸：被套期項目－應收帳款－B公司1.81萬

在編制報表時，可將套期工具和被套期項目歸入資產負債表中其他流動資產或其他流動負債項目，套期損益歸入公允價值變動損益項目，本例中年末產生套期保值收益1.64萬元（3.45－1.81）。

（4）2011年2月19日，外匯遠期合約公允價值為2.36萬元＝100×（6.6017－6.5781），公允價值減少1.09萬元；應收帳款公允價值為657.81萬元，公允價值減少4.46萬元，應進行以下帳務處理：

借：套期損益1.09萬

貸：套期工具－遠期外匯合同1.09萬

借：套期損益4.46萬

貸：被套期項目－應收帳款－B公司4.46萬

借：銀行存款660.17萬元

貸：被套期項目－應收帳款－B公司USD100萬／657.81萬

貸：套期工具－遠期外匯合同2.36萬

（5）如果在2011年1月簽訂外匯掉期合約，則當時不須做出帳務
　　　處理，到3月18日合約到期時，外匯遠期合約公允價值為
　　　3.49萬元＝100×（6.6017－6.5668），公允價值增加0.04萬
　　　元；應收帳款公允價值為656.68萬元，公允價值減少5.59萬
　　　元；同時發生掉期業務利息淨支出1.86萬元，應進行以下帳
　　　務處理：

借：套期工具—遠期外匯合同0.04萬

貸：套期損益0.04萬

借：套期損益5.59萬

貸：被套期項目—應收帳款—B公司5.59萬

借：銀行存款660.17萬

貸：被套期項目—應收帳款—B公司USD100萬／656.68萬

貸：套期工具—遠期外匯合同3.49萬

借：財務費用1.86萬

貸：銀行存款1.86萬

【137】跨境貿易人民幣結算
　　　對海關、外匯及稅務影響風險

　　2010年6月大陸官方頒布「關於擴大跨境貿易人民幣結算試點有
關問題的通知」，與2009年的10號公告「跨境貿易人民幣結算試點管
理辦法」相比，境外跨境貿易人民幣結算地域由港澳、東盟（即東
協）地區，擴展到所有國家和地區；適用方式也由貨物貿易，擴大到
服務貿易及其他經常項目；境內試點地區則擴大至大陸全國範圍。

　　大陸企業在進口貨物採用人民幣結算時無須申請，可直接使用人
民幣進行結算。但並不是所有企業的出口貨物貿易都可以採用人民幣
結算，企業須向當地稅務機關申請，經所屬省級稅務機關評審認可後

方可成為試點企業，試點企業出口貨物貿易方可採用人民幣結算。申請試點企業應具備以下條件：

1. 財務會計制度健全，且未發生欠稅。

2. 辦理出口貨物退稅認定 2 年以上，且日常申報出口貨物退稅正常，能按稅務機關要求保管出口退稅資料。

3. 近 2 年未發現企業從事「四自三不見」等不符規範業務。

4. 近 2 年未發生偷稅、逃避追繳欠稅、抗稅、騙取出口退稅等涉稅違法行為。

5. 近 2 年未發現虛開發票（含農產品收購發票）和使用虛開的增值稅專用發票申報出口退稅等問題。

6. 評審期間未涉及有關稅務違法案件的檢查。

至於企業採用跨境貿易人民幣結算進出口貨物時，對海關、外匯、出口退稅的影響分析如下。

一、海關

試點企業可以跨地區以人民幣申報出口貨物。進出口貨物報關單幣種欄填報人民幣。

二、外匯

企業在收付人民幣款項時，應按照國際收支統計申報辦法及有關規定，辦理國際收支統計間接申報，企業收到跨境貿易人民幣款項時，應填寫「涉外收入申報單」，並於5個工作日內辦理申報；企業對外支付跨境貿易人民幣款項時，應在提交「境外匯款申請書」或「對外付款／承兌通知書」的同時辦理申報。

三、出口退稅

試點企業使用人民幣結算的出口貿易，按照規定享受出口貨物退稅政策。試點企業申報辦理跨境貿易人民幣結算出口貨物退稅時，應單獨向主管稅務機關申報。若與其他出口貨物一併申報，應在申報表中對跨境貿易人民幣結算出口貨物報關單進行標註。

　　對於採用一般貿易出口的試點企業而言，跨境貿易人民幣結算可以鎖定出口收入，從而鎖定利潤；而對於進料加工貿易方式出口的企業，相對影響較小。同時，由於企業跨境貿易以人民幣結算，也可以避免外幣結算時的延期收付、預收、預付款項的額度限制，以及因匯率變動而給企業帶來的匯兌損失。

【138】自產保稅貨物維修涉及的
　　　海關、外匯、稅收問題

　　企業自產保稅貨物出口後，因質量等原因需要進行維修時，視不同情況涉及海關、外匯、稅收問題分析如下。

一、境外提供維修勞務

　　1. 海關規定

　　對於此類勞務在境外提供，故不涉及貨物的進出口報關，不適用大陸海關相關規定。

　　2. 外匯規定

　　對於保修期內提供修理勞務，由於無須進行收匯收支，故不涉及外匯相關規定；對於保修期外提供修理勞務，應收境外客戶的勞務費收入屬於經常項目—非貿易項下收匯，需要進行國際收支申報。

　　3. 稅務規定

　　對於在境外提供勞務收取勞務款時，雖然該項修理費是屬於增值稅條例所講的修理勞務，但由於該勞務在境外提供，根據增值稅暫行條例規定，不屬於大陸增值稅徵收範圍，無須在大陸繳納增值稅。

二、保稅貨物退運修理

　　1. 海關規定

　　（1）一般貿易出口貨物退運維修

　　根據「中華人民共和國海關進出口貨物徵稅管理辦法」規定，企

業在辦理進境修理貨物的進口申報手續時，應當向海關提交該貨物的
維修合同（或者含有保修條款的原出口合同），並向海關提供進口稅
款擔保，或者由海關按照保稅貨物實施管理。實務中一般要求提供稅
款擔保，且以修理物品貿易方式報關進口。

　　進境修理貨物應當在海關規定的期限內複運出境。貨物進口後在
境內維修的期限為進口之日起 6 個月，如無法完成，可以申請延長維
修期限，但延長的期限最長一般不超過 6 個月。

　　退運修理的貨物修復完成並出境後，應當申請銷案，正常銷案
的，海關應退還保證金或撤銷擔保。

　　（2）保稅出口貨物退運維修

　　根據「海關總署關於加強加工貿易成品退換管理的通知」（署
加發[2010]244號）之精神，對正在執行的手冊或電子帳冊項下的來料
加工、進料加工出口成品，因品質、規格或其他原因退運進境，經加
工、維修或更換同類商品複出口時，允許企業憑成品退換合同，在同
一手冊或電子帳冊項下按「成品退換」方式進行管理。對已經核銷
的加工貿易手冊（帳冊）項下的出口成品，退換時不得按照「成品退
換」方式進行申報。

　　保稅成品退換分「來料成品退換（4400）」和「進料成品退換
（4600）」。成品退換時，應先按「來料成品退換」或「進料成品退
換」方式進口原已出口的不符合品質、規格要求的成品，再出口品
質、規格符合要求的成品。退換進口貨物申報時，應在報關單的「關
聯報關單」欄中填入原出口報關單號。

　　同一手冊的成品退換申報的進出口監管方式，應當對應，數
量、金額應當一致。如果手冊已核銷的保稅貨物維修，不適於署加發
[2010]244號文規定，或手冊雖未核銷但企業不通過手冊進行退運修理
的，參照一般貨物維修的方式進行。

　　2. 外匯規定

企業以「來料成品退換」或「進料成品退換」方式退運貨物，收到的貨款按非貿易項下外匯管理規定處理。

3. 稅收規定

以成品換貨的方式退運維修的，不涉及維修收入，也不須進行稅務處理。

以退運方式進行維修的退運複出口時，貨物的進出均須報關，並單獨開具出口專用發票，可按出口加工勞務規定辦理出口退稅。

【139】出口貨物退運涉及海關、外匯、稅務實務

企業出口貨物如因質量或其他原因須退回至境內，往往涉及稅務、外匯、海關等相關部門。

一、稅務

退運貨物報關進口一般有三種情形：

1. 做為一般貿易性質貨物進口。

2. 交保證金退關修理複出口，或是進料成品退換。

3. 屬於真正意義上的退運。

上述1、2兩種情形不須辦理「出口貨物退運已補稅（未退稅）證明」，但第3種情形須憑以下資料到稅務機關辦理「出口貨物退運已補稅（未退稅）證明」。根據關於發布「出口貨物勞務增值稅和消費稅管理辦法」的公告（國家稅務總局公告2012年第24號）規定，出口貨物發生退運的，出口企業應先向主管稅務機關申請開具「出口貨物退運已補稅（未退稅）證明」，並攜其到海關申請辦理出口貨物退運手續。委託出口的貨物發生退運的，由委託方申請開具出口貨物退運已補稅（未退稅）證明並轉交受託方。申請開具「出口貨物退運已補稅（未退稅）證明」時應填報「退運已補稅（未退稅）證明申請表」，提供正式申報電子數據及下列資料：

1. 出口貨物報關單（退運發生時已申報退稅的，不須提供）。

2. 出口發票（外貿企業不須提供）。

3. 稅收通用繳款書原件及影本（退運發生時未申報退稅的，以及生產企業本年度發生退運的，不須提供）。

4. 主管稅務機關要求報送的其他資料。

企業在申請辦理「出口貨物退運已補稅（未退稅）證明」時，須仔細核對申請退運數量、報關單號碼，特別是申請退運數量不能超過申報退稅的數量。同時，企業須開具負數發票，發生本年度退運的，在當期用負數沖減原免抵退稅申報數據；發生跨年度退運的，應全額補繳原免抵退稅款，並按現行會計制度的有關規定進行相應調整。

即超過 1 年的退運，稅務一般不辦理「出口貨物退運已補稅（未退稅）證明」，由海關按一般貨物進口處理（要注意須繳納進口關稅、增值稅）。

二、外匯

根據「國家外匯管理局關於印發貨物貿易外匯管理法規有關問題的通知」（匯發[2012] 38號）規定，企業應在書面申請中具體說明退匯原因以及退匯同時是否發生貨物退運，出口項下退匯的境內付款人應當為原收款人，境外收款人應當為原付款人。

金融機構為企業辦理貿易收匯的退匯支付時，對於因錯誤匯入產生的退匯，應當審核原收匯憑證；對於其他原因產生的退匯，應當審核原收入申報單證、原出口合同。對於退匯日期與原收匯日期間隔在180天（不含）以上或由於特殊情況無法按照38號文規定辦理退匯的，企業應當先到外匯局辦理貿易外匯業務登記手續。

對於單筆退匯金額超過等值50萬美元且退匯筆數大於12次的，外匯局將可能實施現場查核。

三、海關

1. 加工貿易項下

　　貿易方式應分別填報進料成品退換或來料成品退換，申報時須提供原加工貿易手冊、原出口報關單的退稅聯和外匯核銷聯、外匯核銷單及稅務和外匯局的有關證明；如果該手冊已在海關辦理核銷，還須提供海關手冊已核銷證明。

　　如貿易方式申報為修理物品，企業尚須繳納退運成品相應稅款保證金，待貨物在海關規定期限內複運出口後，再向海關申請退還。

　　2. 一般貿易項下

　　貿易方式填列為退運貨物，並向海關提供：

　　（1）退運申請報告。

　　（2）出口地海關出具的原出口貨物已實際離境證明。

　　（3）如海關已簽發出口退稅報關單，須提供稅務機關出具的「出口貨物退運已補稅（未退稅）證明」。

　　（4）退運協議等資料。

　　海關確認後，對複運進境的原出口貨物不徵收進口關稅和進口環節增值稅。

【140】進口貨物退運涉及海關、外匯、稅務實務

　　進口貨物退運係因品質不良或者規格不符等原因，被大陸企業拒收而退運出境的貿易行為，其涉及海關、外匯、稅務的處理相關規定如下。

一、海關處理實務

　　1. 直接退運

　　在貨物進境後、辦結海關放行手續前，企業申請將全部或者部分貨物直接退運境外，或者海關根據國家有關規定責令直接退運，應當按照海關要求提交「進口貨物直接退運申請書」、證明進口實際情況的合同、發票、裝箱清單、已報關貨物的原報關單、提運單或者載貨

清單等相關單證、符合申請條件的相關證明文書，以及海關要求當事人提供的其他文件，經海關批准，或者責令直接退運的貨物不需要驗憑進出口許可證或者其他監管證件，免予徵收各種稅費及滯報金，不列入海關統計。

2. 報關進口後退運

（1）加工貿易項下退運

根據「中華人民共和國海關對加工貿易貨物監管辦法」規定，經營企業進口料件因質量問題、規格型號與合同不符等原因，須返還原供應商進行退換的，可以直接向口岸海關辦理報關手續。已經加工的保稅進口料件，不得進行退換。

公司辦理退運時，根據「海關進出口貨物退運（換）管理規程」有關規定，可以直接向口岸海關辦理報關手續，口岸海關憑企業提供的原進口報關單、退換的書面證明或退貨協議、加蓋企業公章的「海關加工貿易進口貨物退運（換）出境審批表」等相關單證，直接辦理報關手續。

貿易方式根據實際情況填寫「進料料件複出」或「來料料件複出」，退運出境後手冊中相應的料件會自動返還原核扣數量。

（2）一般貿易項下

一般貿易進口貨物退運出口時以「退運貨物」報關出口，並向海關提供：原進口時的相關報關單證，申請退運的書面報告、清單影本、裝箱單等單證資料，以及國外或國內檢驗機構出具的有關品質不良或規格不符的證明資料，和買賣雙方關於退貨的協議等文件。

企業辦理退運時，最好到貨物原進境口岸海關辦理退運出口手續，以避免因口岸變更增加審核手續。

二、外匯處理實務

1. 退運進口貨物已付匯

根據「國家外匯管理局關於印發貨物貿易外匯管理法規有關問題

的通知」（匯發[2012] 38號）規定，對於貿易付匯的退匯收入，應在書面申請中具體說明退匯原因以及退匯同時是否發生貨物退運。發生貨物退運的，應提交對應的出口貨物報關單。

收到外商退回的款項時，企業應填寫「涉外收入申報單」，並註明對應的原對外付款申報號碼，交易附言欄內註明退款，並持海關簽發的相應進口貨物退運的出口報關單、銀行收帳通知或結匯水單、外匯局簽發的「進口退運付匯核銷備案登記表」、貨物進口合同、運輸單據等，向銀行辦理進口項下退匯收入手續。對於退匯日期與原付款日期間隔在180天（不含）以上或由於特殊情況無法按照規定辦理退匯的，企業應當先到外匯局辦理貿易外匯業務登記手續。

另外，進口項下退匯的境外付款人應當為原收款人、境內收款人應當為原付款人。

2. 退運進口貨物未付匯

（1）對進口貨物全部退運的，海關憑原進口貨物報關單辦理出口退運手續，留存原進口貨物報關單，並簽發出口退運貨物報關單（備註欄註明原進口報關單號）。

（2）對進口貨物中部分退運的，海關憑原進口貨物報關單辦理出口手續，在原進口報關單上批註實際退運的數量、金額後退回申報人，留存影本，同時簽發一份出口報關單（備註欄上註明原進口報關單號）。

三、稅務處理實務

已繳納稅款的進口貨物，因品質或者規格原因，原狀退貨複運出境的，納稅義務人自繳納稅款之日起 1 年內，可以向海關申請退稅。但在實務中，上述一般貿易進口貨物退運後，很難向海關申請退稅。

【141】承接境外商品維修涉及海關、外匯、稅務實務

　　根據海關特殊監管區域的規定，保稅區、物流園區、經國務院批准試點的出口加工區、保稅港區、綜合保稅區等，可開展維修業務，特殊監管區外目前暫未開放。並且受限於「機電產品進口管理辦法」及國家進境檢驗檢疫的相關規定，在特殊監管區域內的企業承接境外機電商品維修並沒有完全開放，在實務中仍有較多限制。

一、海關

　　1. 須進行檢驗檢疫

　　對須進入海關特殊監管區域維修的產品，根據「機電產品進口管理辦法」：「（四）從境外進入海關特殊監管區域或海關保稅監管場所及海關特殊監管區域或海關保稅監管場所之間進出的機電產品，免於辦理進口證件，但屬於舊機電產品的，必須辦理檢驗檢疫手續，由海關監管；從海關特殊監管區域和海關保稅監管場所進入（境內）區外的機電產品，適用本辦法。」

　　2. 非國產出口貨物限制

　　根據滬國稅進[2007]41號「關於發布『本市推進出口加工區拓展保稅物流功能及開展研發、檢測、維修業務試點意見』的通知」：「4. ……經批准開展維修業務試點的出口加工區內企業，可開展國產出口貨物的售後維修業務，但不得開展以拆解和翻新為目的的維修業務。」

　　上述規定雖然僅限於上海地區執行，但經各地海關特殊監管區域確認，目前均不允許開展非國產出口貨物的維修業務。其主要原因是擔心大量所謂的「洋垃圾」藉維修進入中國境內，形成污染等。

　　3. 維修邊角料、替換下的壞件處置

　　對進境維修機電商品所產生的邊角料及維修替換下的壞件，均不能在國內進行處置，須全部退運出境。

二、外匯

設立在海關特殊監管區域的企業，適用「保稅監管區域外匯管理辦法」。

三、稅務

1. 出口退稅

（1）出口加工區、保稅物流園區、保稅港區、綜合保稅區

這四個區域均實施進區退稅方式，因此根據「國家稅務總局關於出口加工區耗用水、電、氣准予退稅的通知」（國稅發[2002]116號），區內維修企業僅能就取得和生產經營有關的水、電、氣進項稅申請退稅，且退稅率均為13%，其他取得的進項稅均不能退稅。

（2）保稅區

保稅區實行離境退稅，根據「國家稅務總局關於出口貨物退（免）稅若干問題的通知」（國稅發[2003]第139號）：「五、保稅區內生產企業從區外有進出口經營權的企業購進原材料、零部件等加工成產品出口的，可按保稅區海關出具的出境備案清單以及其他規定的憑證，向稅務機關申請辦理免、抵、退稅。

「保稅區內進料加工企業從境外進口料件，可憑保稅區海關簽發的『海關保稅區進境貨物備案清單』辦理『生產企業進料加工貿易免稅證明』等單證。」

因此保稅區企業享受的是免、抵、退稅政策，取得的與生產經營有關的進項稅均能申請退稅。

2. 企業所得稅

（1）稅收優惠

如區內維修企業申請成為高新技術企業，則可享受15%的企業所得稅優惠稅率。

（2）地方財政扶持

各地政府為招商引資或鼓勵維修服務業的發展，均會將企業當年

上交的稅款按一定比例，由地方財政出資進行返還，比如上海就發布了滬綜保管[2010]78號，規定：

「20.對新引進的加工製造、維修類企業，其實現的增加值、利潤總額形成新區地方財力部分兩年內給予100%補貼，其餘年度給予50%補貼；

「21.對加工製造、維修類企業，其實現的增加值、利潤總額形成新區地方財力部分給予50%補貼。」

因此維修企業設立時，地方財政扶持部分也可視為重要考慮。

【142】來料加工料件轉內銷的海關、外匯、稅收處理

來料加工料件轉內銷，是指來料加工企業因故不再按規定加工複出口，而須將保稅進口料件在國內銷售，或轉用於生產內銷產品。

一、商務部門的處理規定

根據「國務院辦公廳轉發國家經貿委等部門『關於進一步完善加工貿易銀行保證金台帳制度的意見』的通知」（國辦發[1999]35號）文件規定，來料加工轉內銷的料件須先經商務主管部門（原外經貿主管部門）進行審批，並出具「加工貿易保稅進口料件內銷批准證」。

來料加工內銷的貨物，包括進口原料及製成品、加工貿易產生的邊角料、內銷殘次品、加工餘料及其製成品，不同貨物類別內銷的審批許可權不盡相同，具體如下：

1. 進口原料及製成品內銷，須經商務主管部門批准；主管海關對料件按照規定計徵稅款和稅款緩稅利息後，予以核銷。

2. 加工貿易產生的邊角料須內銷的，商務主管部門免予審批，企業直接報主管海關核准並辦理內銷有關手續；海關按照加工貿易企業向海關申請內銷邊角料的報驗狀態歸類後適用的稅率，和審定的邊角料價格計徵稅款，免徵緩稅利息。

3. 銷售來料加工產生的殘次品、加工剩餘料及其製成品，須根據貨值的大小確定批准的許可權。

（1）銷售金額中，進口保稅料件金額占該加工貿易合同項下實際進口料件總額3%（含）以內，且總值在人民幣 1 萬元（含）以下的，商務主管部門免予審批，企業直接報主管海關核准，由主管海關對剩餘料件按照規定計徵稅款和稅款緩稅利息後，予以核銷。剩餘料件屬於發展改革委、商務部、環保總局及其授權部門進口許可證件管理範圍的，免於提交許可證件。

（2）超過上述比例或金額的，由商務主管部門按照有關內銷審批規定審批，海關憑商務主管部門批件對合同內銷的全部料件，按照規定計徵稅款和緩稅利息。剩餘料件屬於進口許可證件管理的，企業還須按照規定向海關提交有關進口許可證件。

二、海關處理規定

來料加工企業根據上述規定，如需要商務主管部門審批，在取得「加工貿易保稅進口料件內銷批准證」後，由主管海關部門核准，主管海關核定報關價並收取進口關稅、增值稅及緩稅利息（如需要）後，核銷來料加工貿易手冊中對應保稅料件。

來料加工企業申報內銷時，海關以接受內銷申報的同時或者大約同時進口的，與料件相同或者類似的貨物的進口成交價格為基礎，進行審查確定完稅價格，同時應按向海關申報轉為內銷之日實施的稅率納稅。

緩稅利息計息期限的起始日期，為內銷料件或製成品所對應的加工貿易合同項下，首批料件進口之日。

三、外匯處理規定

來料加工轉內銷的企業，在辦理海關報關手續後，即可根據合同

約定付款條件，辦理進口付匯報審手續，付匯時須提交：

1. 按上述要求，須商務主管部門批准的，須提供商務部門核准內銷的文件。

2. 合同。

3. 報關單。

4. 其他需要提交的資料。

四、稅收處理規定

來料加工料件轉內銷，從稅收角度來講相對簡單，料件報關進口時繳納關稅直接計入料件的成本中，一般納稅人取得海關出具的增值稅繳款憑證在「應交稅費—應交增值稅—進項稅額」進行核算，至於緩稅利息，為不屬於罰款性質的支出，應視為利息費用，在財務費用中進行核算。

【143】關於舊設備出口退（免）稅問題解析

隨著全球經濟一體化進程的不斷加快，企業將舊設備出口到境外的情形越來越多，「關於發布『出口貨物勞務增值稅和消費稅管理辦法』的公告」（國家稅務總局公告2012年第24號）和「關於出口貨物勞務增值稅和消費稅政策的通知」（財稅[2012] 39號）對舊設備出口的稅收問題進行了明確，本文解析如下。

一、舊設備含義

24號公告所稱舊設備即已使用過的設備，是指出口企業根據財務會計制度已經計提折舊的固定資產，其具體範圍是指購進時未取得增值稅專用發票、海關進口增值稅專用繳款書但其他相關單證齊全的已使用過的設備。

二、出口退（免）稅適用辦法

出口企業出口的在2008年12月31日以前購進的設備、2009年1月1

日以後購進但按照有關規定不得抵扣進項稅額的設備、非增值稅納稅人購進的設備，以及營業稅改徵增值稅試點地區的出口企業和其他單位出口在本企業試點以前購進的設備，如果屬於未計算抵扣進項稅額的已使用過的設備，均實行增值稅免退稅辦法。

三、出口退稅金額計算

退（免）稅計稅依據 = 增值稅專用發票上的金額或海關進口增值稅專用繳款書註明的完稅價格 × 已使用過的設備固定資產淨值 ÷ 已使用過的設備原值

已使用過的設備固定資產淨值 = 已使用過的設備原值-已使用過的設備已提累計折舊

上述已提折舊，是指按稅法規定，在主管稅務機關備案的折舊年限計算提取的折舊，並經稅務機關核實。

四、辦理退稅應提交的資料

出口企業應在貨物報關出口之日次月起至次年4月30日前的各增值稅納稅申報期內，向主管稅務機關單獨申報退稅。逾期的，出口企業不得申報退稅。申報退稅時應填報「出口已使用過的設備退稅申報表」，提供正式申報電子數據及下列資料：

1. 出口貨物報關單。

2. 委託出口的貨物，還應提供受託方主管稅務機關簽發的代理出口貨物證明，以及代理出口協議。

3. 增值稅專用發票（抵扣聯）或海關進口增值稅專用繳款書。

4. 「出口已使用過的設備折舊情況確認表」。

5. 主管稅務機關要求提供的其他資料。

五、實務分析

1. 2009年1月1日前

在2009年增值稅改革之前，國稅局曾提出「舊設備出口退（免）稅暫行辦法」（國稅[2008]16號），但實際運用該文申請退（免）稅

的很少，主要原因如下：

（1）按當時的規定，企業出口自用舊設備，即使要視同內銷徵稅，但只要銷售價格不高於原值，並不需要徵稅。

（2）由於當時固定資產進項稅額無法抵扣，大多數企業購進設備也未取得增值稅專用發票。

2. 2009年1月1日～2012年7月1日

2009年增值稅改革之後，企業購進的設備大多數都可以抵扣進項稅，大陸稅務總局暫未對16號文進行修正。實務中，稅務機關基本上都是參考「原增值稅擴大抵扣範圍的企業」來執行免稅不退稅。

3. 2012年7月1日以後

24號公告對於出口的舊設備可用來辦理退稅的範圍有所擴大，只要是屬於未計算抵扣進項稅額的已使用過的設備，均實行增值稅免退稅辦法。

【144】有關分公司出口退稅、外匯及手冊實務分析

當總公司與分公司均從事加工貿易生產，且又分屬不同關區時，分公司是否與總公司執行相同的海關、外匯和出口退稅政策，「海關對加工貿易貨物監管辦法」（以下簡稱168號文）及相關辦法進行了規定，企業應特別關注如下事項。

一、加工貿易手冊及異地報關

依據168號文規定，經營企業只有取得加工貿易業務批准、加工貿易加工企業生產能力證明，以及必須在海關註冊登記，才能取得海關核發的加工貿易手冊。

而取得加工貿易業務批准的重要條件，是取得經營企業進出口經營權。依據外經貿發[2001]370號規定，生產企業申請自營進出口權應具備企業法人資格；同時，「海關對報關單位註冊登記管理規定」

（海關總署公告[2005]18號）指出，進出口貨物收發貨人的分支機構，無論其是否取得對外貿易經營者備案登記表，都不能在海關辦理註冊登記。若分支機構需要報關，應使用總公司的註冊登記編碼，在全國各口岸報關，即分公司可以用總公司名義，在異地辦理保稅貨物進出口報關手續。

因此，上述規定均明確了分公司既不能取得加工貿易手冊，也不能以其名義在其所在地口岸報關。

二、保稅貨物的異地監管

雖有上述分析，分公司並非就無法進行加工貿易業務。依據168號文規定，經營企業與加工企業不在同一直屬海關管轄區域範圍，應當按照海關對異地加工貿易的管理規定，辦理貨物備案手續（總公司可視為經營企業，分公司可視為加工企業）。

「海關關於異地加工貿易的管理辦法」（海關總署令74號）也指出，經營單位主管海關在核准其異地加工申請後，將海關異地加工貿易申請表、加工貿易業務批准證、加工貿易加工企業生產能力證明一併製作關封，交經營單位憑以向加工企業主管海關辦理合同登記備案，也就是說，分公司保稅貨物的監管由其主管海關代為進行。實務中，各地海關作法不同，也有僅需要總公司提出申請，經主管海關審核後備案，分公司即可進行異地加工貿易，保稅貨物的監管仍由總公司主管海關進行，該海關屆時可對分公司進行查廠，判定分公司日常營運是否符合海關監管規定。

三、加工貿易手冊的保證金

168號文規定，經營企業或者加工企業有下列情形之一，即：租賃廠房或設備，及已辦理加工貿易異地備案等情形，海關可以在經營企業提供相當於應繳稅款金額的保證金或者銀行保函後，予以備案。

綜上所述，由於分公司不屬於獨立法人，分公司在從事加工貿易時，應以總公司名義取得加工貿易手冊，以總公司名義在分公司所在

地口岸報關，但須由總公司繳納一定的保證金。

四、外匯核銷及出口退稅

自2012年8月1日起，出口貨物不再提供收匯核銷單，辦理出口退稅時也無須再提交收匯核銷單，因此，分公司以總公司名義辦理出口報關手續，由總公司辦理出口退稅手續，但無須辦理收匯核銷。

由於分公司是受託加工，其開具的加工費增值稅發票，總公司可以進行合理抵扣或辦理出口退稅。而且總、分公司因屬同一法人主體，之間的交易不屬於關聯交易。

【145】出口過程中發生的折扣折讓 涉及的外匯、財稅處理

出口過程中發生的折扣折讓是出口業務比較常見的現象，其涉及外匯、財務與稅收的處理如下。

一、財務處理

從會計核算上講，銷售商品會涉及商業折扣、現金折扣、銷售折讓，三種不同的讓利方式，其會計處理各自不同。

1. 商業折扣

直接扣減收入，不影響銷售商品收入的計量，也無須進行帳務處理，本文不進行重點論述。

2. 現金折扣

收入確認時不考慮現金折扣，按合同總價款全額確認收入。當現金折扣以後實際發生時，直接計入當期損益（財務費用）。

3. 銷售折讓

銷售折讓一般發生在銷售收入已經確認之後，銷售折讓發生時，應直接沖減當期銷售商品收入，若屬於資產負債表日後調整事項的，

追溯調整上年銷售商品收入。

　　會計核算上，根據業務發生的性質判斷其應適用的會計處理方式，應在記帳憑證後附合同或協議、公司內部簽呈等原始憑證。

二、外匯處理

　　自2012年8月1日起，進出口貨物不再進行收付匯核銷，因此不存在以往差額核銷的規定。

　　對於單筆進口報關金額與相應付匯金額、單筆出口報關金額與相應收匯金額存在差額的，企業可根據該筆差額對其外匯收支與進出口匹配情況的影響程度，自主決定是否向外匯局報告差額金額及差額原因等信息。

　　對於存在多收匯差額或多付匯差額的，或是存在多出口差額或多進口差額的，企業可在收款或付款之日起30天內，或是在出口或進口之日起30天內通過監測系統企業端向外匯局報告，或在收款或付款之日起30天後（不含），或是在出口或進口之日起30天後（不含）到外匯局現場報告。

　　對於已報告的差額業務信息，在貨物進出口或收付款業務實際發生之日起30天內，企業可通過監測系統企業端進行數據修改或刪除操作；在貨物進出口或收付款業務實際發生之日起30天後（不含），企業可攜情況說明及外匯局要求的相關證明資料，到外匯局現場進行報告數據修改或刪除。

　　對於已報告的差額業務信息，若對應報關單數據或收付款數據被修改或刪除，企業應當通過監測系統企業端或到外匯局現場對相應報告數據進行修改或刪除操作。企業未及時修改或刪除報告數據的，外匯局可直接對相關數據進行相應處理。

三、稅務處理

　　根據國稅函[2008]875號文精神，企業已經確認銷售收入的售出商品發生銷售折讓和銷售退回，應當在發生當期沖減當期銷售商品收

入。因此，在取得相關資料，公司可以開具紅字出口發票，沖減出口收入。

【146】進料加工企業殘次品、邊角料如何處理

保稅進口料件加工後產生的殘次品、邊角料等屬海關監管貨物，未經海關許可，企業不得擅自銷售或移作他用。企業將「加工貿易登記手冊」的進口料件向海關申請核銷時，對於殘次品、邊角料等的處理有以下幾種方式。

一、退運

加工貿易企業申請將殘次品、邊角料等退運出境時，海關按照退運的有關規定辦理，企業憑退運證明資料辦理核銷手續。但需要注意的是，根據「中華人民共和國海關對保稅物流園區的管理辦法」（海關總署令134號），區外原進口貨物需要退運出境的，不得經過園區進出境或者進入園區存儲，而如果以維修品名義進境的邊角料和殘次品，則須全部退運出境。

另外，殘次品、邊角料等的退運，原則上只允許在屬地海關進行報關，不可以到其他海關申報。

二、放棄

向海關申請放棄殘次品、邊角料及剩餘料件，按下列情況辦理：

1. 經海關核定有使用價值的料件，由海關提取依法變賣處理，企業憑放棄該批貨物的申請和海關變賣處理的有關單證，申請辦理核銷手續。

2. 經海關核定無使用價值的，企業可自行處理，直接向海關申請辦理核銷手續。

3. 對按規定須進行銷毀處理的，由企業負責銷毀，海關憑有關銷毀的證明資料辦理核銷手續。

企業憑放棄該批貨物的申請，和海關受理企業放棄貨物的有關單證，經海關核實無誤後辦理核銷手續。

並非所有放棄申請海關都受理，如果貨物存在下列情形之一，海關不予接受企業放棄申請，並告知企業按規定將有關貨物做退運、徵稅內銷、在海關或者有關主管部門監督下予以銷毀或者進行其他妥善處理：

1. 企業申請放棄的加工貿易貨物屬於國家禁止進口、限制或自動許可進口的可用做原料的固體廢物。

2. 企業申請放棄的加工貿易貨物屬於對環境造成污染的。

3. 企業申請放棄的加工貿易貨物列入國家危險廢物名錄的。

4. 海關總署規定不准予放棄的其他情形。

三、內銷殘次品、邊角料徵稅

1. 內銷徵稅的完稅價格

內銷殘次品、邊角料時，海關以料件原進口成交價格為基礎審查確定完稅價格。料件原進口成交價格不能確定的，海關以接受內銷申報的同時或者大約同時進口的，與料件相同或者類似的貨物的進口成交價格為基礎，審查確定完稅價。內銷加工過程中產生的邊角料或者副產品，以海關審查確定的內銷價格做為完稅價格。

2. 免徵緩稅利息。

3. 對實行進口關稅配額管理的邊角料、殘次品等貨物，按照下列情況辦理：

（1）邊角料按照加工貿易企業向海關申請內銷的報驗狀態歸類，屬於實行關稅配額管理商品的，海關按照關稅配額稅率計徵稅款。

（2）殘次品對應進口料件屬於實行關稅配額管理的，企業如能按照規定向海關提交有關進口配額許可證件，海關按照關稅配額稅率計徵稅款；企業如未按照規定向海關提交有關

進口配額許可證件，海關按照有關規定辦理。

4. 屬於加徵反傾銷稅、反補貼稅、保障措施關稅或者報復性關稅（以下統稱特別關稅）的，按照下列情況辦理：

（1）邊角料按照企業向海關申請內銷的報驗狀態歸類，屬於加徵特別關稅的，海關免於徵收須加徵的特別關稅。

（2）殘次品對應進口料件屬於加徵特別關稅的，海關按照規定徵收須加徵的特別關稅。

5. 企業辦理邊角料、殘次品貨物內銷的進出口通關手續時，應當按照下列情況辦理：

（1）加工貿易殘次品貨物內銷，企業按照其加工貿易的原進口料件品名進行申報。

（2）加工貿易邊角料內銷，企業按照向海關申請內銷的報驗狀態申報。

【147】非貿項下——支付境外傭金涉及的外匯、稅務實務分析

支付境外傭金主要是指從事出口貿易的企業，根據傭金合同按營業額約定的傭金比例，對境外代理人或經紀人支付報酬，代理人或經紀人取得此項報酬主要是為委託人介紹業務或代買代賣。大陸對傭金支付的稅收及外匯規定分析如下。

一、傭金支付比例

1. 企業所得稅稅前扣除標準

大陸「財政部國家稅務總局關於企業手續費及傭金支出稅前扣除政策的通知」（財稅[2009]29號）規定：「……一、企業發生與生產經營有關的手續費及傭金支出，不超過以下規定計算限額以內的部分，准予扣除；超過部分，不得扣除。」該比例以服務協議或合同確

認收入金額的5%計算限額，即超過部分不能在企業所得稅稅前列支。

2. 傭金匯出金額外匯比例

大陸外匯局「關於調整部分服務貿易項下售付匯政策有關問題的通知」（匯綜發[2006]73號）第二條規定，出口項下單筆不超過合同總金額10%，或者超過比例但未超過10萬美元的傭金合同付匯，憑單據直接到指定銀行辦理，由銀行審核即可付款。如超過上述比例、金額限制，須由所屬外匯局審核後，憑外匯局核准件到指定銀行付款。需要注意的是，雖然外匯局規定支付比例不超過合同總金額的10%，但若超過了稅法規定的5%，該超過部分的傭金仍不能在企業所得稅稅前列支。

二、傭金匯出稅金

1. 營業稅及附加

自2009年1月1日起實施的「營業稅暫行條例」（國務院令540號）及「營業稅暫行條例實施細則」（財政部國家稅務總局令52號）規定，提供或接受規定勞務的單位或個人在境內的，應繳納營業稅，傭金代理屬於該營業稅徵稅範圍，屬於為境外單位代扣代繳稅額，稅目為服務業，稅率為5%。此外，還要考慮營業稅及附加，一般比例：城建稅7%（所處地域不同，比例也不同）、教育費附加3%、地方教育費附加2%。

2. 企業所得稅

根據「企業所得稅法」及「實施條例」的規定，介紹勞務取得傭金收入，如果提供介紹勞務的發生地在大陸境外，則不屬於企業所得稅的納稅義務人。根據上述規定，對境外支付傭金不屬於境內所得的，不需要代繳企業所得稅。

三、傭金匯出須準備的資料

傭金支付審核單位主要是售付匯銀行或外匯局，提供單據依據比例區分兩種情況：

1. 單筆不超過合同總金額10%，或者超過比例但未超過10萬美元傭金協議（出口合同）時：

（1）出口合同。

（2）傭金協議。

（3）收帳通知（結匯水單）。

（4）稅務局開具的營業稅稅單，另外根據「關於服務貿易等項目對外支付提交稅務證明有關問題的通知」（匯發[2008]64號文），境內機構發生在境外的進出口貿易傭金，無須辦理和提交「稅務證明」。

2. 如超過第 1 條規定的比例或金額的情況下，須先向外匯局提供上述（1）至（4）項文件外，還需要提供「支付超比例（額）傭金申請書」，經外匯局審批後，出具核准件，銀行憑上述資料及核准件辦理售付匯手續。其中「申請書」應列明下述內容：

（1）外幣換匯成本。

（2）本國及其他國家有哪些競爭對手。

（3）本公司其他國家出口同類產品的價格數量、支付傭金情況。

（4）仲介的身分和具體的工作內容。

（5）出口價格是否違反國家最低限價。

四、傭金匯出與利潤匯出稅負比較

以台資企業在大陸投資子公司為例，傭金匯出10萬元與利潤匯出10萬元稅負做比較。傭金匯出的稅負為5%，即5,000元。但是，如果10萬元進行利潤匯出，首先要徵收25%企業所得稅，然後再按稅後利潤徵收10%的非居民企業所得稅，實際稅負為32.5%，利潤匯出須繳納32,500元的稅款。因此，利潤匯出較傭金匯出多支付稅金27,500元（32,500－5,000），差異較明顯。

實務中並不是所有的出口業務都可以支付境外傭金，例如深加工

結轉出口業務，雖然海關認為屬於出口業務，但外匯局認為屬於兩頭在內的業務，故深加工業務不允許向境外支付傭金。值得注意的是，境內企業須考慮毛利率與傭金匯出之間的關係，若傭金匯出後該筆業務的實際毛利率低於同行業毛利，則存在被稅務機關判定為不公允的稅務風險。同時企業還應考慮境外企業與自身是否屬於關聯方，以降低關聯交易產生的稅務風險。

【148】非貿項下──支付境外勞務費涉及的外匯、稅務實務分析

台資企業在日常經營過程中，常發生境外公司向大陸境內公司提供勞務，根據勞務發生地、發生時間等不同，存在承擔不同稅負等問題，例如：提供的勞務、諮詢、管理服務、電腦線上服務、設計等服務。現就外匯、稅務分析如下。

一、外匯

售付匯銀行對支付境外勞務費用需要審核的資料有：合同、境外發票。根據規定，單筆支付等值 3 萬美元（不含）以上的服務貿易等，須提交「服務貿易、收益、經常轉移和部分資本項目對外支付稅務證明」後方可支付；反之則無須提供，但公司仍須向稅務機關進行申報並完稅。

二、營業稅

1. 自2009年1月1日起，根據「營業稅暫行條例實施細則」（國務院令540號）規定，提供或者接受條例規定勞務的單位或者個人，在境內的勞務即屬於境內勞務，應當繳納營業稅。因此，境外企業無論在大陸境外或境內為大陸境內企業提供營業稅勞務（不包括諮詢服務、設計服務等涉及「營改增」試點服務項目），需要在大陸境內繳納營業稅，境內支付方應為境外單位代扣代繳稅額。

2. 根據「關於個人金融商品買賣等營業稅若干免稅政策的通知」（財稅[2009]111號）規定，在境外提供的部分勞務，比如服務業中的旅店業、飲食業、倉儲業等，因其列舉的事項均屬於被提供勞務的對象同時在境外而不徵收營業稅。

三、增值稅

自2012年1月1日起，上海、江蘇、浙江等地陸續開展「營改增」試點政策，如境外公司或個人向境內企業提供諮詢服務、設計服務等涉及「營改增」試點服務項目，適用增值稅，境內企業應在支付上述費用時向主管稅務機關代扣代繳6%的增值稅，不過該扣繳的增值稅可以做為境內企業的進項稅額抵扣。

四、企業所得稅

企業所得稅稅務處理，首先應判斷是否屬於來源於大陸境內的勞務所得，根據「企業所得稅法實施條例」規定，判斷是否屬於來源於大陸境內的勞務所得，按照勞務發生地確定。

（一）勞務發生在境外

1. 境外企業屬於「企業所得稅法」規定的在境內未設立機構、場所，或者雖設立機構、場所但取得的所得與其沒有實際聯繫的，則不屬於來源於中國境內的所得，境內企業無須為其代扣代繳企業所得稅，但在對外支付時，還要遵從中國的稅收管理，即向稅務機關申請免稅證明。

2. 境外企業在境外為大陸境內客戶提供勞務取得的收入，稅務機關對其境內外收入劃分的合理性和真實性有疑義的，可以要求境外企業提供真實有效的證明，並根據工作量、工作時間、成本費用等因素，合理劃分其境內外收入；實務中，如境外企業不能提供真實有效的證明，稅務機關可視同其提供的服務全部發生在大陸境內，徵收企業所得稅。

（二）勞務發生在境內

1. 設立機構場所

境外企業在大陸境內設立機構、場所的，應當就其所設機構、場所取得的來源於中國境內的所得繳納企業所得稅，適用稅率為25%。

2. 未在境內設立機構、場所，但派遣雇員到境內提供勞務

（1）未簽訂稅收協定

與大陸沒簽訂稅收協定的國家和地區的企業，派遣雇員到境內提供諮詢勞務，通常構成企業所得稅法意義上的機構、場所，應對歸屬於該機構、場所的所得繳納企業所得稅，不再區分是否構成常設機構，以全部收入按照核定的利潤率折算為應稅所得，適用25%稅率。

境外企業的核定利潤率為：從事承包工程作業、設計和諮詢勞務的，利潤率為15%～30%；從事管理服務的，利潤率為30%～50%；從事其他勞務或勞務以外經營活動的，利潤率不低於15%。稅務機關有根據認為境外企業的實際利潤率明顯高於上述標準的，可以按照比上述標準更高的利潤率核定其應納稅所得額。

例如：某企業（未簽訂稅收協定）由境外派員來大陸進行勞務諮詢服務，收取費用 3 萬元，被稅務局認定核定利潤率為20%，則其應繳納的企業所得稅為 3 萬元×20%×25%＝0.15萬元，即實際企業所得稅占服務費的5%。

（2）簽訂稅收協定

外國企業在大陸境內未設立機構場所，僅派其雇員到大陸境內為有關項目提供勞務，在中國境內實際工作時間在任何12個月中連續或累計超過 6 個月時，則可判定該外國企業在中國境內構成常設機構，應就其源自境內勞務的利潤徵收企業所得稅，適用稅率為25%。反之，對實際工作時間未超過 6 個月時，其服務費不徵稅。

境外企業需要享受稅收協定待遇的，應辦理備案手續並提交「非居民享受稅收協定待遇備案報告表」。凡未辦理的，不得享受有關稅收協定待遇。

【149】非貿項下——支付境外利息、擔保費 涉及的外匯、稅務實務分析

通過向境外的金融機構或公司借款，往往會發生利息、擔保費用的支付，這兩項費用涉及的稅務、外匯相關規定分析如下。

一、可支付的擔保費範圍

擔保費是指境內企業、機構或個人，在借貸、買賣、貨物運輸、加工承攬、租賃、工程承包等經濟活動中，接受非居民企業提供的擔保所支付或負擔的擔保費或相同性質的費用，主要包括：

（1）融資擔保。

（2）融資租賃擔保。

（3）其他具有對外債務性質的擔保。

二、利息、擔保費匯出須準備資料

1. 支付境外利息準備資料

（1）外債、外債轉貸款還本付息核准（外匯審核部分）以及還本付息申請書。

（2）債務登記憑證（原件驗後返還）。

（3）債權人出具的還本付息通知書。

（4）對境外支付利息的，須提供完稅或免稅證明。

（5）以現匯還本付息時，須提供外匯帳戶最近 5 個工作日內銀行對帳單。

（6）如為外商投資企業，還須提交「外商投資企業外匯登記證」（目前為外匯登記證IC卡），該原件驗後返還。

（7）針對前述資料應當提供的補充說明資料。

2. 支付境外擔保費準備資料

（1）填寫並加蓋公章的「支付擔保費申請表」。

（2）擔保人催繳擔保費通知書原件和影本。

（3）擔保合同、擔保函原件和影本。

（4）擔保項下主債務合同原件和影本。

（5）申請人為外商投資企業的，提交「外商投資企業外匯登記證」（目前為外匯登記證IC卡）原件和影本。

（6）須外匯局辦理登記的債務，應提供外債簽約情況表原件和影本。

（7）針對前述資料應當提供的補充說明資料。

根據「關於服務貿易等項目對外支付提交稅務證明有關問題的通知」（匯發[2008]64號文）的規定，單筆支付等值 3 萬美元（不含）以上的服務貿易等，須提交「服務貿易、收益、經常轉移和部分資本項目對外支付稅務證明」後方可支付，反之，則不需要提供。

需要特別提醒的是，單筆支付等值 3 萬美元以下不須提交「稅務證明」只是外匯局簡化付匯手續的舉措，公司仍應向稅務機關申報。否則，稅務機關一旦查處，將對扣繳義務人處應扣未扣、應收未收稅款50%以上三倍以下的罰款。

三、利息、擔保費匯出稅負

1. 營業稅

自2009年1月1日起實施的「營業稅暫行條例」及實施細則規定，提供或接受規定勞務的單位或個人在境內，需要繳納營業稅，利息費用、擔保費也屬於該營業稅徵稅範圍，需要為境外單位代扣代繳稅額，稅率為5%。另外還需要根據流轉稅，繳納一定的城建稅及附加。

2. 企業所得稅

境外的利息、擔保費適用企業所得稅稅率為10%，根據「企業所得稅法」第三條第三款規定：「非居民企業應當就其來源於中國境內、境外的所得繳納企業所得稅。……適用稅率為20%。」另根據「企業所得稅法實施條例」第九十一條規定，非居民企業取得企業所得稅法第二十七條第（五）項規定的所得，減按10%的稅率徵收企業

所得稅。另外,對享受稅收協定或安排的地區例如香港,其對利息匯出的企業所得稅稅率為7%,事先須進行享受稅收協定的相關稅務申請。

　　但是,對借款利率,一般應參考同期國際市場利率的水平,利率畸高部分會被稅務局認定不予在企業所得稅稅前列支。同時,根據「關於企業關聯方利息支出稅前扣除標準有關稅收政策問題的通知」(財稅[2008]121號)的規定,若向關聯方借入外債,當關聯方借款超過註冊資本2倍時,超過部分的借款利息不得在企業所得稅前扣除。

四、利息匯出與利潤匯出稅負比較

　　以台資企業在大陸投資子公司為例,向境外公司匯出借款利息 1 萬元與利潤匯出 1 萬元稅負做比較(不考慮流轉稅附加稅的問題)。利息匯出時須扣繳5%的營業稅即500元,10%的企業所得稅即1,000元,合計稅負1,500元。如果是1萬元利潤匯出,需要先徵收25%企業所得稅,然後再按稅後利潤徵收10%的非居民企業所得稅,得出實際稅負為32.5%,需要繳納3,250元的稅額。以利潤名義匯出較利息匯出多支付稅金1,750元(3,250－1,500)。

【150】非貿項下——支付境外特許權使用費涉及的外匯、稅務實務分析

「中華人民共和國海關審定進出口貨物完稅價格辦法」（海關總署令[2006]148號）規定，「特許權使用費」，是指進口貨物的買方，為取得智慧財產權利人及權利人有效授權人關於專利權、商標權、專有技術、著作權、分銷權或者銷售權的許可或者轉讓，而支付的費用。非貿項下的特許權使用費，主要有境外轉讓專利權、專有技術使用費、商標使用權等，非貿項下的支付流程及稅務、外匯實務如下。

一、特許權使用費辦理流程

1. 前期準備資料清單

（1）專有技術

A. 技術進口合同。

B. 技術進口董事會決議。

C. 技術進口合同申請書。

D. 申請技術進口合同備案登記證介紹信。

E. 轉讓方委託受讓方辦理營業稅減免手續的委託書。

F. 受讓方提出的營業稅減免申請函。

G. 國稅申辦完稅手續申請報告。

H. 技術進口合同資料表。

I. 技術進口合同申請表。

（2）專利

A. 許可合同備案申請表。

B. 專利實施許可合同原件。

C. 許可人與被許可人的合法身分證明。

D. 專利權有效證明。

（3）商標使用權

A. 商標使用許可合同備案申請書。

B. 商標使用許可合同原件或經公證的影本。

C. 許可人、被許可人主體資格證明文件。

D. 自行辦理須提交經辦人身分證明，如委託代理機構辦理的，提交商標代理委託書。

2. 辦理流程

專有技術辦理須提交前期準備資料至商務主管部門，經審核通過後發放「技術進口合同登記證書」，再由省級技術部門做技術認定，然後向地方稅務機關提交免除營業稅的相關申請，國稅部門辦理企業所得稅的繳納，最後，向外匯局指定銀行申請匯出。

專利必須在國家智慧財產權局備案，商標許可必須在商標局備案，後續向稅務機關完稅後，通過外匯指定銀行申請售付匯匯出。

二、特許權使用費的稅負

1. 營業稅

支付特許權使用費按5%代扣代繳營業稅，但根據「關於外國企業和外籍個人轉讓無形資產營業稅若干問題的通知」（財稅[2001]36號）規定，其中技術轉讓可免徵營業稅，技術轉讓的認定條件為：

（1）受讓方所在地省級科技主管部門出具的審核意見證明。

（2）對外貿易經濟合作部及其授權的地方外經貿部門出具的技術轉讓合同、協議批准。

2012年9月10日，國務院辦公廳發布「關於促進企業技術改造的指導意見」，表示將穩步推進營業稅改徵增值稅改革，逐步將轉讓技術專利、商標、品牌等無形資產納入增值稅徵收範圍，以支持企業技術改造。

2. 其他附加稅

地方附加稅，如：城市建設維護稅、教育費附加、地方教育費附加，均應根據營業稅稅額計徵。

3. 企業所得稅

支付特許權使用費通常是按10%代扣代繳企業所得稅，但是部分稅收協定區可享受優惠稅率，如香港的徵收率為7%。稅收協定必須在稅務機關做享受稅收優惠待遇的身分認定，並經締約主管當局出具稅收居民身分證明及特許權權屬證明等文件後，方可享受優惠稅率。

4. 個人所得稅

支付境外個人特許權使用費，按特許權使用費的每次收入不超過4,000元，減除費用800元；4,000元以上，減除20%的費用，其餘額為應納稅所得額，按20%代扣代繳個人所得稅。

在特許權使用費歸屬於個人或公司的前提下，對於選擇向個人支付還是向公司支付費用比較來說，如特許權使用費歸屬於個人，使用費1,600元，稅額為160元，稅負為10%；若超過1,600元，稅負為10%以上，則相對支付給公司較有利，但前提條件是特許權的相關權屬註冊在公司。

三、外匯售付流程

支付境外特許權使用費時，售付匯銀行審核的資料有：合同或協議、境外發票；單筆支付等值 3 萬美元（不含）以上的特許權使用費，須提交「服務貿易、收益、經常轉移和部分資本項目對外支付稅務證明」後，方可支付，反之，則不需要提供。

不須提交「稅務證明」只是外匯局簡化付匯手續的舉措，公司仍應向稅務機關申報，否則該項費用在企業所得稅稅前不能認列。

【151】外資企業轉口貿易操作實務

轉口貿易，是指兩國的進出口貿易是通過第三國的中間商，將貨物轉手而完成的貿易方式。這種貿易方式在生產國為間接出口，在消費國為間接進口，因而是一種間接貿易方式。而對第三國來說，它將進口的貨物再出口，所以是轉口，又稱再出口貿易。

一、轉口貿易在大陸主要的運作地區介紹

根據規定，轉口貿易只能通過保稅區、綜合保稅區以及保稅倉庫等特殊保稅監管區域完成。目前大陸共設立了包括上海外高橋、天津港、青島、張家港、寧波、福州等15個保稅區，以及上海綜合保稅區、蘇州工業園區綜合保稅區以及昆山綜合保稅區等15個綜合保稅區。其功能均以國際中轉、國際採購、國際配送、國際轉口貿易和保稅加工等功能為主。一般區外企業，無法開展轉口貿易業務。

二、轉口貿易的相關稅收規定

1. 流轉稅

轉口貿易，通常在海關手續上有「進境備案」，當離開保稅區在海關做海關備案核銷即可，對於稅務申報該項流轉稅時，應保存合法的進貨發票、報關備案單據、出口發票及備案核銷單據、相關採購銷售合同，在增值稅申報時應填寫「免稅收入額」做申報。

2. 企業所得稅

對於該種貿易行為來說，雖然流轉稅免於徵收，但是對進貨與銷貨的差額部分，屬於企業的收入及成本產生利潤，即利潤部分要徵收企業所得稅，與公司的其他經營所得及成本費用合併計算，一併申報納稅。

3. 其他稅收

對於轉口貿易，在國外採購貨物，貨物未進關，直接又賣給國外的客戶，合同在國外簽訂的，應在境內使用時繳納印花稅。按照「印

花稅暫行條例」（國務院令[1988]11號）列舉徵稅的合同在國外簽訂時，不便按規定貼花，因此，應在帶入境內時辦理印花稅完稅手續。

三、轉口貿易的資金收付外匯規定

企業如果在輔導期內，應當根據輔導期內實際業務發生情況，逐筆對應貨物轉口貿易外匯收入與支出數據，如實填寫「進出口收付匯信息報告表」，並在輔導期結束後10個工作日內將加蓋企業公章的「進出口收付匯信息報告表」報送所在地外匯局。如果在核查期內發生轉口貿易收支差額占支出比率大於20%，外匯局可實施現場核查。

企業如果在分類監管期限內發生轉口貿易外匯收支，金融機構應當審核買賣合同、支出申報憑證及相關貨權憑證；同一合同項下轉口貿易收入金額超過相應支出金額20%（不含）的貿易外匯收支業務，金融機構應當憑「貨物貿易外匯業務登記表」辦理。

企業如果發生同一合同項下轉口貿易收支日期間隔超過90天（不含），且先收後支項下收匯金額或先支後收項下付匯金額超過等值50萬美元（不含）的業務，應當在貨物進出口或收付匯業務實際發生之日起30天內，通過監測系統向所在地外匯局報送對應的預計收付匯或進出口日期等信息。

對於已報告轉口貿易外匯收支業務信息，在收款或付款之日起30天內，企業可通過監測系統企業端進行數據修改或刪除操作；在收款或付款之日起30天後（不含），貿易公司可通過監測系統企業端對截止上月末未到期部分信息進行數據調整操作，或攜情況說明及外匯局要求的相關證明資料到外匯局現場進行報告數據修改或刪除。

對於已進行轉口貿易業務報告的收匯或進口數據，不得再進行貿易主體不一致業務報告。

企業轉口貿易外匯收入應當先進入出口收入待核查帳戶，再辦理結匯手續。

對於B類企業來說，如果發生同一合同項下轉口貿易收入金額超

過相應支出金額20%（不含）的貿易外匯收支業務，應當在付匯、開證、出口貿易融資放款或待核查帳戶資金結匯或劃出前，持書面申請和相關證明資料到外匯局登記。

B類企業不得辦理收支日期間隔超過90天（不含）的轉口貿易外匯收支業務，C類企業不得辦理轉口貿易外匯收支。但在分類監管有效期內指標情況好轉且沒有發生違規行為的B類企業，自列入B類之日起 6 個月後，經登記可以辦理同一合同項下收支日期間隔超過90天（不含）的轉口貿易外匯收支業務。

四、轉口貿易海關監管

根據「中華人民共和國海關對保稅倉庫及所存貨物的管理規定」（海關總署令105號）第五條第二款，轉口貨物經海關批准，可以存入保稅倉庫。該監管方式為「保稅倉庫貨物（代碼：1233）」以及「保稅區倉儲轉口（代碼：1234）」。其中，監管方式「保稅倉庫貨物（代碼：1233）」，是指從境外進口直接存入保稅倉庫、保稅倉庫出境的倉儲、轉口貨物，以及出口監管倉庫出境的貨物。監管方式「保稅區倉儲轉口（代碼：1234）」，是指從境外存入保稅區和從保稅區運出境的倉儲、轉口貨物。

同時海關總署令105號第二十四條也規定，保稅倉儲貨物存儲期限為 1 年。確有正當理由的，經海關同意可予以延期；除特殊情況外，延期不得超過 1 年。

【152】積體電路軟體企業的進口設備政策分析

目前大陸鼓勵軟體及積體電路企業的發展，對這類企業也頒布了一系列的優惠政策，其中對於軟體企業及積體電路進口自用設備，「海關支持軟體產業和積體電路產業發展有關政策規定和措施的公告」（海關總署公告[2011]30號）規定了相關的免稅政策。

一、進口自用設備免徵關稅

1. 相關規定

根據海關總署公告[2011]30號規定（以下簡稱規定），軟體企業進口所需的自用設備，以及按合同隨設備進口的技術（含軟體）及配套件、備件，不須出具確認書，不占用投資總額，免徵進口關稅，照章徵收進口環節增值稅。

積體電路生產企業引進積體電路技術和成套生產設備，單項進口的積體電路專用設備與儀器免徵進口關稅，照章徵收進口環節增值稅。

但是，以上企業進口的自用設備中，屬「國務院關於調整進口設備稅收政策的通知」（國發[1997]37號）規定的「外商投資項目不予免稅的進口商品目錄」和「國內投資項目不予免稅的進口商品目錄」所列商品，不在免關稅的範圍之內。

2. 進口自用設備免稅申請

軟體企業向其所在地海關申請辦理免稅手續時，應提交企業營業執照、相關主管部門認定有關企業為軟體企業的證明文件以及年審合格的證明文件等相關資料。企業未能按規定向海關提交齊全、有效資料的，海關不予受理申請。申請流程如下：

（1）企業須填寫「項目備案錄入申請表」及其他相關資料後，向進口所在地的主管海關提出申請辦理項目備案。

（2）海關對企業提交的各項文件資料進行審核，符合有關規定

的，給予辦理註冊登記手續，並向企業發放「外商投資企業免稅物品登記簿」。

（3）企業持「外商投資企業免稅物品登記簿」，並填寫「進出口貨物徵免稅申請表」及其他相關資料，向海關申請辦理進口設備免稅審批手續。

（4）海關審核相關單證資料，符合有關定規的，出具「徵免稅證明」。

主管海關辦理免稅註冊登記手續及企業進口設備免稅手續，均在受理之日起3個工作日內完成。

另外，符合條件的軟體企業和積體電路企業，還可向貨物進、出口地海關申請預約通關服務。

二、臨時進口自用設備

根據規定，軟體企業和積體電路設計企業需要臨時進口的自用設備，比如做為樣品、展品等（包括開發測試設備、軟硬體環境、樣機及部件、元器件等），經地市級商務主管部門確認，軟體企業和積體電路設計企業可向海關申請上述設備按暫時進境貨物監管，經海關批准為暫時進出境設備。對不徵收進出口關稅的暫時進出境貨物，可憑設備收發貨人或其代理人提交的保證函驗放。

三、進口自用材料及設備零件

投資額超過80億元，或積體電路線寬小於0.25微米的積體電路生產企業，進口淨化室專用建築材料、配套系統和積體電路生產設備零、配件，屬於「部分積體電路生產企業免稅進口淨化室專用建築材料、配套系統商品目錄」及「部分積體電路生產企業免稅進口積體電路生產設備零、配件商品目錄」的，也給予免徵關稅和進口環節增值稅。

值得注意的是，上述企業都是需要經過相關部門認定的軟體及積體電路企業，否則不能享受相關的免稅政策。

【153】研發中心進口設備政策分析

為了鼓勵科學研究和技術開發，2011年10月10日大陸財政部、國稅總局聯合頒布「關於繼續執行研發機構採購設備稅收政策的通知」（財稅[2011]88號，以下簡稱88號文），該通知繼續對外資研發中心進口科技開發用品，免徵進口關稅和進口環節增值稅、消費稅，同時內外資研發中心採購國產設備全額退還增值稅。以下就外資研發中心進口設備免稅的適用條件、設備清單分析。

一、外資研發中心進口設備免稅條件

88號文中所指的外資研發中心，須經商務主管部門會同有關部門進行資格審核認定，且按設立時間不同有著不同的規定。

1. 對2009年9月30日及其之前設立的外資研發中心，應同時滿足下列條件：

（1）研發費用標準：A. 對外資研發中心，做為獨立法人的，其投資總額不低於500萬美元；做為公司內設部門或分公司的非獨立法人的，其研發總投入不低於500萬美元；B. 企業研發經費年支出額不低於1,000萬元。

（2）專職研究與試驗發展人員不低於90人。

（3）設立以來累計購置的設備原值不低於1,000萬元（含進口設備和國產設備）。

2. 對2009年10月1日及其之後設立的外資研發中心，應同時滿足下列條件（新設外資研發中心可自取得資格的次月1日起適用88號文的政策）：

（1）研發費用標準：做為獨立法人的，其投資總額不低於800萬美元；做為公司內設部門或分公司的非獨立法人的，其研發總投入不低於800萬美元。

（2）專職研究與試驗發展人員不低於150人。

（3）設立以來累計購置的設備原值不低於2,000萬元。

上述研發經費年支出額，是指近 2 個會計年度研發經費年均支出額；專職研究與試驗發展人員，包括專職從事基礎研究、應用研究和試驗發展三類項目活動的人員以及直接服務人員，須與企業簽訂 1 年以上勞動合同；累計購置的設備原值，須將進口設備和國產設備的原值一併計入。

二、進口設備的範圍

88號文規定了免稅設備的具體範圍，主要是指為科學研究、教學和科技開發提供必要條件的實驗設備、裝置和器械。包括以下幾類：

1. 實驗環境方面

（1）教學實驗儀器及裝置。

（2）教學示教、演示儀器及裝置。

（3）超淨設備（如換氣、滅菌、純水、淨化設備等）。

（4）特殊實驗環境設備（如超低溫、超高溫、高壓、低壓、強腐蝕設備等）。

（5）特殊電源、光源設備。

（6）清洗循環設備。

（7）恆溫設備（如水浴、恆溫箱、滅菌儀等）。

（8）小型粉碎、研磨製備設備。

2. 樣品製備設備和裝置

（1）特種泵類（如分子泵、離子泵、真空泵、蠕動泵、蝸輪泵、乾泵等）。

（2）培養設備（如培養箱、發酵罐等）。

（3）微量取樣設備（如取樣器、精密天平等）。

（4）分離、純化、濃縮設備（如離心機、層析、色譜、萃取、結晶設備、旋轉蒸發器等）。

（5）氣體、液體、固體混合設備（如旋渦混合器等）。

（6）制氣設備、氣體壓縮設備。

（7）專用製樣設備（如切片機、壓片機、鍍膜機、減薄儀、拋光機等），實驗用注射、擠出、造粒、膜壓設備；實驗室樣品前處理設備。

3. 實驗室專用設備

（1）特殊照相和攝影設備（如水下、高空、高溫、低溫等）。

（2）科研飛機、船舶用關鍵設備。

（3）特種資料記錄設備（如大幅面掃描器、大幅面繪圖儀、磁帶機、光碟機等）。

（4）材料科學專用設備（如乾膠儀、特種坩堝、陶瓷、圖形轉換設備、製版用乾板、特種等離子體源、離子源、外延爐、擴散爐、濺射儀、離子刻蝕機，材料實驗機等），可靠性試驗設備，微電子加工設備，通信類比仿真設備，通信環境試驗設備。

（5）小型熔煉設備（如真空、粉末、電渣等），特殊焊接設備。

（6）小型染整、紡絲試驗專用設備。

（7）電生理設備。

4. 電腦工作站，中型、大型電腦。

三、新舊政策的銜接

原「關於研發機構採購設備稅收政策的通知」（財稅[2009]115號）執行期限為2009年7月1日至2010年12月31日，88號文稅收政策執行期限為2011年1月1日至2015年12月31日，若在2011年1月1日至11月1日期間批准設立的外資研發中心，從取得資格的次月1日至11月1日期間進口的科技開發用品，已繳納稅款的，可按照海關有關規定向海關申請辦理退稅手續。

【154】進口貨物做為資本金投入如何驗資

根據「中華人民共和國公司法」的規定，有限責任公司的股東既可以用貨幣出資，也可以用實物、智慧財產權、土地使用權等可以用貨幣估價並可以依法轉讓的非貨幣財產作價出資。其中，實物出資一般指以機器設備、原料、零部件、貨物、建築物和廠房等做為出資的方式。本文就以進口貨物出資的驗資進行介紹。

一、外商投資企業貨物出資須符合的條件

1. 該貨物是企業生產所必需的。

2. 該貨物國內不能生產，或雖能生產，但價格過高或在技術性能和供應時間上不能保證需要的。

3. 出資貨物作價不得高於同類原材料或其他物料當時的國際市場價格；也就是說，外方投入的貨物原則上應按實際成本計價，其價格也要考慮不得高於當時國際市場同類貨物的價格。

二、外商投資企業以實物出資驗資所需資料

外商投資企業實物出資所需資料主要有：營業執照副本影本；批復；批准證書；公司章程；外匯登記證IC卡；外匯局資本項目外匯業務核准件；入資實物的購貨發票、實物照片、場地存放證明、資產的權屬及證明文件；入資實物的評估報告、報關單、裝箱單、保險單；入資實物的財產轉移承諾函等；如果是鼓勵類企業，進口時，還需要「進出口貨物徵免稅證明」。

三、企業必須瞭解的，註冊會計師實施審驗程序的重點內容

1. 檢查貨物出資清單填列的品名、規格、數量、作價、出資日期等內容，是否符合協議、合同、章程的規定。

2. 查閱其評估報告，關注評估報告的特別事項說明，評估基準日至驗資報告日期間發生的重大事項是否對驗資結論產生影響，並檢查投入資產的價值是否經各出資者認可。

3. 觀察、監盤貨物數量並檢視其狀況，驗證其是否與貨物出資清單一致。

4. 檢查貨物的購貨發票、貨物運輸單、提貨單等單證，驗證其權屬及作價依據。

5. 檢查貨物是否辦理交接手續，交接清單是否得到出資者及被審驗單位的確認，實物的交付方式、交付時間、交付地點是否符合協議、合同、章程的規定。

6. 核對貨物出資清單與註冊資本實收情況明細表是否相符。

此外，由於是以進口的貨物為出資方式，除上述規定的程序外，註冊會計師還會實施下列審驗程序：

1. 按照有關規定須辦理價值鑑定手續的，查閱各地出入境檢驗檢疫局，或經國家質量監督檢驗檢疫總局和財政部授予資格的其他價值鑑定機構，所出具的外商投資財產價值鑑定證書。

2. 檢查財產價值鑑定證書所列的實物，是否與購貨發票、貨物運輸清單、貨物提單、海關查驗放行清單、保險單據、實物出資清單及驗收清單一致。

3. 觀察、監盤貨物，驗證其品名、規格、數量、價值等是否與財產價值鑑定證書的有關內容一致。

4. 當貨物出資的幣種與註冊資本的幣種、記帳本位幣不一致時，檢查折算匯率是否與協議、合同、章程以及國家有關財務會計制度的規定一致。

5. 取得資本項目外匯業務核准件及進口貨物報關單等文件，向企業註冊地外匯管理部門發出外方出資情況詢證函，以詢證上述文件內容的真實性、合規性。

四、其他注意事項

1. 所有股東的貨幣出資金額，不得低於有限責任公司註冊資本的30%。

2. 外方以實物出資的，必須是進口的原物料、車輛、設備等，外商在境內以人民幣購買原物料、設備等做為出資不受法律允許。

3. 對外商投資企業以舊設備作價出資的，對該舊設備的製造日期有年限限制，還需要到進出口商品檢驗檢疫局辦理有關審核手續才能進口。

4. 屬於禁止類目錄的貨物，不允許報關進口，也就是說，不能以禁止類目錄的貨物進行出資。

【155】企業如何選擇內銷、外銷

台商可以選擇的貿易方式有很多，有一般貿易出口、加工貿易出口、國內轉廠，當然也可以選擇內銷。無論何種貿易方式，最終都是要保證企業賺取一定的利潤。因此，以下以毛利比較基礎來說明企業如何選擇內外銷。

一、不同貿易方式下單位產品毛利的計算

從內銷角度來說，單位產品毛利＝單位產品售價－單位產品成本。

從一般貿易或進料加工角度來說，其產品出口執行「免、抵、退」政策，存在由於徵退稅率差而引起的進項稅額轉出，該進項轉出需要進企業的產品成本，因此該種情況下，單位產品毛利＝單位產品外銷售價－單位產品材料成本－免抵退稅不得免徵或抵扣稅額。

從國內結轉來說，執行免稅不退稅政策，因此生產產品所耗用的國內材料或費用所含的進項稅額需要全部轉出，計入企業產品成本，單位產品毛利＝單位產品轉廠售價－單位產品材料成本－單位產品所耗用材料或費用的進項稅額。該單位產品所耗用材料或費用的進項稅額，一般採取結轉收入占當月全部收入的比重，轉出進項稅額，在稅務批准的情況下，也可單獨轉出結轉產品對應的進項稅額。

二、不同貿易方式下的毛利和售價比較

1. 一般貿易或進料加工外銷出口與內銷的比較

在材料成本一定的情況下，該種情況下比較公式變為：單位產品外銷售價－免抵退稅不得免徵或抵扣稅額vs單位產品內銷不含稅售價。

這個關鍵在於免抵退稅不得免徵或抵扣稅額如何計算。一般貿易情況下，免抵退稅不得免徵或抵扣稅額＝單位產品外銷售價×（徵稅率－退稅率）；進料加工情況下，免抵退稅不得免徵或抵扣稅額＝（單位產品外銷售價－保稅進口料件組成計稅價格）×（徵稅率－退稅率）。

（1）一般貿易方式下，上述公式演變為：單位產品外銷售價－單位產品外銷售價×（徵稅率－退稅率）vs單位產品內銷不含稅售價。免抵退稅不得免徵或抵扣稅額主要受退稅率的影響，退稅率越高，免抵退稅不得免徵或抵扣稅額越小，內外銷價格的比較基礎越接近。如果退稅率為17%，則免抵退稅不得免徵或抵扣稅額為0，此時很簡單，單位產品外銷售價vs單位產品內銷不含稅售價，誰大就對企業有利。

舉例：企業當月生產某產品，採購應稅材料及應稅勞務10萬元（無保稅材料，且上期無留抵稅額），進項稅額1.7萬元，不考慮工費、運費因素，退稅率為13%，出口價格為20萬元，在此情況下計算內銷價格平衡點。

免抵退稅不得免徵和抵扣稅額＝20×（17%－13%）＝0.8萬元

外銷毛利＝20－10－0.8＝9.2萬元

在保證毛利9.2萬元基礎上，內銷不含稅售價≧19.2萬元（10＋9.2）才有利。

（2）進料加工方式下，上述公式演變為：單位產品外銷售價－（單位產品外銷售價－保稅進口料件組成計稅價格）×

（徵稅率－退稅率）vs單位產品內銷不含稅售價。免抵退稅不得免徵或抵扣稅額主要受退稅率和保稅進口料件組成計稅價格兩個因素影響。保稅進口料件組成計稅價格越高，免抵退稅不得免徵或抵扣稅額越小，內外銷價格的比較基礎就越近，退稅率也是同樣道理。

同樣引用上例，如果採購材料均為保稅材料，當月進項為0，其他情況相同。

在此情況下，免抵退稅不得免徵和抵扣稅額＝（20－10）×（17%－13%）＝0.4萬元

外銷毛利＝20－10－0.4萬＝9.6萬元

其內銷平衡點：內銷不含稅售價≧19.6萬元（10＋9.6＋保稅材料轉內銷時需要補繳的關稅）

2. 國內結轉與內銷的比較

在材料成本一定的情況下，該種情況下比較公式變為：單位產品國內結轉售價－單位產品所耗用材料或費用的進項稅額vs單位產品內銷不含稅售價。

國內結轉屬於加工貿易的一種特殊方式，所耗用的主要材料必須是手冊結轉而來的保稅材料，其本身不含進項稅額，但其耗用的輔助材料和費用一般是國內採購或耗用，其進項稅額必須轉出進入產品成本。

舉例：企業當月生產某產品，採購手冊結轉而來的保稅材料為10萬元（無免增值稅材料，且上期無留抵稅額），耗用輔助材料1萬元，進項稅額0.17萬元，不考慮工費、運費因素，退稅率為13%，國內結轉價格為20萬元，在此情況下計算內銷價格平衡點。

單位產品所耗用材料或費用的進項稅額＝0.17萬元

國內結轉毛利＝20－10－1－0.17＝8.83萬元

在保證毛利8.83萬元基礎上，內銷售價≧19.83萬元（10＋1＋

8.83）才合算（未考慮保稅材料轉內銷時需要補繳的關稅）。

【156】買斷出口如何確定銷售價？（上）

凡是有進出口權的生產型企業、貿易企業皆可以對外出口，兩者適用的出口退稅政策不同，導致兩者的毛利、淨利潤不同。通常來說，貿易企業無加工貿易手冊，生產型企業只能將非保稅貨物內銷給貿易企業而由其出口。兩者既可能屬於關聯企業，也可能屬於非關聯企業，兩者的關聯關係不同，涉及貿易企業買斷出口生產型企業如何確定售價。

生產型企業一般貿易出口產品適用「免、抵、退」的政策，免抵退稅不得免徵和抵扣稅額（以下簡稱進項稅額轉出）＝出口收入×（徵稅率－退稅率），銷售毛利＝出口收入－產品製造成本－進項稅額轉出；期末留抵稅額＝進項稅額－進項稅額轉出，免抵退稅額＝出口收入×退稅率，生產型企業取得的出口退稅金額為本文中的期末留抵稅額、免抵退稅額孰小值。貿易企業出口產品適用「免、退」的政策，進項稅額轉出＝採購不含稅成本×（徵稅率－退稅率），銷售毛利＝出口收入－採購不含稅成本－進項稅額轉出，貿易企業取得的出口退稅金額＝採購不含稅成本×退稅率。從兩者的進項稅額轉出計算公式可以發現，生產型企業以出口收入做為基數，貿易企業以採購不含稅成本做為基數。生產型企業自行出口與生產型企業內銷給貿易企業而由其出口進行對比，由於生產型企業的出口收入大於貿易企業的採購不含稅成本，故生產型企業大於貿易企業的進項稅額轉出。

一、生產型企業、貿易企業屬於關聯企業

生產型企業將貨物內銷給貿易企業時，生產型企業銷售毛利＝內銷不含稅售價－產品製造成本；貿易企業將貨物出口後，貿易企業銷售毛利＝出口收入－採購不含稅成本－採購不含稅成本×（徵稅率－

退稅率）。兩者合計毛利＝內銷不含稅售價－產品製造成本＋出口收入－採購不含稅成本－採購不含稅成本×（徵稅率－退稅率），由於生產型企業的內銷不含稅售價等於貿易企業採購不含稅成本，即兩者合計毛利＝出口收入－產品製造成本－內銷不含稅售價×（徵稅率－退稅率），在其他因素不變的前提下，內銷不含稅價格越低就可使兩者合計毛利越大。

例如：生產型A企業某筆業務國內採購原材料50元，取得增值稅進項稅額8.50元；發生工資20元；發生製造費用30元，取得增值稅進項稅額1.02（30×20%×17%）元。該產品的出口退稅率為13%，出口給境外C客戶價格為150元。可以有以下兩種方案：

1. A企業將產品150元出售給境外C客戶。

2. A企業設立100%控股的境內貿易B企業，A企業將產品105元（不含稅價）出售給B企業，B企業將產品150元出售給境外C客戶。

方案1：

A企業毛利＝150－100－150×（17%－13%）＝44（元）

A企業期末留抵稅額＝8.5＋1.02－150×（17%-13%）＝3.52（元）

A企業免抵退稅額＝150×13%＝19.5（元）

A企業實際取得出口退稅3.52元

方案2：

A企業毛利＝105－100＝5（元）

A企業應納增值稅＝銷項稅額－進項稅額＝105×17%－（8.5＋1.02）＝8.33（元）

B企業毛利＝150－105－105×（17%－13%）＝40.8（元）

B企業實際取得出口退稅＝105×13%＝13.65（元）

A企業＋B企業合計毛利＝出口收入－產品製造成本－內銷不含稅售價×（徵稅率－退稅率）＝150－100－105×（17%－13%）＝45.8（元）

A企業＋B企業合計退稅額＝13.65－8.33＝5.32（元）

從上述計算可以發現，生產型企業通過貿易企業買斷出口時的兩者合計毛利大於生產型企業自行出口。在其他因素不變的前提下，生產型企業內銷不含稅價格越低，就可使兩者合計毛利越大。在實務中生產型企業、貿易企業皆屬於獨立法人，兩者雖然屬於關聯方，但也須避免交易價格過低而造成生產型企業關聯交易的稅務風險。

【157】買斷出口如何確定銷售價？（下）

生產型企業將貨物銷售給貿易企業時，生產型企業須繳納增值稅。貿易企業購進貨物出口時，貿易企業按照「免、退」政策辦理出口退稅；若產品退稅率不等於17%，無法退稅的增值稅〔採購成本×（徵稅率－退稅率）〕應轉入主營業務成本。

二、生產型企業、貿易企業並不屬於關聯企業

此種交易模式下，若境外客戶係貿易企業自行尋找，貿易企業與生產型企業可根據貨物市場價格自行協商銷售價格，貿易企業買斷出口可獲得出口退稅及買賣差價的收益。若境外客戶係生產型企業尋找，形式上貿易企業買斷出口可獲得出口退稅及買賣差價的收益；但在實務中，貿易企業買斷出口僅能獲得出口收入一定比例的「代理費」（非真正意義上的非買斷形式代理出口收取的代理費），而無法實際取得出口退稅及買賣差價的收益，故須通過生產型企業與貿易企業的銷售價格，將貿易企業獲得的出口退稅返還給生產型企業，同時因外幣交易形成的匯兌收益（或損失）也由貿易公司承擔。

假設生產型企業貨物銷售給貿易企業的含稅價格為人民幣A元，貿易企業出口產品銷售價格為美元B元，產品退稅率為C，外幣收款的結匯匯率為D，貿易企業的「代理費」（毛利）為E，則貿易企業「代理費」收益（毛利）為$E = B \times D - A \div 1.17 - A \div 1.17 \times$（徵稅率－

Ｃ）。生產型企業將貨物銷售給貿易企業時，出口產品銷售價格、退稅率、「代理費」皆可以確定，由於結匯匯率存在變動，故須生產型企業、貿易企業約定結匯匯率。只要出口產品銷售價格、退稅率、「代理費」比例、結匯匯率可以確定的前提下，就可以通過上述公式計算出生產型企業與貿易企業的貨物銷售含稅價格。對於貿易企業而言，若實際結匯匯率大於約定結匯匯率，則貿易企業可獲得出口銷售價格×（實際結匯匯率－約定結匯匯率）的匯兌收益，反之則是匯兌損失。

例如貿易企業出口產品銷售價格為美元100萬元，產品退稅率為15%，生產型企業、貿易企業約定的結匯匯率為6.3，貿易企業的「代理費」為人民幣6.4萬元。在上述交易條件下，生產型企業與貿易企業的貨物銷售含稅價格A為：

6.4＝100×6.3－A÷1.17－A×（17%－15%）÷1.17

A＝715.31（萬元）

貿易企業購進貨物的含稅價格為715.31萬元時，貿易企業將貨物出口後可獲得「代理費」收益6.4萬元〔630－715.31÷1.17－715.31×（17%－15%）÷1.17〕。若實際結匯匯率為6.35時，貿易企業可獲得「代理費」收益11.40萬元〔635－715.31÷1.17－715.31×（17%－15%）÷1.17〕；與約定「代理費」收益相比增加收益 5 萬元，主要是實際結匯匯率大於約定結匯匯率產生匯兌收益 5 萬元。若實際結匯匯率為6.28時，貿易企業可獲得「代理費」收益4.40萬元〔628－715.31÷1.17－715.31×（17%－15%）÷1.17〕；與約定「代理費」收益相比減少收益 2 萬元，主要是實際結匯匯率小於約定結匯匯率產生匯兌損失 2 萬元。

綜上所述，影響生產型企業、貿易企業貨物銷售價格的主要因素為：

（1）雙方若屬於關聯方，生產型企業向貿易企業貨物銷售價格

越低，雙方合計實現的毛利就越高。生產型企業應保證合理的利潤，以避免銷售價格過低而造成關聯交易的稅務風險。

（2）雙方不屬於關聯方，貿易企業境外客戶係自行尋找，雙方可根據貨物市場價格自行協商銷售價格。

（3）雙方不屬於關聯方，貿易企業境外客戶係生產型企業尋找，貿易企業只是獲得「代理費」收益，雙方可按照約定結匯匯率，根據上述公式計算銷售價格。

【158】不同出口方式對業務報價的影響分析

企業出口產品的成本，既包括產品製造成本，也包括稅務成本，稅務成本是指出口產品不予免徵和抵扣稅額，不同出口方式其稅務成本有所不同。企業在不同出口方式下獲得同等毛利時，銷售報價存在差異，本文針對不同出口方式下對銷售報價的影響進行分析。

企業出口方式及對應的稅務成本計算分為以下情況：

1. 一般貿易

一般貿易是指企業單邊出口的貿易；出口產品僅含有非保稅材料，未含有保稅材料。

一般貿易出口產品的稅務成本＝出口售價×（徵稅率－退稅率），徵稅率是根據產品種類確定，通常情況下大多數產品的徵稅率為17%；退稅率是根據產品的海關HS編碼確定，稅務總局會根據不同時期的出口政策，調整出口產品退稅率。

2. 進料加工

進料加工是指企業為加工出口商品而付匯進口料件，製成品由企業負責外銷出口的加工貿易；出口產品中一定含有保稅原材料，也可以含有非保稅原材料。

進料加工出口產品的稅務成本＝（出口售價－保稅材料）×（徵稅率－退稅率），計畫分配率＝計畫進口總值÷計畫出口總值，手冊核銷前企業進行免稅、退稅申報時，保稅材料＝出口售價×計畫分配率；實際分配率＝實際進口總值÷實際出口總值，手冊核銷後，企業將對實際分配率、計畫分配率差異對應的保稅材料進行調整。

3. 來料加工

來料加工是指由境外企業無償提供進口料件（既不須付匯進口，也不需要加工費償還），企業按照合同規定的要求，自行或委託進行加工和裝配，製成品由境外銷售，經營企業收取加工費及部份國產原輔料費用的加工貿易；出口產品中一定含有保稅原材料，也可以含有非保稅原材料。

來料加工出口產品的稅務成本＝來料加工收入×增值稅進項稅額÷營業收入，每月按照月度比例計算來料加工出口產品的稅務成本，年度終了按照年度比例計算來料加工出口產品的稅務成本，並進行差異調整。

4. 深加工結轉

深加工結轉，是指境內加工貿易企業將保稅進口料件加工的產品，轉至另一境內加工貿易企業，進一步加工後複出口的經營活動；出口產品中一定含有保稅原材料，也可以含有非保稅原材料。

深加工結轉出口產品的稅務成本＝深加工結轉收入×增值稅進項稅額÷營業收入，每月按照月度比例計算深加工結轉出口產品的稅務成本，年度終了按照年度比例計算深加工結轉出口產品的稅務成本，並進行差異調整。上述政策適用江蘇所有企業、部分上海企業，部分上海企業深加工結轉適用內銷的政策。

假設深加工結轉銷售價格100元和獲取的毛利為基礎，來推算其他貿易方式獲得同等毛利的銷售價格，推算見下表。

內容	一般貿易	進料加工	來料加工	深加工結轉
非保稅採購材料（1）	70.00	20.00	20.00	20.00
保稅採購材料	-	50.00	-	50.00
採購材料小計	70.00	70.00	20.00	70.00
工資及製造費用	15.00	15.00	15.00	15.00
非保稅採購材料對應的進項稅額	11.90	3.40	3.40	3.40
工資及製造費用對應的進項稅額	0.26	0.26	0.26	0.26
進項稅額小計（2）	12.16	3.66	3.66	3.66
銷售價格（3）	100.35	98.27	50.00	100.00
產品退稅率（4）	13%	13%	13%	13%
進項稅額轉出（5）＝〔（3）－（1）〕×〔17%－（4）〕	4.01	1.93	3.66	3.66
期末留抵稅額（6）＝銷項稅額－〔（2）－（5）〕	-8.14	-1.72	0.00	0.00
免抵退稅額（7）＝〔（3）－（1）〕×（4）	13.05	6.28		
應退稅額	8.14	1.72		
製造成本	85.00	85.00	35.00	85.00
稅務成本（8）＝（5）	4.01	1.93	3.66	3.66
成本小計	89.01	86.93	38.66	88.66
毛利	11.34	11.34	11.34	11.34

　　從上表中可以發現，除來料加工之外的貿易方式製造成本，皆為85.00元，在獲得同等毛利11.34元的條件下，一般貿易、進料加工、

來料加工、深加工結轉銷售價格分別為100.35元、98.27元、50.00元、100.00元。造成上述貿易方式銷售價格不同的原因，主要係稅務成本的差異，公司對外報價時須考慮稅務成本的影響，以避免不同貿易方式銷售無法獲得同等毛利。

【159】通過HUB倉銷售如何辦理出口退稅和收入確認

大型組裝企業因其採購的原物料金額大且種類多，其採購比較強勢，採購策略上一般採取零庫存策略。上述企業通常會指定一個大型公共倉庫（HUB倉），供應商把產品送入公共倉庫，此時產品的所有權仍屬於供應商，只有當其領用時，物權才轉移給組裝廠。因HUB倉所處地點不同，其收入確認及出口退稅會有所差異。

一、HUB倉操作流程

HUB倉的運營模式，在仁寶、廣達、華碩、緯創等全球主要筆記型電腦代工廠廣泛使用。這些代工廠擁有4,000多家遍布全球的原料供應商，其所需材料從世界各地通過海路空等方式運送到他們指定的HUB倉。代工廠通過VMI（Vender Managed Inventory，供應商管理）庫存系統，把供應商和代工廠連接在一起。代工廠通過系統瞭解所有供應商的原材料庫存狀況，並根據自己的生產計畫，向供應商發出要貨指令。而每個供應商都有自己的用戶名、密碼和許可權，供應商可以對自己在HUB倉內的貨物狀態進行查詢，並按代工廠的需求及時備貨。

二、收入確認

根據HUB倉所處的位置不同，收入確認也會存在差異。

1. 海關特殊監管區內HUB倉

比如出口加工區內的HUB倉，貨物進入HUB倉時，供應商必須提供報關單（預錄入單）、核銷單、合同、發票、裝箱單、報關委託書

等資料，進行報關出口。同時根據「中華人民共和國海關對保稅倉庫
及所存貨物的管理規定」（海關總署令105號）第二十一條，保稅倉
儲貨物入庫時，收發貨人或其代理人持有關單證向海關辦理貨物報關
入庫手續，海關根據核定的保稅倉庫存放貨物範圍和商品種類，對報
關入庫貨物的品種、數量、金額進行審核，並對入庫貨物進行核註登
記。

根據上述規定及實務操作，境內廠商直接送到出口加工區內公
共倉庫時，物權必須轉移，不可能自己銷售給自己。因為物權必須移
轉，故HUB倉中接貨的主體，必須是境外公司或境內公司在海關特殊
監管區內設立的子公司。

這種模式下，公司出貨後必須確認收入，並按流程辦理出口收
匯、出口退稅等。從公司長遠發展來看，比如規劃在大陸上市，HUB
倉租用主體優先選擇境內公司在海關特殊監管區內設立的子公司，這
樣在編製合併報表時無須披露關聯交易，且對公司的獨立性也沒有影
響，同時子公司未實現的銷貨在合併報表時予以抵銷。

同樣，境內公司如果在海外設立HUB倉，因在貨物報關時，物
權也必須轉移，如果貨物報關時直接交客戶，財務掛客戶的應收帳
款，但客戶沒有真正領料，客戶不掛應付帳款，審計函證時會不符。
所以貨物報關時也只能交給境內公司在境外設立的子公司。以最常見
的FOB、CIF為例，無論是交客戶還是交境外子公司，其收入確認一
樣，即以貨過船舷為收入確認時點。免抵退稅申報等也沒有區別。

2. 海關特殊監管區外HUB倉

海關特殊監管區外HUB倉，因為無須報關，物權並未實際移轉，
只是相當於公司在外地租借了一個倉庫用於保管存貨。

根據會計準則對收入確認原則：銷售商品收入同時滿足下列條件
的，才能予以確認：（1）企業已將商品所有權上的主要風險和報酬
轉移給購貨方；（2）企業既沒有保留通常與所有權相聯繫的繼續管

理權，也沒有對已售出的商品實施有效控制；（3）收入的金額能夠可靠地計量；（4）相關的經濟利益很可能流入企業；（5）相關的已發生或將發生的成本能夠可靠地計量。

參照上述條件，公司把貨物移轉到海關特殊監管區外HUB倉不能確認收入，只有待客戶領用後，才能確認收入。

三、辦理出口退稅

採取常見的FOB、CIF價結算時，企業將貨物交到海關特殊監管區內或海外HUB倉時，會涉及出口退稅。根據大陸國家稅務總局公告2012年第24號規定，企業應在貨物報關出口之日（以出口貨物報關單「出口退稅專用」上的出口日期為準）次月起至次年4月30日前的各增值稅納稅申報期內收齊有關憑證，向主管稅務機關申報辦理出口貨物增值稅免抵退稅。如果採取DDU（未完稅交貨）等方式，報關出口時，存貨風險沒有轉移，財務不能確認收入，若銷售到HUB倉中的貨物在次年4月30日前的當月增值稅申報期內仍沒有被客戶領用，就不能辦理出口退稅。這種方式下，要通過設立境外子公司來解決這一問題。

【160】國際貿易成交方式介紹

生產企業出口貨物執行「免、抵、退」出口退稅政策，其中計算退稅額和不得免徵或抵扣稅額的出口外銷收入，均採用離岸價。而不同的國際貿易方式，其結算價格不同於離岸價。常見的國際貿易成交方式，主要有FOB、CIF、CFR、DEQ、DDU、DDP等13種，以下就常見的FOB、CIF及DDU逐一介紹。

一、FOB

FOB，全稱Free on Board，是指賣方必須在合同規定的裝運期內，在指定裝運港將貨物交至買方指定的船上，並負擔貨物越過船舷為止

的一切費用和貨物滅失或損壞的風險。即通常所說的離岸價。

1. 賣方的基本義務

（1）辦理出口結關手續，並負擔貨物到裝運港船舷為止的一切費用與風險。

（2）在約定的裝運期和裝運港，按港口慣常辦法，把貨物裝到買方指定的船上，並向買方發出已裝船的通知。

（3）向買方提交約定的各項單證或相等的電子資訊。

2. 買方的基本義務

（1）按時租妥船舶開往約定的裝運港接運貨物，支付運費，並將船名和到港裝貨日期充分通知賣方。

（2）承擔貨物越過裝運港船舷時起的各種費用以及貨物滅失或損壞的一切風險。

（3）按合同規定，受領交貨憑單並支付貨款。

根據「中華人民共和國海關審定進出口貨物完稅價格辦法」第四十二條規定，出口貨物的完稅價格由海關以該貨物的成交價格為基礎審查確定，並應當包括貨物運至中華人民共和國境內輸出地點裝載前的運輸及其相關費用、保險費，即通常所謂的「離岸價」，和國際貿易術語FOB的概念基本一致。因此「離岸價」理所當然成為企業核算外銷收入、計算出口退稅的基礎。

二、CIF

CIF，全稱Cost, Insurance and Freight，是指賣方必須在合同規定的裝運期內，在裝運港將貨物交至運往指定目的港的船上，負擔貨物越過船舷為止的一切費用和貨物滅失或損壞的風險，並負責辦理貨運保險，支付保險費，以及負責租船或訂艙，支付從裝運港到目的港的運費。即為通常所說的到岸價。

1. 賣方的主要義務

（1）在合同規定的期限內，在裝運港將符合合同的貨物交至運

往指定目的港的船上，並給予買方裝船通知。

（2）負責辦理貨物出口手續，並向買方提交商業發票、保險單和貨物已裝船提單等各項單證。

（3）負責租船或訂艙並支付到目的港的海運費。

（4）負責辦理貨物運輸保險，支付保險費。

（5）負責貨物在裝運港越過船舷為止的一切費用和風險。

2. 買方的主要義務

（1）負責辦理進口手續，取得進口許可證或其他核准書。

（2）負擔貨物在裝運港越過船舷後的一切費用和風險。

（3）收取賣方按合同規定交付的貨物，接受與合同相符的單據並按合同規定支付價款。

由於CIF包括了到目的港的運費和保險費，其和FOB的關係，可以用FOB＝CIF－I（保險費）－F（運費）來表示。因此企業在計算外銷收入和出口退稅時，必須將CIF到岸價換算為FOB離岸價。

實務中，有些企業誤以到岸價計算外銷收入和出口退稅。從最終結果來看，對企業所得稅並無影響，因為收入擴大，相應的運費和保險費上升，對企業的整體利潤總額並無影響。但從出口退稅角度來看，則會有一定影響。從計算退稅額度來看，企業計算退稅基礎擴大，退稅額度會相應增加，但由於企業會存在退還增值稅的限額，即由企業的增值稅留底稅額來決定。因此，一般企業如果用CIF計算退稅額度，不會增加退稅額度，相反還可能因為免抵稅額增加，相應增加繳納城建稅和教育費附加的基數。

三、DDU

通常稱為未完稅交貨，全稱為Delivered Duty Unpaid，是指賣方將貨物運至進口國的指定地，可供買方收取時，即履行了交貨義務。由此可以得出，DDU方式下外銷收入不是在報關出口時確認，而應在貨物實際交給買方時確認，這是和FOB及CIF的最大不同。實務中，由

於受出口退稅時限限制，因此企業必須在規定時限內完成貨物交割手續，實現銷售，因為根據規定，外銷貨物計算出口退稅必須是在財務上已做銷售處理。

【161】不同貿易方式對出口貿易企業的利潤影響

出口企業貿易方式有多種：一般貿易、進料加工、來料加工等。不同貿易方式適用的出口退稅政策不同，對企業利潤影響亦不同，企業應結合自身情況選擇最有利的貿易方式。

一、不同貿易方式稅收政策

1. 「免、抵、退」：適用於一般貿易、進料加工。

實行免、抵、退稅辦法的「免」稅，是指對生產企業出口的自產貨物，免徵本企業生產銷售環節增值稅；「抵」稅，是指生產企業出口自產貨物所耗用的原材料、零部件、燃料、動力等所含應予退還的進項稅額，抵頂內銷貨物的應納稅額；「退」稅，是指生產企業出口的自產貨物在當月內應抵頂的進項稅額大於應納稅額時，對未抵頂完的部分按規定予以退稅。「免、抵、退」的公式如下：

當期期末留抵稅額＝進項稅額－〔（銷售收入－出售產品所含的保稅料件金額）×徵退稅率差〕－銷項稅額

免抵退稅額＝（銷售收入－出售產品所含的保稅料件金額）×退稅率

上述兩者取小退稅。

2. 「免稅不退稅」：適用於來料加工、部分地區深加工結轉（如江蘇、浙江地區）。免稅不退稅是指在貨物出口環節不徵收增值稅，但也不退還增值稅，需要將出口貨物所對應耗用物料、水電的進項稅額轉出到成本中。

二、不同貿易方式對企業利潤的影響

舉例說明如下。

假定條件：工資及製造費用中僅有10%的部分可取得增值稅專用發票；來料加工收取的加工費，等於進料加工出口售價減去保稅材料；退稅率為13%；假定進口關稅稅率為0。

項目	進料加工	來料加工出口	一般貿易
非保稅採購材料（20%）	14.00	14.00	70.00
保稅採購材料（80%）	56.00		
採購材料小計	70.00	14.00	70.00
工資及製造費用	15.00	15.00	15.00
非保稅採購材料對應的進項稅額	2.38	2.38	11.90
工資及製造費用對應的進項稅額	0.26	0.26	0.26
進項稅額小計	2.64	2.64	12.16
出口銷售價格或收取加工費	100.00	44.00	100.00
產品退稅率	13%	0%	13%
進項稅額轉出	1.76	2.64	4.00
期末留抵稅額	-0.88	-	-8.16
免抵退稅額	5.72	-	13.00
應退稅額	0.88	-	8.16
成本	86.76	31.64	89.00
毛利	13.24	12.36	11.00

從上述比較表可見，公司一項出口業務因貿易方式不同，產生的利潤也不相同。差異原因主要是進項稅金轉出到成本中金額不同。

三、選擇對企業最有利的貿易方式

選擇適合企業的貿易方式，需要考慮的因素主要有：產品毛利率高低、出口產品退稅率、進項稅額及產品生產中使用保稅料件多少等因素，企業可根據下列情況選擇最有利的貿易方式。

1. 一般貿易與進料加工方式比較與選擇

對於適用於這一政策的一般貿易與進料加工兩種貿易方式，從理論上講應選擇進料加工，理由是：（1）一般貿易進口原料須繳關稅，而關稅是不能夠再出口退稅的；（2）一般貿易進口原料或國內採購須繳增值稅，一方面當退稅率低於17%時，所繳增值稅不能全部退回，另一方面占用企業資金。但進料加工貿易方式下，企業需要做進料手冊、保稅和非保稅物料要分開擺放等，對企業管理要求較高，因此權衡稅收所得與管理成本之間的得失，是選擇不同貿易方式的關鍵。

2. 來料加工與進料加工方式比較與選擇

（1）退不到稅

這種情況下，應選擇來料加工、深加工結轉（適用免稅政策的企業）。導致企業退不到稅的原因主要有：出口退稅率低、境內採購少從而進項稅額小、產品毛利高導致進項稅轉出多等。

例如出口退稅率的影響，當出口退稅從高到低調整時，原從事進料加工可獲得退稅的企業，由於進項稅轉出金額增加，需要繳稅時，應先擇來料加工或深加工結轉，即不退稅但也不需要再繳稅；反之應選擇進料加工。

（2）有稅可退

有稅可退與退不到稅恰恰相反，不再贅述。

（3）總結

由於來料加工和進料加工國內成本相同，按毛利推導出如下比較公式（為簡化，未考慮附加稅金）：

（銷售收入－保稅材料）×〔1－（徵稅率－退稅率）〕vs（加

工費－國內材料等取得進項稅）

　　上式左邊大於右邊時，選擇進料加工，否則選來料加工。

【162】加工貿易企業選擇保稅採購與非保稅採購分析

　　保稅採購，是指對加工貿易進口料件免徵關稅和進口環節增值稅，原料可以直接從境外進口，也可以從物流園區及結轉進料。非保稅採購，是指料件進境須繳納關稅和增值稅（即一般貿易進口）或直接從國內採購。

　　加工貿易企業選擇採購方式時，同等品質下，一般會採用購買價較低的方式進行採購，但對於保稅料件來說，其綜合成本與採購方式及產品出口退稅率亦有關聯，因此不宜直接比較兩種方式的採購單價，應結合出口退稅率計算比較。如果產品出口退稅率為17%，應選擇保稅採購價格、非保稅不含稅價格孰低者。如果產品出口退稅率非17%時，則應對國內採購與保稅採購進行分析。

一、保稅、非保稅材料採購價格分析

　　1. 免抵退稅不得免徵和抵扣稅額計算公式

　　生產企業出口產品一般採用增值稅「免抵退」出口退稅政策，其中，當期免抵退稅不得免徵和抵扣稅額＝（外銷收入－免稅購進原材料價格）×（出口貨物徵稅率－出口貨物退稅率）。

　　2. 採購價格分析

　　（1）非保稅採購價格（不含增值稅）、保稅採購價格相同時

　　當期免抵退稅不得免徵和抵扣稅額，通常稱為進項稅額轉出（須將進項稅額轉出至主營業務成本）。由於公司出口產品存在徵退稅率之差，在非保稅採購價格（不含增值稅）、保稅採購價格相同的情況下，同等銷售價格時，保稅採購的進項稅額轉出較小，即選用保稅採購對公司較為有利。

假設保稅採購價格為1,000.00美元（假設美元兌人民幣匯率為6.40，以下均同），如果非保稅採購不含稅價格為6,400.00元，產品售價為9,000.00元，產品退稅率13%。則各自綜合材料成本如下：

A. 採購保稅材料

進項稅額轉出＝（9,000.00－1,000.00×6.40）×（17%－13%）＝104.00（元）

綜合材料成本＝1,000.00×6.40＋104.00＝6,504.00（元）

B. 採購非保稅材料

進項稅額轉出＝（9,000.00－0.00）×（17%－13%）＝360.00（元）

綜合材料成本＝6,400.00＋360.00＝6,760.00（元）

顯然，同等價格下，保稅採購對公司較為有利。

（2）非保稅採購價格（不含增值稅）、保稅採購價格不相同時

實務中，同種材料在保稅、非保稅都可以採購情況下，往往價格不同，公司須對二者的採購價格進行分析、判斷。經推導，兩者採購價格平衡點計算公式為（其中，非保稅採購價格為不含稅價）：

非保稅採購材料價格＝保稅採購材料價格×〔1－（徵稅率－退稅率）〕

保稅採購材料價格＝非保稅採購材料價格÷〔1－（徵稅率－退稅率）〕

仍以上述資料分析平衡點價格計算：

保稅採購材料價格＝非保稅採購材料價格÷〔1－（徵稅率－退稅率）〕＝6,400.00÷〔1－（17%－13%）〕＝6,666.67（元）

當非保稅採購材料價格為6,400.00元，保稅採購材料價格為6,666.67元時，公司的材料綜合成本相同，此即為平衡點價格。

在計算出平衡點價格後，公司還需要對高於或低於平衡點價格的報價進行計算分析，以確認哪種報價有利。

A. 仍以上述資料分析，假設供應商提供的保稅採購價格為

6,800.00元（1062.5×6.4）時：

　　保稅採購進項稅額轉出＝（9,000.00－6,800.00）×（17%－13%）
＝88.00（元）

　　保稅採購綜合材料成本＝6,800.00＋88.00＝6,888.00（元）

　　而非保稅採購綜合材料成本為6,760.00元，顯然，採購非保稅材料較有利。

　　B. 仍以上述資料分析，假設供應商提供的保稅採購價格為6,080.00元（950×6.4）時：

　　保稅採購進項稅額轉出＝（9,000.00－6,080.00）×（17%－13%）
＝116.80（元）

　　保稅採購綜合材料成本＝6,080.00＋116.80＝6,196.80（元）

　　而非保稅採購綜合材料成本為6,760.00，顯然，採購保稅材料較有利。

　　通過以上計算分析，若保稅採購材料價格大於平衡點價格時，則非保稅採購材料對公司有利；反之則是保稅採購材料對公司有利。同理，若非保稅採購材料價格大於平衡點價格時，則保稅採購材料對公司有利；反之則是非保稅採購材料對公司有利。

二、採購政策

　　1. 在非保稅、保稅採購價格相同的情況下（不含稅），因出口產品存在徵退率之差，可要求供應商將國內採購材料通過保稅物流園區保稅進口，一方面公司可減少出口產品成本，另一方面供應商也可取得出口退稅利益。

　　2. 非保稅採購價格（不含增值稅）、保稅採購價格不相同時

　　基於以上分析，公司採購部門可要求不同供應商提供國內非保稅採購價格、物流園區及國外保稅採購價格，通過綜合成本比較優劣。

【163】加工貿易企業降低資金成本的探討

隨著全球經濟環境的日益惡化，大陸政府宏觀調控也越趨嚴厲，除了土地、原物料、勞動人事等生產要素成本上升外，人民幣升值、貸款利率上升等引發的資金成本增加、財務費用暴增問題，亦進一步壓縮了台商在大陸的獲利空間。

未來台商要在傳統的加工貿易模式下獲取利潤，一定程度上要依賴能否獲得低成本的資金。在這種背景下，從事加工貿易的台商可從以下三方面進行考量。

1. 由外債代替內債……

傳統財務管理的觀念都是就地融資，但以目前大陸最低6.5%的貸款利率，甚至在上浮一定比例也無法取得境內銀行人民幣貸款的情況下，境外低利率借款是台商借款融資一種很好的替代選擇。以香港為例，一年期美元借款利率為3%，如果從香港借入美元，既可以少承擔利息成本，在人民幣升值的大前提下還可以獲得匯差收益。以等值100萬美元為例，假設人民幣 1 年升值3%（2010年人民幣對美元升值3.1%），測算如下：

（1）節約利息100×（6.5%－3%）＝3.5（萬美元）

（2）獲得匯差100×3%＝3（萬美元）

合計收益6.5萬美元（3＋3.5），收益率6.5%。

需要說明的是，根據外債管理的規定，台商只能在其投資總額和註冊資本的差額內借用外債（即「投注差」），借入期限在 1 年以內的短期外債，按期歸還後自動恢復額度；借入期限在 1 年以上的中長期外債，按期歸還後也會永久性占用外債額度。

2. 境外採購結算由人民幣遠期信用證跨境結算代替美元付匯

人民幣跨境結算於2011年8月在大陸全範圍內展開，大陸多家銀行也同時開展了人民幣遠期信用證跨境結算業務，企業採購境外貨物

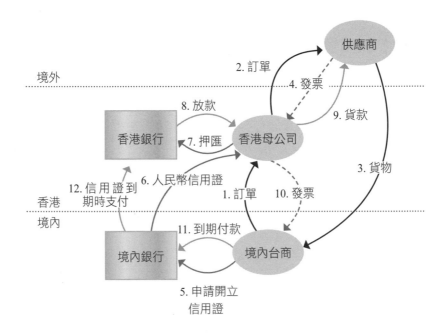

時，若採用人民幣遠期信用證跨境結算，代替之前的以人民幣購美元付貨款，則可同時獲得利差和匯差收益。

　　所謂人民幣遠期信用證跨境結算，是指在人民幣跨境結算方式下，境內企業以定存資金為擔保，向境內銀行申請受益人為境外關聯企業的人民幣遠期信用證，境外關聯企業收到該信用證後，再憑境外最終供應商的提單，向境外銀行辦理押匯，並以該押匯款直接支付供應商貨款，同時爭取提前付款的現金折扣。信用證到期時，境內企業以定存資金支付，境內銀行再將該信用證下的人民幣貨款支付給境外銀行。

　　具體流程如下頁圖所示。

　　目前人民幣遠期信用證最長可申請360天，且只能開往香港。以平均每月境外採購100萬美元為例，相關收益簡要測算如下：

　　（1）100萬美元的等值人民幣定存 1 年利息收益，以3.5%定存利

率測算

100×3.5%＝3.5（萬美元）

（2）境外關聯方獲取2%現金折扣收益

100×2%＝2（萬美元）

（3）1年後人民幣對美元升值3%的匯差收益

100×3%＝3（萬美元）

（4）人民幣遠期信用證申請費用，以0.15%的費率測算

100×0.15%＝0.15（萬美元）

（5）香港銀行的押匯成本，以2%測算

100×2%＝2（萬美元）

綜合收益6.35萬美元＝（1）＋（2）＋（3）－（4）－（5），收益率6.35%。

3. 從資本市場籌資

相對於銀行借款需要高昂的利息成本以及到期歸還的壓力，從資本市場募集資金則無此煩惱。大陸台商既可以考慮返台上市，也可以考慮直接在大陸A股上市，這兩種方案都不乏成功案例。相對而言，大陸A股上市本益比高、募集資金較多，程序略微複雜一些。

【164】採取人民幣信用證結算對企業的影響

為配合人民幣國際化進程，目前大陸多家銀行已可開展跨境人民幣信用證交易。在人民幣升值、境內外存款利率存在差異的前提下，巧用跨境人民幣信用證結算，企業可獲得匯率和利率雙重收益。

一、對進口業務的影響

境內企業採購境外貨物可通過人民幣採購，但支付時可向境外公司開具人民幣信用證。以下通過香港公司交易舉例分析。

（一）進口項下人民幣信用證結算流程

1. 交易流程圖示如下。

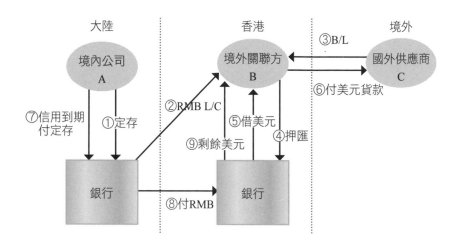

2. 交易流程說明

① 大陸A公司將人民幣以定存 1 年方式存入銀行做為擔保，申請開立人民幣信用證。保證金多少視企業信譽及銀行要求等因素來決定，此處以全額保證金為例。

② 銀行開具360天人民幣信用證支付給設在香港B公司，其中B公司為A公司的關聯方，收益視同集團收益。

③ B公司向境外C公司採購貨物銷售給A公司，國外供應商C將貨裝船後，將B/L（Bill of lading、提單）寄至香港B公司。

④ 香港B公司持人民幣信用證和提單到香港銀行押匯。

⑤ 香港銀行借美元給香港B公司。

⑥ 香港B公司將借入的美元支付給國外供應商C。

⑦ 信用證到期時，A公司用定期存款支付大陸境內銀行。

⑧ 大陸銀行（開證行）將信用證人民幣金額支付給香港銀行（承兌行）。

⑨ 香港銀行扣除等值的押匯美元後，將人民幣升值的匯兌收益付

給香港公司B。

3. 交易收益

以開立100萬美元等值人民幣 1 年期信用證為例，當大陸A公司與境外B公司簽訂完合同後，A公司在銀行繳存保證金並開立人民幣信用證。交易前提假設如下：

質押金人民幣金額650萬元（假定以6.50的匯率計算），1 年期存款利率3.5％，1 年後人民幣升值5％，匯率約為6.17，開證費用及手續費比例按0.15％，香港B公司可向境外銀行申請押匯100萬美元，押匯成本約2％，提前支付供應商貨款可獲2％的現金折扣。為簡化起見，不區分A公司與B公司的收益，全部視為集團收益。則此項交易的收益為：

（1）人民幣定期存款收益＝650×3.5％＝22.75萬元。

（2）人民幣信用證開證費和手續費＝650×0.15％＝0.98萬元。

（3）支付供應商C收取現金折扣＝100×2％×6.5＝13萬元。

（4）押匯成本＝100×2％×6.5＝－13萬元。

（5）人民幣 1 年升值收益＝（650÷6.17－100）×6.17＝33萬元。

收益合計＝22.75－0.98＋13－13＋33＝54.77萬元

收益比例＝54.77÷650＝8.42％

（二）人民幣信用證結算的優點

1. 採用人民幣跨境貿易結算方式，進口企業可以在360天後再付款給境外公司，無貿易項下外債額度限制。

2. 大陸所有進口企業均可辦理進口人民幣付款。辦理人民幣信用證需要以人民幣辦理進口報關；進口貨物報關單「幣制」欄填報「人民幣」；無須辦理電子口岸IC卡。

二、對於出口業務的影響

對於出口企業而言，如收到境外銀行開具的人民幣信用證，可以

提前鎖定收益，避免匯率波動對企業產生的不利影響。

三、其他

需要提醒的是，選擇信用證開證行時，應選擇規模比較大、在國際上有知名度的銀行，這樣在國外押匯時境外銀行會比較容易接受開證行開出的信用證。另外，上述屬於關聯公司交易，若被稅務機關認定成交價格不公允，則會增加關聯交易風險。

【165】加工貿易中的關聯交易移轉定價風險

大陸國稅總局於2009年1月發布的「特別納稅調整實施辦法（試行）」（國稅發[2009]2號，以下簡稱實施辦法），是稅務機關為了實施反避稅目的，針對納稅人轉讓定價、受控外國企業、資本弱化及一般避稅情況等，所做的稅務調整，此實施辦法促使企業正視加工貿易中與關聯方進行交易的移轉定價風險。

實施辦法規定，下列企業將做為轉讓定價重點調整對象：

1. 關聯交易數額較大或類型較多的企業。

年度發生的關聯購銷金額（來料加工業務按年度進出口報關價格計算）在 2 億元人民幣以下，且其他關聯交易金額（關聯融通資金按利息收付金額計算）在4,000萬元人民幣以下，可免於準備同期資料。由此可知，關聯交易數額較大的企業，一般是指年度關聯購銷金額超過2億元，或者除購銷金額以外的關聯交易額超過4,000萬元的企業。

2. 長期虧損、微利或跳躍性盈利的企業。

企業在虧損或微利的同時不斷擴大生產經營規模，稅務機關有理由判定企業具有良好的經濟效益，卻通過不合理的關聯交易將利潤轉移至境外，從而逃避大陸稅收管理，因而該類企業也將做為轉讓定價重點調查對象。

3. 低於同行業利潤水平的企業。

4. 利潤水平與其所承擔的功能風險明顯不相匹配的企業。

5. 與避稅港關聯方發生業務往來的企業。

6. 未按規定進行關聯申報或準備同期資料的企業。

7. 其他明顯違背獨立交易原則的企業。

此外，根據2009年7月份頒布的「關於強化跨境關聯交易監控和調查的通知」（國稅函[2009]363號）的規定，跨國企業在大陸境內設立的承擔單一生產（來料加工或進料加工）、分銷或合約研發等有限功能和風險的企業，不應承擔金融危機的市場和決策等風險，按照功能風險與利潤相配比的轉讓定價原則，應保持合理的利潤水平。

以上規定對於從事來料加工的企業來說，想以壓低加工費轉移利潤至境外，以使境內企業虧損而達到不交稅目的的操作，會面臨被調整企業利潤而補繳企業所得稅的風險。至於從事進料加工而產生虧損的企業，也不能因為沒有達到 2 億銷售額而掉以輕心，只要被稅務機關認定為承擔有限功能及風險的企業，即不承擔經營決策、產品研發、銷售等功能，一旦被稅務機關認定交易價格不合理，也勢必面臨補繳企業所得稅的風險。如果上述承擔有限功能和風險的企業出現虧損，無論是否達到準備同期資料的標準，均應在虧損發生年度準備同期資料及其他相關資料，並於次年6月20日之前報送主管稅務機關。

對加工貿易企業而言，如果通過關聯交易移轉定價，高報低出，將利潤留在境外，則財務資料中，「外銷毛利率」、「淨利潤」等指標均會顯示異常，而這也是稅務機關進行關聯交易調查評估時的一個主要調查指標。另外，稅務機關在進行關聯交易調查時，還將收集集團公司合併報表的利潤狀況、集團內各公司的功能劃分和公司定位、同行業的利潤率等資料，做為參考。實務操作中，稅務機關較多採用交易淨利潤法來確認企業的實際利潤率，並根據需要調增的關聯交易利潤率×各年度的關聯收入，計算出各年度應調增的應納稅所得額，再按照企業當年稅率計算應補繳所得稅。如企業已享受過兩免三減半

的所得稅優惠政策，上述調整有可能使企業提前進入免稅期，進而補繳相應的企業所得稅。

　　值得注意的是，根據實施辦法規定，對企業做出特別納稅調整的，對2008年1月1日以後發生交易補徵的企業所得稅稅款，須按日加收利息。

　　1. 計息期間自稅款所屬納稅年度的次年6月1日起，至補繳（預繳）稅款入庫之日止。

　　2. 利息率按照稅款所屬納稅年度12月31日實行的，與補稅期間同期的大陸人民銀行人民幣貸款基準利率加5個百分點計算，並按一年365天折算日利息率。如果企業按照實施辦法的規定提供了同期資料和其他相關資料，或者按照稅務機關的要求提供了資料，可以只按基準利率計算加收利息。

【166】稅務和會計對關聯方認定的異同分析

　　每一財務年度結束，企業不論出具財務會計報告，還是進行企業所得稅匯算清繳，均需要對關聯方關係和交易進行披露。但是，大陸稅法及企業會計準則對關聯方的認定卻有所異同，企業需要釐清稅法和會計在相關交易中對關聯方認定的差異。

一、稅法及會計準則對關聯方的認定標準

　　1. 根據「企業所得稅法實施條例」規定，關聯方為存在下列關係之一的公司、企業和其他經濟組織。

　　（1）在資金、經營、購銷等方面，存在直接或者間接的擁有或控制關係。

　　（2）直接或間接同為第三者所擁有或控制。

　　（3）其他在利益上具有相關聯的關係。

　　2. 「企業會計準則第36號－關聯方披露」（簡稱36號準則）對

於關聯方的定義是：在企業財務和經營決策中，一方控制、共同控制另一方，或對另一方施加重大影響，以及兩方或兩方以上同受一方控制、共同控制或重大影響的，構成關聯方。

二、稅務和會計對關聯方認定的異同

1. 控股比例

稅法認定，一方直接或間接持有另一方的股份總和達到25%以上，或者雙方直接或間接同為第三方所持有的股份達到25%以上的，為關聯方，即稅法規定以25%做為分界點。

36號準則是以一方有能力直接或間接控制、共同控制另一方，或對另一方施加重大影響，判定為關聯方，並沒有強調具體比例，而是根據實質重於形式的原則來判定。通常情況下，一方對另一方的投資比例超過50%時，就認為能夠對另一方實施控制，包括該企業的母公司、子公司，與該企業受同一母公司控制的其他企業。對該企業實施共同控制的投資方，對該企業施加重大影響的投資方，以及該企業的合營及聯營企業，均被認定為關聯方。

2. 資金借貸

借款人與貸款人、擔保人與被擔保人是否是關聯方，稅法和會計準則在認定上存在差異。根據「特別納稅調整實施辦法（試行）」規定，資金一方與另一方（獨立金融機構除外）之間借貸資金占一方實收資本50%以上，或者一方借貸資金總額的10%以上是由另一方（獨立金融機構除外）擔保，雙方即構成關聯方。

36號準則指出，與該企業發生日常往來的資金提供者、公用事業部門、政府部門和機構，不構成關聯方，即會計準則對企業與其他企業及機構的日常資金往來不認定為關聯方。

3. 經營、購銷

稅法規定，一方的生產經營活動必須由另一方提供的工業產權、專有技術等特許權才能正常進行；一方的購買或銷售活動主要由另一

方控制；一方接受或提供勞務主要由另一方控制的，都認定為關聯方。

36號準則規定，與該企業發生大量交易而存在經濟依存關係的單個客戶、供應商、特許商、經銷商或代理商，不構成關聯方。

因此，大量交易的買賣雙方在會計上不會被認為是關聯方，但在稅法則有可能被認為存在關聯方關係。

4. 在利益上具有相關聯的其他關係

稅法上，一方對另一方的生產經營、交易具有實質控制，或者雙方在利益上具有相關聯的其他關係，包括未達到稅法規定25%的持股比例，但一方與另一方的主要持股方享受基本相同的經濟利益，以及家族、親屬關係等，認定為企業的關聯方。

36號準則在界定關聯方關係時，把企業的主要投資者個人、關鍵管理人員或與其關係密切的家庭成員直接間接地控制、共同控制或施加重大影響的其他企業，認定為關聯方，並且把間接地對企業實施共同控制或施加重大影響的各方，和母公司的關鍵管理人員或與其關係密切的家庭成員，也認定為關聯方。但是，36號準則對與該企業共同控制合營企業的合營者，不認定為關聯方。

由上述區別可以看出，企業會計準則主要是以內部的控股、管理、技術關係來判定，而稅法規定則主要是以企業營運、經濟利益關係做為認定依據。相比於企業會計準則對關聯方的認定，稅法更為寬泛、更注重實質。

【167】準備關聯交易同期資料須重點關注的事項

大陸自2008年實行「特別納稅調整實施辦法」後，相繼下發「國家稅務總局關於開展同期資料檢查的通知」（國稅函[2010]323號）及「國家稅務總局國際稅務司關於做好同期資料檢查工作的函」（際便函[2010]108號），逐步啟動全大陸範圍的同期資料抽查工作，與境外公司交易較為密集的台資企業，被稅務機關抽中審查關聯交易的比例也較大，如果被稅務機關進行納稅調整，對企業被調整的最後年度的下一年度起5年內，還會實施追蹤管理。企業在準備同期資料報告時，應重點關注以下事項。

一、定價過程和方法描述要準確

定價過程和方法是同期資料報告的核心，因此定價過程應重點描述定價決策主體、定價原則及依據、實際運營情況與定價方法的差異及原因分析。

選擇定價方法時，報告中至少應將五個基本定價方法結合企業情況，進行比較分析，並說明適用與否的原因。同時，企業實際確定交易價格時，要與選用的定價方法計算公式相一致。如選用利潤分割法時，各交易對象分取利潤權數的確認依據是關鍵，故要重點說明企業對整體利潤的貢獻，並要與企業承擔的功能和風險緊密聯繫。

二、行業分析要透徹

行業分析要以準確的行業定位為前提，並應注意以下兩點：

1. 應立足於最終可比對象所處市場環境

行業分析的作用除了支持企業交易定價方法選取外，亦能證明可比對象利潤、毛利或其他比較指標的合理性，故應立足於可比對象的市場環境，並考慮到區域、政策、文化等影響因素。

2. 應有企業在行業中的定位分析

一方面要描述行業本身狀況及自身在行業中地位或排名，不可以

簡單描述行業狀況，自身在行業中的地位或所占市場份額狀況卻一概不提；另一方面還應分析企業在行業中的定位。一般來講，越是處在行業上游的企業，行業自主能力越差，在產業鏈中的利益越少，市場風險越低，與之對應的定價水平也越低。

三、功能和風險分析與實際生產經營狀況要相符

通常功能和風險分析的錯誤，在於報告中過分縮小企業自身功能範圍，以此證明利潤率低卻處於合理水平，比如已申請為高新技術並享受企業所得稅率15%優惠政策的企業，在同期資料中表述為不具研發功能，並將自身簡單定位為契約型製造商，這都是與實際生產經營狀況不相符的表現。

四、歷年資料對比分析要定量

在介紹關聯交易情況時，應將當期交易資料與以往年度進行對比，用以說明定價方法在穩定利潤水平方面的作用，或說明盈利出現波動後企業定價水平改變的依據。此外，還不應忽視的是，在進行移轉定價方法和原則分析時，應加入定量分析的內容，以提高可靠性，不應只簡單進行定性分析。

五、注重可比性，並考慮合理的剔除因素

可比分析的要求，是比較對象與抽取樣本的高度相似性，故在選取可比對象時，應從銷售形態、經營模式、產品屬性、資產和經營規模、地理區域、企業發展階段等諸多方面入手。

此外，還不應忽視剔除影響自身定價水平的特殊因素，如新辦企業的融資及推廣成本、研發投入巨大但尚處於開發階段、階段性產能不足等。

最後，雖然目前稅務機關明確抽查目的暫時並非為了認定同期資料是否合格，或關聯交易是否符合獨立交易原則，而是為了檢視企業同期資料準備中存在的問題，但各地稅務機關仍對同期資料提出了要求，比如江蘇國稅對同期資料報告編製認為不符合要求的，視同沒有

準備，在補繳稅款時同樣須在基準利率的基礎上加徵5%利息，因此企業應認真對待各次稅務的抽查要求，並審慎準備同期資料。

外商在中國設立工廠海關‧外匯‧出口退稅實務（增訂版）

2012年2月初版　　　　　　　　　　　　　　　　　定價：新臺幣420元
2012年10月增訂二版
2013年11月增訂二版三刷
有著作權‧翻印必究
Printed in Taiwan.

著　　　者	富蘭德林事業群	
總　編　輯	胡　金　倫	
發　行　人	林　載　爵	

出　版　者	聯經出版事業股份有限公司	叢書主編	鄒　恆　月	
地　　　址	台北市基隆路一段180號4樓	特約編輯	鄭　秀　娟	
編輯部地址	台北市基隆路一段180號4樓	封面設計	富蘭德林事業群	
叢書主編電話	(02)87876242轉223、216	內文排版	陳　玫　稜	
台北聯經書房	台北市新生南路三段94號			
電話	(02)23620308			
台中分公司	台中市北區健行路321號1樓			
暨門市電話	(04)22312023、(04)22302425			
郵政劃撥帳戶第0100559-3號				
郵撥電話	(02)23620308			
印　刷　者	世和印製企業有限公司			
總　經　銷	聯合發行股份有限公司			
發　行　所	新北市新店區寶橋路235巷6弄6號2F			
電話	(02)29178022			

行政院新聞局出版事業登記證局版臺業字第0130號

本書如有缺頁，破損，倒裝請寄回台北聯經書房更換。　　ISBN　978-957-08-4083-4 (軟皮精裝)
聯經網址 http://www.linkingbooks.com.tw
電子信箱 e-mail:linking@udngroup.com

國家圖書館出版品預行編目資料

外商在中國設立工廠海關、外匯、
出口退稅實務（增訂版）/富蘭德林事業群著.
增訂二版. 臺北市. 聯經. 2012年11月（民101年）.
424面. 14.8×21公分
ISBN　978-957-08-4083-4（軟皮精裝）
[2013年11月增訂二版三刷]

1.海關　2.外匯　3.出口退稅　4.中國

568.92　　　　　　　　　　　　　101020764